西学东渐与东亚

[日]川原秀城 / 编　　毛乙馨 / 译　　包纯睿 / 审校

上海社会科学院出版社
SHANGHAI ACADEMY OF SOCIAL SCIENCES PRESS

前　　言

研究对象的概要　　　　欧洲反宗教改革的核心团体 Societas Iesu (1534—1773)中文名叫耶稣会。耶稣会这个由少数精锐组成的男子修道会在 16 世纪末到 18 世纪末这段时间深入中国,建立了为数不少的教会并进行天主教传教活动。

耶稣会的中国传教团为了成功传教,将主要目标对象锁定为儒教知识分子,尝试了以"哲学"①尤其是"科学"为媒介的传教。这就是耶稣会独具特色的"哲学传教"乃至"科学传教"。在欧洲宗教界发生的"礼仪之争"的结果是,传教本身归于失败,②但当时世界最前沿的科学知识正确且迅速地传播到东亚,从根基上撼动当地文化和社会,产生了深刻影响。③

文明的对话　　　　关于明末清初时期耶稣会的中国传教史,如果将耶稣会欧洲传教士的哲学传教,从明朝的传教士居住许可(1583)开始直到清朝对天主教全面禁止(1724)为止的对西欧外交行政政策的改变,以及中国乃至东亚知识分子汉译、满译西欧书籍的研究等囊括在内的

---

①　欧洲中世纪的"哲学"含义比现在使用的这个词范围更广。耶稣会传教士艾儒略在《西学凡》(刊于 1623 年)中,说明了"理学",也就是哲学(philosophia),等于逻辑学(logica)、物理学(physica)、形而上学(metaphysica)、数学(mathematica)以及伦理学(ethica)等分科的总称。根据当时的用法,哲学是将科学涵盖在内的大概念。详情请参照绪章第 2 节。

②　关于裁断耶稣会中国传教失败的这件事,或许还有异议。宏观地看,这次的传教属首次在东亚传播福音,可以说是非常成功的。本书是从罗马教皇解散耶稣会(1773)这个中国传教大挫败的结局来阐释的,并无除此以外的深层意义。进一步说,因着耶稣会史上首次真正传扬基督教而丰富了东亚的精神世界这个事实,本人认为必须给它一定的肯定。

③　关于西欧科学的深刻影响,除了东亚的科学史家对其进行研究以外,它在世界上一直以来不受重视。可能是因为里面涵盖的内容属于当时最高水准的科学(根据当时的学术分类,即"理学")知识,对于现在一般的历史研究者来说也是具有相当高难度的。然而,既然是最高水准的知识,研究者居然认为这些知识没有对明清时代的知识分子产生刺激或任何深远影响,这种无视知识传播的解释是极其违背常理的。对于没有刺激到明清知识分子的另一种解释是他们没有对高水准的知识做出任何反应,这样的解释或论点直接意味着明清知识分子智力上的愚钝,同时也意味着蔑视东亚。

话,那么这段光辉岁月应该能被称为"文明的对话",即东、西两大文明在和平的环境里持续交流对话的时代。

当然,在当时中央集权的中国版图内,对耶稣会传教士以及天主教信徒的宗教镇压(教案①)并非一次都没有发生过。可是在华耶稣会的适应主义(补儒论的文化适应原则)很好地使以海禁为基本国策的中国接纳了自己,打开了包括宗教上启示在内的与西欧文明的广泛对话之路。②如此,学识渊博的东西方精英们在对知识的好奇心驱动下相互往来,在各地进行了普遍对普遍的论争,也在学术上获得了颇丰的成果。在当下的 21 世纪看来,也实在是稀有的,甚至可以说是令人羡慕的时代了吧。

本书的主题　　本书在上述 17—18 世纪"东西文明对话"的大背景之下,主要对焦西学东渐也就是西欧哲学(philosophia)的东向传播(西欧到中国到朝鲜、日本),阐明学识丰富的在华耶稣会传教士展开的哲学传教的内幕,并论述他们通过汉译、满译西欧书籍从而对中国、朝鲜、日本产生影响。本书将始终站在东亚的立场上,根据史料阐明东、西两大文明的和平文化交流是如何结出丰硕成果的,并基于这些工作思考其在历史上的深刻意义。

本书虽然旨在阐明东亚和平的文化交流,但说起主导这股东西交流最大的功劳者耶稣会,它的存在看起来似乎与和平或对话没什么关系。耶稣会不仅是被称为"教皇的精锐部队"的教皇麾下军事化的男子修道会,而且实际在日本史上,其军事行动般的大众传教虽带来了丰裕的吉利支丹③时代,但另一方面,西班牙的武力介入导致了预计一千几百人殉教的结果。耶稣会在日福音传教活动不摈弃流血事件且具有排他性,对了解耶稣会的日本人来说,中国传教团(传教最初属于日本准管区,于1623 年从中独立出来)和平传教的日常风景,实在超乎想象。

---

① 1840—1900 年期间发生的反基督教运动的总称。——译者注
② 在思考使对话可能的条件时,也不可忘记中国文明具有的对宗教的宽容性。
③ 战国时代末期至江户时代的日本基督教(天主教)信徒。——译者注

本书的目的(更正确的说法是特征)是,以耶稣会日本传教工作的对日传教活动的结果为背景乃至逻辑上的前提,在深刻认识的同时,应该可以从正、反两面思考和平的中国传教工作的精英传教给中国进而给东亚带来了什么,甚至提出具体比日本传教取得了怎样更丰硕成果的问题。

如果要预先列出强调文明的对话而非文明的冲突的本书大纲的话,那就是哲学传教最高水准的西欧学术和知识的广泛传播,使中国直至东亚人的世界观,即决定思考形式的基本想法发生变化,至少导致了从汉朝以来传统天观、地观、人观等的转换,结果创造出了本质上与之前的世代截然不同的中国直至东亚的新的学术世界。尊重对方的真正意义上的对话具有相互性,并对双方发生作用,因此可以保证并促进对话者之间的高度学习与思考。

一方面,当时欧洲优秀的学术知识传来东亚;另一方面,中国优秀的学术知识传去欧洲,刺激了感知丰富的精英们的思考,使他们的学识有了飞跃性的长进。此外,我强烈要求在谈论在华耶稣会的传教规范的决定或个人的西学研究、对西教的接纳之时,把东亚知识分子展示的顽强的意志并做出毅然选择的事实及其所蕴含的意义结合起来一同思考。

从福音范式到哲学范式　　　本书的目的或特征如上所述,对焦"文明的对话",但不仅止于此。第二个目的或特征是引进"文化史的视点",均等论述理科和文科两方面的内容。为了阐明本书目的的意义,必须简单地回顾以前的在华耶稣会传教史研究,了解中国近来的新的研究方向。

本来关于耶稣会中国传教工作的研究是从 19 世纪末前后开始的,到现在为止,积累下来的优秀学术成果[①]已经堆积如山。可是初期

---

① 具有代表性的研究者有 Louis Pfister(1853—1889)、Tacci Venturi(1861—1956)、Pasquale M. D'Elia(1890—1963)、Virgile Pinot(生卒年月不明)、Henri Bernard(1897—1950?)、Joseph Dehergne(1903—1990)、Jacques Gernet(1921—　)、David E. Mungello(1943—　)、Nicolas Standaert(1959—　)、陈垣(1880—1971)、徐宗泽(1886—1947)、方豪(1910—1980)、罗光(1911—2004)等。

的研究者大多是重建后的耶稣会相关人员或是基督教信徒,这些研究从头到尾是关于 16—18 世纪的耶稣会传教士的天主教传教,也就是仅仅着眼于它的宗教方面的分析。①因此,很多对传教活动的评价总体来说过于正面。他们把罗马教皇派传教士去中国,将福音传播出去的事情当作伟业看待,从天主教或西欧的立场出发,高度评价在中国的传教活动。②本书中所谓的"福音范式"也正是如此。不过这样的宗教史研究反之也有一点相对轻视中国视点的意味,即轻视关于哲学传教对中国文化社会影响的研究。特别是把对中国产生深刻影响的西欧科学东传仅当作宗教的媒介或手段,没有做出任何更高的评价。

然而 20 世纪末突然形成了一股巨大的潮流,方兴未艾,最近中国耶稣会传教史研究③从初期的福音范式出发,多少开始变得自由一些了。事实上,最近中国的研究把哲学传教的本质判断为"策略"(为了达成特定目标的宏观方针)④,针对传教士尊重中国文化、尊敬中国人的适应主义发出的质疑声也不少。另外,这些研究者对于明清时期的汉译、满译西欧哲学书、科学书,从文化或科学史等观点展开的研究,

---

① 总体上,现存耶稣会相关资料宗教宣传的倾向很明显。一般史料,不论是书简还是报告书,比起正确地说明事实,更重视呈现其宗教的意味。不过汉译西欧书等并非如此。由于是学术书籍,这样的倾向很淡薄。因此本书的分析也更多地针对学术书。

② 若是坦率地阅读基督教信徒的研究文献,会在其中隐约看出宗教宣传的特性。这些文献一边暗示西欧科学的先进性,一边将它与天主教的传道联系起来。对基督教没有共鸣的历史学家很难参与到这个领域的研究中,其原因也可能在这里。

③ 关于现在中国史研究的新潮流的兴盛,能够想到各种原因,即(1)社会变化和外国研究的相关性(对外交流的活力化)、(2)中国宗教政策的变化、(3)中国近代史研究的必然结果(追溯研究理念及其应用)、(4)对于一般史中科学技术重要性认识的深化、(5)国家清史编纂作业的影响(2003 年以来)、(6)中国人自尊意识的伸张(对西欧先进论的疑问),等等。我们这些作者曾经有一次就此问题进行过讨论,最终也没有达成共识。上述原因是推定范围里暂定的几个见解。

　　代表研究者有张永堂、朱维铮、周骋方、张西平、马来平、张错、张晓林、顾长声、黄一农、祝平一、韩琦、冯锦荣、孙尚扬等。

　　我并不是百分之百确定,但同样的倾向在 20 世纪末以后,在深受基督教影响的欧美研究里也开始渐渐显现出来。

④ 中文里的"策略"没有否定的意思。从这一点看来,可能用"战略"这个词更贴切一些吧。我们需要注意的是,"策略"这个词语包含意图性选择的意思。

在借鉴此类研究成果的同时，试图构筑起耶稣会传教史乃至思想史的意图也正在显现。[①]总的来说，最近的研究主要将注意力放在西欧哲学、科学的传入及其对中国文化自身的影响上，超越单纯的宗教史研究的领域，能够着眼于综合的文化史研究，其伟大目标在于深化自身。这是从宗教史研究向文化史研究的转换。本书将这种新的框架总称为"哲学范式"。[②]

　　本书第二个目的或者说特征，是针对上述的两种范式，(1)真挚地直面福音范式、宗教史的理念、方法论以及成果，(2)同时接受现在正进行的研究的大转换，转向哲学范式。

对话型的哲学范式　　　　本书总体上的目标或特征如上所述，(a)"文明的对话"主要聚焦在西学东渐上，(b)立足于"文化史的观点"的哲学范式，换言之，采用东亚重视的新理念和方法论，通过详细地分析理科与文科两方面的内容，试图呈现出新的传教样貌以及包含了西学的明清史。但是，若将本书的研究理念和方法论与中国新潮流相对比，虽说二者同样属于注重文化史的哲学范式，但可能由于历史、环境的相异，视角也有很大不同，关注点也几乎截然不同。[③]

　　如果要简洁地说明二者的区别，相对于中国研究的新潮流把耶稣会施行的哲学教授理解为传教战略，关注它本质上的异质性或是单方向性，即"对峙"的、说教的、为完成目的的特性等，本书重视把相互性作为传教的属性，即双向作用的"中西对话"，更重视起因于对话的理

―――――――――――

① 如果关注这个事实，也许能够说明中国的这一新潮流始于 20 世纪初另一个系统的中国科学史研究视点（科学史家的视点），它随着研究环境的变化而在很大程度上被社会承认。

② 从宗教史研究到文化史研究的转换，换一种说法，也意味着从福音范式向哲学范式的深化。

③ 由于明末耶稣会的中国传教处于当时日本管区长的指挥下，日本人做的中国西学史研究，不可避免地把信长秀吉时期的基督教史还有它的关系及影响都列入考虑之内。造成的结果是，似乎从最初福音范式的研究开始，日本做的研究便与初期西欧抑或是中国的研究有不同之处。从这个意义上说，本书的研究理念、分析方法是从日本人的先行研究那里继承发展而来的。具有代表性的研究者有佐伯好郎（1871—1965）、后藤末雄（1886—1967）、薮内清（1906—2000）、矢泽利彦（1914—2008）、后藤基巳（1915—1977）、平川祐弘（1931—　　）、冈本さえ（1941—　　）、桥本敬造（1941—　　）等。

论或是规范的变化变迁。①区别两者的研究理念和方法论时,本书将它们分别称为"对峙型的哲学范式"以及"对话型的哲学范式"。②

　　基于上述具有对比意义的两种哲学范式,对本书总体上的目的或特征进行说明的话,就是在资料的选择和分析上,通过深究"文明的对话"的文化史观点,即对话型的哲学范式,进行在华耶稣会关联资料尤其是哲学、科学的详细内容分析,把西学研究的宗教史框架替换成文化史框架,将研究领域解放到一般史,换句话说也是对其重要性和必要性的再次确认。反之,本书不是效法对峙型的哲学范式,把哲学传教理解为了中国传教而想出的有图谋的方案,只分析一部分而不求理解整体,而是万一出现不可避免的紧急情况,也会最低限度地进行此类分析,这是本书采用的基本研究理念或曰分析方法。③最终目的不是邂逅不变的中西原理,而是结合东亚的情况,说明作为对话必然结果的中国原理和西欧原理的变化转型。

　　作为研究理念和方法论,本书采用对话型并对对峙型的哲学范式尝试微调,不仅由于在在华耶稣会的哲学传教中,"对话"乃第一要义,而且因为在理论上,既然将世界的根源和神的存在[或者说哲学(教育、学习)和宗教(说教、信仰)]完全结合为一体(详细后述),那么必然无法使哲学和宗教二分,而将哲学的价值贬低为技术上的维度,因此笔者认为在分析的时候不能全盘否定福音范式。此外,本书尝试详细的内容分析,(原因在于)如果从过去积累的研究来说,明清西学对东亚产生了深远的影响这件事是不言自明的。现在的课题在于要阐明

---

① 在华耶稣会的哲学传教史实里,容易招致误解而被当作策略(战略)的宗教和哲学(科学)的乖离现象也随之产生。这个倾向随着时代的推移也变得愈加鲜明。参考川原《梅文鼎与东亚》(《宗教哲学》第 45 期,2008)、《西学与禁教》(『다산과 현대』창간호,2008)等。然而同时,耶稣会通过传教期间的活动,将宗教与科学结合为一体的传教理想乃至神学观也确实是无可争辩的事实。详情请参照绪章或第 2 章。

② 本书强调"对话"是因为笔者尤其重视对话所引发的中、西两种文明的变化。冲突和对决,在较多的时候,两方都不会动摇自己的见解,也不顾对方的主张,从而引发了所谓的"对峙"。但是当时的两个文明事实上通过对话理解对方,在妥协或是变化的同时,试图尽可能地回避冲突和对决,这样努力的结果给双方都带来了丰硕的成果。

③ 与具有强烈指向性的过去的范式相比较,本书的对话型哲学范式可能是微温的或是折中的。

它的范围和程度,大家也都承认此研究的终点从定性分析渐渐转移到了定量分析上。

策划的原委　　以下是关于本书的构成和相关论文的说明,不过在此之前先简单地介绍一下本书策划的原委,对读者理解本书也有益处吧。最初的契机是在 2012 年 12 月 8 日,在东洋学·亚洲研究联络协议会主办的演讲会"开拓东洋学·亚洲研究崭新地平线"上,川原秀城发表了题为《17—18 世纪:西欧学术的东渐和中国、朝鲜、日本》的演讲。这个演讲旨在说明东亚西学的整体状况,本书绪章就是以当时演讲稿的提纲为基础写的。第二个契机是在 2013 年 5 月 24 日第 58 届国际东方学者会议(ICES)上,川原秀城作为主办方举办了"17—18 世纪:西学东渐与东亚"的学术会议。会议中发表的七份报告介绍西学各领域最前线研究,这本书里的论文大部分是那时的报告文字化后的成果。

这本书主要总结了针对同一个主题耗时两年的研究成果。将本书的基本视点锁定在"文明的对话"上,是出于出席该研讨会的评论员——学习院大学(明治十年即 1877 年皇家为了教育贵族子弟在东京创立的学校)的马渊昌也氏的概括,即(1)形成明清西学史的是以(东洋的)普遍 vs(西洋的)普遍为背景的文明对话,(2)西学史研究的关键点在江永与戴震师徒身上。马渊昌也氏的概括起了非常大的作用。从前后经过来看,把第 1 个命题认为是研讨会上讨论的结果、结论也并非言过其实。

此外马渊氏总结的第 2 个命题也是极其重要的。在一般的明清学术史研究里未解决的难题正是在此。在思考如何才能简洁地展示明清西学的史实,同时涵盖对这个难题暂定的解答后,本书还追加了三篇包含戴震论等的论文,都是川原本人已经发表了的论文。

本书的构成　　本书从大框架方面来说,由绪章的总论和第 1 章之后的专论构成。绪章是川原秀城的《西欧学术的东渐和中国、朝鲜、日本》。第 1 节的主题是哲学传教形成的原因和过程,第 2 节是哲学传教的理念及现实，第 3 节是西学的普及，第 4 节是宇宙观的变化，第 5 节是新学术的创新，简单地说明了耶稣会传播西欧学术的史实和它对东亚三国的影响。可以说绪章是基于对话型的哲学范式，以呈现 17—18 世纪东亚西学研究框架为其最大的目标。

第 1 章及后续是专论。各章的顺序主要是根据时代的变迁而定的。第 1 部第 1 章是柴田笃的《明末天主教和生死观——流淌在中西对话深处的思想》。通过对利玛窦的《天主实义》《畸人十篇》全面且详细的解读，分析了中西方的生死观，也就是经死而生及关于其本质难题的解答，阐明中国人和西洋人之间关于以基督教为中心的西欧思想与宗教的真正对话的展开；同时也彻底复原了普遍性与普遍性的庞大对话之原貌。本书对于上述对话的强调或许可以说是在本章（原本的演讲稿）定下的方向和基调。

第 2 章是安大玉的《数学即理学——关于〈几何原本〉和克拉乌数理认知论的东传》。利玛窦的"传教规范"（哲学传教）直接以克拉乌的精神为基础，(1)西欧的"数学的＝演绎的"知识具有普遍的真理性，(2)但这普遍性只能通过由连锁推论而达到的严密证明才能保证，(3)演绎的思维除了数学，还能适用于其他学问，甚至还意味着必须适用于所有学科。笔者认为，这样的思想精神经过耶稣会传教士传递到明末清初中国士大夫那里，并对他们产生了巨大的思想上的影响。作为补充，当时的"理学"是 philosophia 的意思。

第 2 部第 3 章是渡边纯成的《清代前叶的满文书籍中的西欧科学和宗教》。(1)它介绍了关于满文西欧科学书、宗教书的概要，论述了它们在思想史上的意义，(2)从语言学观点论述分析得到的结果和其在思想史、政治史上的意义。满文文献证明了耶稣会传教士在自身能力范围内，最大限度地正确传讲当时最先进的西欧科学。这个证明的意义格外巨大。

第 4 章是川原秀城的《西洋乐典的东渐——关于〈律吕正义〉续编》。康熙帝钦定的音乐理论书《律吕正义》(1742 年刊)的续编基于欧洲17世纪的乐典,介绍五线谱和阶名唱法、音符休止符的定量记谱法等。内容和近现代乐理差别巨大,因此展示了从中世纪的教会调式到近代的和声调性音乐的转换期的混乱。《律吕正义》毫无疑问是展示西学在音乐领域里也产生深远影响的有力证据。

　　第5章是川原秀城的《戴震和西洋历算学》。梁启超说过戴震之后的经学者里,十分之九都在研究天算(历算学),但本章在分析戴震的历算学的最高峰之作《勾股割圜记》(1755)的内容(球面三角法)之外,还要阐明其在数学史以及经学上的意义。《勾股割圜记》的特征有很多(演绎的推论主义、尚古的实用主义等),但若论起和西学的关系,那么此书采用推论技法的演绎法便是最好的证据。演绎法是由《几何原本》正式向中国传过去的,它对清朝考证学的古典研究法的确立贡献很大。

　　第6章是川原秀城的《清朝中期的学术和历算学》。后世的研究中,考证学于清朝中期称霸整个学界这一说法曾是公认的。尽管段玉裁以后的清儒们将历算学当作经学一样重视,把《九章算术》《周髀算经》视为经书,但同一时期,算是西学分支的历算学与考证学一起迎来了全盛期这个主张,到现在为止都没有在明清研究者中达成共识。本章分析汪莱和李锐的方程式论与明安图等三角函数的无限小解析,据此证明了撇开西学(历算学)是无法论及清学(清朝的学术)的。

　　第3部第7章是石井刚的《科学精神和"理"的变迁——中华民国初期清代学术评价之争》。这一章一边整理了中华民国初期的思想界先锋领导者梁启超、胡适等的论点,一边讨论了他们的清代学术史叙述,尤其是以戴震在《孟子字义疏证》中确立的对"理"这个概念的理解为中心进行了分析。针对"理"的概念在西学影响下发生了巨大改变这一明清思想史上的命题,梁启超明确指出西学对清代学术产生的影响,但他却没有提到新的"理"的意义。反之,这章也论及,胡适将"理"解释为"事物的通则",可是却不提自身的这个解释是从西学而来。这一章是将清代思想和近代思想作为一脉相承的体系来理解的概念史研究。

第 8 章是新居洋子的《在华耶稣会士的中国史叙述》。通过 17—18 世纪卫匡国、柏应理、马若瑟、巴多明、冯秉正等在华耶稣会传教士的努力，中国的历史书或是历史本身相继被介绍、翻译成欧洲多国语言。本章聚焦在"中学西渐"这一点，从根本上修正了一直以来的《圣经》年代学、普遍史，还逐一分析了耶稣会传教士谈到的时代区分论等，考察了它们在思想史上的意义。在华耶稣会传教士反复强调中国的历史学家、历史书里理性的一面，这对于后来欧洲的近代历史学可能产生的影响也被明确指出，这一章可以被评价为踏入东西交流的未知领域的研究。

第 9 章是陈捷的《从〈毛诗品物图考〉看 18 世纪日本社会新的知识体系的形成》。江户时期大阪的医生兼汉诗人冈元凤针对《诗经》中的动植物等进行了博物学的考察，从而著成了图谱《毛诗品物图考》（1785）。此书在融入西洋新知识的同时，还较多地维持了东洋的学术传统，本章论述了这本书中多元文化要素的结合，而这正是新"知"的形成。

以上是本书的概要，作者都是在西学研究里拥有独立学术成果的、在东亚具有代表性的研究者和新锐。作为编者的我自负地认为，没有比他们更适合谈"文明的对话"的人选了。收在本书里的各具特色的论文应该也能在一定程度上解释关于西学向东亚的传播以及西欧的汉译科学书的影响之巨大。对于诸位读者，编者从内心期待各位在阅读本书时，同各种论证作智慧上的格斗。

川原秀城

2014 年 8 月 8 日

目　　录

绪　章

西欧学术的东渐和中国、朝鲜、日本

·

川原秀城

　　本章是"西学东渐与东亚"论的总论。笔者并非没有要写概论的意图,但比起按照时间顺序进行整体的史实说明,更倾向于呈现新的视角或是策划呈现基本构想来看历史。建立在所谓的"对话型哲学范式"之上的17—18世纪在华耶稣会传教史研究以及东亚西学史研究的框架,正是上述的新视角或基本构想。本书中的对话型哲学范式意味着:(1)聚焦于"东西文明的对话",(2)将"西欧哲学"(philosophia)的东传从文化史的视点展开分析。此外,当时的"哲学"一词所包含的内容与现在的用法相比更广泛,是包含了科学(数学)在内的大概念,与科学的融和性极高。[①]

第1节　走向哲学传教之路

　　本节概述明末天主教传教史。通过这样的概述,笔者想要说明耶稣会中国传教工作是经历了怎样的过程,最后才把掀起西欧哲学东渐浪潮的利玛窦提倡的亲儒哲学传教纳入自己的传教宗旨里的。[②]

---

① 详情请参照本章第2节。

② 在说明具体史实的时候,除去特别的事例之外没有逐一记下出处。为了了解概略,冈本さえ的《耶稣会和中国知识分子》(山川出版社,2008)、徐宗泽的《中国天主教传教史概论》(土山湾印书馆,1938)、Donald F. Lach 编的 Asia in the Making of Europe 系列(University of Chicago Press,1965—1998)、黄正谦的《西学东渐之序章——明末清初耶稣会史新论》(中华书局,2010)等可作参考。

　　此外,本节的1到4大多以川原的《安鼎福的天学观与耶稣会的理性宣教》(『순암안정복의 학문과 사상』,성균관대학교 출판부,2013)的日语原稿为基础编成。

1 从原理主义到适应主义

1.1 大航海时代与耶稣会　　　耶稣会是指依纳爵·罗耀拉 (Ignatius de Loyola)在 1534 年组建的天主教会的男子修道会。它倡导反宗教改革运动,对耶稣会的世界传教和高等教育做出很大贡献。[①]

笔者重申一件众所周知的事,耶稣会的世界传教是与伊比利亚天主教国家的殖民活动融为一体的。葡萄牙、西班牙等国从 15 世纪中叶开始,为了谋求由贸易而带来的财政上的利益,竞相往海外扩张,这就是大航海时代。葡萄牙扬帆向东行驶到了亚洲,西班牙往西到了美国、亚洲,世界结成一体。就这样,虽说世界被划定出了范围,但特定经济圈里的经济成功转变成国际化的经济。

葡萄牙的亚洲扩张历经攻打印度的果阿(1510)、占领马六甲(1511)、占领科伦坡(1517)、漂至种子岛(1543)等,于明朝嘉靖三十六年(1557)取得了在中国澳门的居住权。这意味着葡萄牙扎根在了将来的中国贸易和东亚贸易根据地。

1.2 原理主义的传教　　　天主教会的各类修道会(多明我会、方济各会等)随着葡萄牙、西班牙向中国的扩张,曾尝试进入中国传教,但最后都因明王朝的严格海禁政策而惨遭失败。然而耶稣会在澳门建立教会,努力向当地居住者或附近的华人传教的同时,把澳门当作传教的前线基地,虎视眈眈地寻找机会。[②]嘉靖四十二年(1563),佩雷斯(Francisco Perez)和特谢拉(Manuel Teixeira)驻留在澳门,从庆隆二年(1568)到万历十一年(1583),卡内罗(Melchior Carneiro)在澳门统筹中国和日本的一切教务正是上述情况的证明。

然而当时的传教士针对华人所传的教义是最古老的教义,想要信教的人一定要先学会葡萄牙语,使用葡萄牙人的姓名,过葡萄牙人的

[①]　若要了解关于耶稣会的历史,可参考 John W. O'Malley 的 *The First Jesuits*(Harvard University Press, 1993)或威廉·班格特著,冈安喜代、村井则夫译的《耶稣会的历史》(原书房,2004)或高桥裕史《耶稣会的世界战略》(讲谈社,2006)等。

[②]　关于澳门史,详情可参考冈美穗子的《商人和传教士——南蛮的贸易世界》(东京大学出版会,2010)。

生活方式，必须全方位葡萄牙化。当时的华人教徒多是从事贸易或服兵役或与葡萄牙人缔结婚姻关系的那一类人。

1.3　适应主义的传教方针　　万历六年（1578），耶稣会东印度管区巡察员范礼安（Alessandro Valignano，1538—1606）抵达澳门。派遣巡察员的目的是巩固"葡萄牙殖民的东印度"，即中近东、印度、东南亚、中国、日本地区的耶稣会。范礼安于 1579 年从澳门出发开始了日本巡察，1581 年把日本耶稣会传教团从东印度管区中独立出来，建立了日本准管区。日本准管区区长统管中国地区传教。此外，该传教团通过日中蚕丝贸易获取的利益，确立了财政基础，革新了通信制度，并制定了适应主义的礼法方针。

范礼安的适应主义是为了改善迟迟没有进展的传教的闭塞状况而思考出的渐进方法。也就是传教士对作为传教对象的民族的传统、文化、价值观产生深深的认同感，尽可能地让自己适应他文化的社会习惯，稳健地一步一步前进，最终实现成功传教的目的。范礼安认为为此，如有必要不妨绕一点远路，或是放下自己的嗜好习惯。①此外，他还不断要求传教士熟练掌握当地的语言，提高应用能力。

2　从合佛到合儒

2.1　罗明坚的合佛传教　　最早响应范礼安提倡的适应主义，学习中文的会话、读写，并成功在中国居住的不是别人，正是罗明坚（Michele Ruggieri，1543—1607）。罗明坚于万历十一年（1583）接受范礼安的命令进入广东省肇庆，定下了最初的传教根据地。为了适应中国文化，他给自己取了中文名"罗明坚"，字"复初"，还叫自己"西僧"，学习和尚的样子剃发、披上袈裟。这样的佛教做派，是他遵从范礼安的指示，并结合日本佛僧（禅宗的僧侣）的社会地位和声望的结果。

---

① 　当时，葡萄牙人（欧洲人）把东亚的风俗当作野蛮，称呼中国人、日本人为黑奴（negro），极为蔑视（范礼安《日本巡查记》第 16 章）。

肇庆教会的正式名称是"仙花寺",中堂挂了一块"西来净土"的匾额。对于了解后来耶稣会彻底批判佛教这一历史的读者来说,肯定对罗明坚时期的亲佛传教方针怀有违和感。

2.2 《天主实录》 万历九年(1581),罗明坚与戈麦斯(Pedro Gomez,1535—1600)共同编纂拉丁文的教义问答。同年,由华人翻译的汉译本完成,书名取为《西天竺国天主实录》。肇庆传教中,经过屡次修订,终于于万历十二年(1584)刊行,即《天主实录》。不久之后出了第2版,也就是《新编天主实录》。

罗明坚的《天主实录》是以"著书传教"为特征的在华耶稣会的最初成果。全书1卷16章,自名"天竺国僧辑"。第1章的"真有一位天主",有"僧生于天竺,闻中华盛治""天庭之中,真有一位为天地万物之主。吾天竺国人称之谓了无私是也"等记载,体现了佛教风格,毋庸置疑是将佛教与天主教融合在一起的一次尝试。书中对"天地创造""灵魂不灭""天主降世""天主十诫""洗礼(净水除前罪)"等有说明,但是没有提及"三位一体""圣礼""教会组织"等。

中国天主教传教前期的耶稣会的传教原则是以范礼安的适应主义为基础的,这一事实不论在罗明坚的合佛传教还是罗明坚后继者的合儒传教里都没有改变。

2.3 利玛窦的合儒传教 罗明坚于万历十年(1582)尝试合佛传教,这一年玛提欧·利奇(Matteo Ricci,1552—1610)听从范礼安的命令到达澳门。他的中文名叫作"利玛窦",字"西泰"。他因确立了在华耶稣会17—18世纪的传教原则即"利玛窦规矩"而享有很高的声誉,成为当时中国传教最大的功臣。[1]

万历十一年(1583),也就是罗明坚被派遣至肇庆的时候,利玛窦和他结伴同行。利玛窦的传教根据地移动的顺序为:肇庆(1583—1589)→韶州(1589—1595)→南京(1595)→南昌(1595—1598)→南京(1599—1600)→北京(1601—1610)。这里必须要着重指出的是:(1)当初,利

---

[1] 关于利玛窦的中国传教日常详情,请参阅平川祐弘《利玛窦传》1—3(平凡社,1969,1997)。

玛窦接受了范礼安和罗明坚的方针,剃发并且披上了僧衣;(2)万历二十二年(1594)以后,他得到日本辅佐祭司塞奎拉(Luis Cerqueira,1552—1614)和范礼安的许可,留长发长须,穿起了儒服。这意味着在传教路线上发生了从合佛到合儒非佛的变化,在传教史上的意义非凡。"补儒易佛"——助儒治佛成了新的口号。

利玛窦与提倡偶像崇拜的佛教诀别,选择与其对立并迅速使自己适应儒教理念与现实,其根本原因是当时的中国(上层)社会重视的是儒教而不是佛教。可是,并不仅限于此。补儒易佛,换言之由于采用了合儒的传教,必然出现:(1)"精英传教",也就是选择把儒教或儒学(理学)作为自己的思想和行动规范的知识分子(士大夫)作为传教的最初目标,企图实现由知识分子的入教到大众的改宗;①(2)对知识分子入教进行有效的"理性传教"以及"哲学传教",也就是说彻底地追求理性,以哲理为基础证明天主的实在,然后再来传播福音;(3)为防止与儒教社会不相关的牵扯,把儒教、儒学当作哲学来看待,而非宗教;(4)为提高有履行儒教国家礼仪义务的士大夫的信教可能性,必须把儒教礼仪当作社会习惯,而非宗教礼仪,包容士大夫的信徒参加祖先祭祀、释奠礼;(5)在理性传教或哲学传教中,如果"著书传教"是最有效的方法,那就必须创作、刊行、普及具有优秀内容的诸多汉文著作,等等。由于变更路线而发生的天主教传教的变化比想象中的要大得多。

万历二十五年(1597),范礼安任命利玛窦为耶稣会中国传教区第一代传教长。这意味着在华耶稣会正式承认利玛窦的补儒易佛路线。

2.4　《天主实义》和《畸人十篇》　　在利玛窦将传教之舵转向补儒传教的几乎同一时间,他开始着手写新的信仰问答书。万历二十四年

---

①　虽说在华耶稣会选择了精英传教,但当然不是说他们放弃了大众传教。如果读过耶稣会传教士的报告,就知道一般人在数量上远远超出入教的官僚。精英传教的真正意义在原理原则方面。关于耶稣会的大众传教,请参考 Liam Matthew Brockey, *Journey to the East*;*the Jesuit Mission to China*,1579-1724,the Belknap Press of Harvard University Press,2007。

(1596),他完成了《天主实义(天学实义)》2 卷 8 篇的稿本。[①]

《天主实义》的第一大特征是利玛窦自己用汉文著述原稿。虽说有许多华人大知识分子帮忙执笔修改,但就利玛窦承认自己用汉文写成原稿这一点来说是毫无疑问的。第二个特征是,他凭借人类与生俱来的"自然之光"——理性,证明了神学命题。《天主实义》这本书提供了理性传教或者说哲学传教的完美事例。第三个特征是,利玛窦努力将孔子的主张或儒教理论牵引至天主教上,儒教主张或理论里如果有相似的地方,他就往对天主教有利的方向来牵强附会地解释(利玛窦《传教史》第 5 书第 2 章)。比如第二篇中,他将华人畏惧的"上帝""天",即被视为耶稣教的唯一神的天主(Deus),进行了如"吾天主,乃古经书所称上帝也"等说明。许多人无法抑制对于利玛窦提倡的彻底将"儒耶等同"或是"儒耶合一"的观念的惊讶。[②]

《畸人十篇》作为《天主实义》的姊妹篇,也是由利玛窦编撰,由 2 卷 10 篇构成。虽然同样的也是教理问答书,但该书与《天主实义》里想象出来的"西士""中士"的问答不同,《畸人十篇》里的提问者是当时的达官贵人,是以现实为基础的对谈。书中对提问者的姓氏也有提及,冯琦、徐光启、李之藻、李戴等就在其中。

关于《天主实义》《畸人十篇》里都明确提到的"中西两大文明的对话"这一真实情况,请参照本书第 1 章。

3   理性传教的深化

3.1   初期的哲学传教　　利玛窦定居肇庆,初建仙花寺(1584)时,在主屋内挂上西文的世界地图,陈列了地球仪、天球仪、日时计、自鸣

---

① 《天主实义》有日语译本,有后藤基巳译《天主实义》(明德出版社,1971)、柴田笃译注《天主实义》(平凡社,2004)等。

② 从注重历史文脉的哲学史观点来说,利玛窦的上帝=Deus 说是胡说,必须指出基督教里的神和儒教的上帝几乎是经过完全不同的由来而酝酿出的概念。但以纯哲学的角度来说,虽然被指责成混淆主义的可能性很大,但以经文为依据,将上帝与 Deus 视为同一也并非不可能。事实上,朝鲜后期的丁若镛(1762—1836)受到利玛窦的影响,尝试以天主教的方式理解上帝并展开自己独特的儒学理论研究。

钟等仪器(《布教史》第2书第5章)。此外,应肇庆知府王泮的请求,利玛窦汉译了世界地图,也就是王泮所刻的《山海舆地图》(1584)。《山海舆地图》经过了多次翻刻,以地圆说为核心的西欧地理观被广泛传播。此外,利玛窦在万历十八年(1590)前后,在韶州向瞿汝夔(1548—1612)教授了克拉乌(Christoph Clavius)的《萨克罗博斯科天球论注释》《欧几里得原论注解》等(《布教史》第3书第3章)。以上便是在北京居住(1601)前利玛窦的哲学传教(科学传教)的内容。

3.2　赴京后的哲学传教　　利玛窦向北京迁移后,使得徐光启(1560—1633)、李之藻(1565—1630)等具有大好前途的超一流知识分子成功地入教。这是哲学传教或者说科学传教了不起的成果。然而利玛窦为了得到能够辅佐自己的理性传教的优秀人才,比从前更加力推哲学传教(科学传教)。

其伟大的成果包括"利玛窦口授"的西欧汉译书(1)《乾坤体义》、(2)《几何原本》、(3)《浑盖通宪图说》、(4)《同文算指》、(5)《圜容较义》、(6)《测量法义》等。不论哪一本都是广义上的数学书,其中论证几何学的《几何原本》享有极高声誉,利玛窦死后(1610)被赐予墓地,据说也是因为《几何原本》一书(《大西西泰利先生行迹》)。读者从上述史实中,应该能对当时利玛窦享有的高度评价略窥一二了吧。

4　哲学传教路线的确立

4.1　日中适应主义的矛盾　　利玛窦的哲学传教或科学传教在华人知识分子入教方面取得了相当可观的成果,因此哲学传教基本上得到了传教区内传教士的支持,并形成了主流派。然而,利玛窦死后不久,哲学传教面临着存续与否的危机。比如,耶稣会日本准管区长兼日本巡察使帕西奥(Francisco Pasio,1551—1612,1582年来华,中文名巴范济)、利玛窦的后继者第2代中国传教长龙华民(Niccolo Longobardi,1559—1654,1597年来华)等对此公然否认。

被派遣至日、中两国的耶稣会传教士们自身具有多样性,加之他们各自适应派遣国的文化和社会,并以自己的方式展开传教。范礼安提倡适应主义的目的也正在于此。可是,这两种使命在组织架构上并不是相互独立的。当时,耶稣会的中国传教区从属于日本准管区,所有的活动在制度上都要接受日本准管区上长的指导监督。中国传教初期的路线与后来的适应主义路线的不同点还不太明显,但具有一定规模之后两国间适应主义的矛盾逐渐显明。

万历四十年(1612)左右,日本巡察使帕西奥为解决两国传教的矛盾问题,命令中国传教长龙华民和在日耶稣会士罗德里格斯(João Rodrigues,1561?—1633)对日中传教进行比较和讨论。在日耶稣会士将《天主实义》里补儒论的神学用语视为"儒耶合一"的混淆主义或者说折中主义(syncretism):(1)无法根据自然宗教意义上的汉语"天""上帝"来表达全知全能的创造主,(2)汉语"天主"也有复数多位神的含义的可能性,因此他们主张不可用这个词。①这样的批判是基于日本耶稣会传教伊始,借用适应主义提倡的用当地语言表达特殊的神学概念(Deus=大日等)时,听到教义的人用当地语言里原本的意思理解神学概念后造成误解,从而直接使用拉丁语(Deus 等)或葡萄牙语(Christian 等)的历史经验。

在日耶稣会士同样批判了利玛窦不仅容忍华人教徒参加祭天地和拜孔子的公共仪式,还容许他们参加私密的祖先祭祀等仪式。因为从日本耶稣会的基本见解来看,不论是偶像崇拜还是参加其他各种仪式,就算教徒并非出于本意而只是被迫参加,也完全是不正当的。②

利玛窦的批判者不仅有那些在日本传教团里工作的传教士,于在华耶稣会里也同样存在。具有代表性的批判者正是龙华民。在龙华民于韶州尝试大众传教取得了一定的成功,被升职为传教长以前,他就对利玛窦的精英传教(或曰哲学传教)存有疑问,并对他的补儒论持

---

① 谢和耐(Jacques Gernet)著,镰田博夫译《中国与基督教》(法政大学出版社,1996),第 46—58 页;迈克·库珀著,松本たま译《通辞罗德里格斯》(原书房,1991),第 265—276 页;平川祐弘《利玛窦传》第 3 书(平凡社,1997),第 164—173 页等。

② 高濑弘一郎《基督时代的文化和诸相》(八木书店,2001),第 590—596 页。

有批判的态度。①龙华民针对利玛窦的儒教解释的批判性研究成果是1623 年问世的《孔子与其教诲的概要》(*De Confucio ejusque Doctrina Tractatus*)。据说该书对后世西欧宗教界长期存在的"礼仪之争"产生了非常大的影响。除了龙华民,熊三拔(Sabatino de Ursis,1575—1620,1606 年来华)等似乎也抱有同样的看法。

事实上,由耶稣会内反利玛窦派或是反混淆主义派采取的旨在变更传教路线的企图比比皆是。比如万历四十年(1612),龙华民将金尼阁(Nicolas Trigault,1588—1628,1610 年来华)派往罗马报告中国传教情况的时候,他向耶稣会的总长质问利玛窦的传教方法是否正当;万历四十二年到四十三年(1614—1615),耶稣会日本管区长卡瓦略(Valentim Carvalho,1560—1631)在中国巡视教务的过程中,向阳玛诺(Emmanuel Diaz,1574—1659,1610 年来华)发布从今往后再也不允许宣讲学问(哲学或科学)的教令。

对于利玛窦式的注重知识和文化的适应主义的精英传教,由适应主义而产生的儒耶合一、混淆主义或曰折中主义及因其姑息而落入异端的可能性等,大众传教派对它的抵制和反对的声音从未间断。

4.2 "利玛窦规矩"的成立和哲学传教的成果

耶稣会的中国传教团(1623 年以后脱离日本准管区)在利玛窦死后,尽管传教路线产生了很大的动荡,但就大体上看来,主流派仍领导传教活动。哲学传教,也就是注重科学知识的以知识分子为中心的传教方针还在持续。然而,利玛窦的哲学传教被正式认证是在天启七年(1627)和崇祯六年(1633)于江苏省嘉定举行的耶稣会会议。

在第一次嘉定会议上,主流(哲学传教)派向反利玛窦(反混淆主义)派靠拢,提出(1)要跟随利玛窦使用"天主"这个词,同时允许祭祖祭孔;(2)跟随龙华民的做法,禁止用"天""上帝"来表示 Deus,不过,

---

① 龙华民反对的理由并不仅限于此。当时对经书的解释照理应该是参考普及最广的新注,根据新注,补儒论的解释是不可能成立的,这个学术上的理由也十分重要。福岛仁《〈中国人的宗教诸问题〉译注(上)》《〈名古屋大学文学部研究论集(哲学)〉》25,1990)。

《天主实义》除外。①之后，第二次嘉定会议上主流派重新得势，删除了上面第(2)点，并重申遵守自利玛窦以来一直沿用的礼法和用语。两派的意见虽然似乎并不完全一致，但会议的决定意味着利玛窦的方针——哲学传教在实际上被确立了下来。也就是在利玛窦死后的 20 多年之后，他的路线作为传教的规范被正式确立。

在华耶稣会的哲学传教（科学传教）取得比较大的具体进展是因为崇祯二年(1629)，李之藻在杭州编印天主教丛书《天学初函》②，且正值徐光启负责的以西欧天文学为基础的改历项目的正式开始。《天学初函》由理编和器编组成，理编中包含了《天主实义》等神学书、伦理学书 10 种，器编里收录了《几何原本》等 10 种数理科学书籍，流传范围极广。此外，徐光启设立了新法历局，着手欧洲的天文学书籍的汉译工作，制造天文仪器，还从事天象观测。新法历局耗费五六年时间，完成了天文学丛书《崇祯历书》137 卷(1634)。明朝还未来得及实施改历便灭亡了，但《崇祯历书》定下了清朝改历的天文学基础，留下了制定新历法的巨大足迹。清朝颁行的西欧式历法意味着中国王朝正式承认了西欧天文学。必须指出，这在学术上的影响异常深远。

5　哲学传教与中国的文化传统

5.1　传教士的见解与中国知识分子的评价

关于在华耶稣会的传教方针，范礼安改原教旨主义为适应主义，利玛窦以此适应主义为根本原则，将传教的船舵从合佛的大众传教转向合儒的精英传教，第二次嘉定会议停止了对混淆主义的批判，确立了"利玛窦规矩"，即作为合儒的必然结果的哲学传教路线。然而事实上，这不过是在华耶稣会传教团单方面的见解而已，对西学持有兴趣并与耶稣会有一些接触的一般中国知识分子或儒学者的评价与此大不相同。

利玛窦的哲学传教，正如对峙型哲学范式所主张的一样，是"儒耶

① 谢和耐著，镰田博夫译《中国与基督教》(法政大学出版社，1996)，第 48 页。
② 关于《天学初函》的刊行年份，也有 1626 年一说。

合一"的高度战略,它借由介绍优秀的西欧科学以吸引重视传统历算的中国知识分子,想用这个办法来笼络中国,但出于适应主义的间接传教比较温和,它并不强行要求听众入教,容许因对知识好奇而来的教会访问者。然而同样的传教活动,从旁观者即一般的中国知识分子,也就是华人异教徒看来,由于传教士比较温和地与知识分子接触,解说西欧哲学,刊行汉译科学书等,从而被中国知识分子理解为他们企图借着哲学和科学的权威来增加宗教的光环,这一点是毋庸置疑的。对于一般的华人知识分子来说,"利玛窦是远道而来的中国的来宾,他是介绍与儒学本质上相同的西学的伟大学者"①(李之藻《刻天学初函题辞》),异教徒眼中的耶稣会传教可以说是混淆主义本身,是以介绍西欧哲学的"法象名理""性命根宗"为中心的辅助儒学的行为。

　　事实上,还存在一小部分的中国知识分子或儒学者,虽积极响应耶稣会哲学传教,但对宗教毫无兴趣,只想学习先进科学知识。明末的方以智(1611—1671)引用艾儒略(Giulio Aleni,1582—1649,1613年来华)的《职方外纪》等而写成了《物理小识》(1643 年写成,1664 年印刻)。不过在引用西学书籍的时候,他把关于宗教的记述彻底删除了。此外清初的薛凤祚②(1600—1680)、方中通(1634—1698)等从耶稣会传教士穆尼阁(Smogolenski,1611—1656,1646 年来华)那里习得西欧最新的数学、天文学(1652—1653),不过这二人都未入基督教。

　　从方以智等明末知识分子的世界观、多方面接受西学的具体结果来看,中国知识分子对西学的欢迎其实是因为好奇心(猎奇)和实证精神,这和现在的外国研究从本质上来说并没有什么不同。

5.2　华人信徒的科学嗜好

说起华人天主教徒,能够确定的是,他们是真正的混淆主义者,他们对西欧哲学的重视与爱好比一般知识分子要热烈得多。对此,汉译西欧书的译者皆为华人信徒也不奇怪

---

① 　译注:对于日本人所引用的中国古籍,我们在翻译中,力求根据原书进行还原,在无法查找到所引用文字的情况下,则根据日文原意进行翻译。

② 　关于薛凤祚,详情请参考马来平主编《中西文化会通的先驱:"全国首届薛凤祚学术思想研讨会"论文集》(齐鲁书社,2011)。

了。比如根据利玛窦的《译几何原本引》，关于《几何原本》汉译的策划乃至本身提出这个请求，是从徐光启开始的，并且，徐光启亲自多次改稿。此外，利玛窦的《布教史》第5书第18章里写道，中国知识分子的改宗契机几乎无一例外，都是因为数学这一哲学分支。总的来说，当时中国人信徒和一般知识分子都被西欧哲学（philosophia）的魅力所折服，并从心里爱上了它。

5.3　文化传统的重量　　　　如之前所述，"利玛窦规矩"被正式确立下来实际是在第二次嘉定会议（1633）上，这是在华耶稣会里利玛窦派（哲学传教派）努力的结果。这件事本身是毫无疑问的事实。因此可以说，(1)基于包括异教徒在内的大多数明末知识分子或儒学者对西欧哲学的重视与爱好的事实，(2)考虑到哲学传教于崇祯二年（1629）左右进入正轨，则我们不能单纯地确定最终确立哲学传教方针的就是耶稣会。在华耶稣会里对确立这个方针非常强硬的是具有混淆主义偏向的徐光启、李之藻等，此处必须强调他们是利玛窦的中国弟子。

如前所述，利玛窦的死（1610）于在华耶稣会传教士内部引发了仅10年[①]的传教路线之争，即中国适应主义与失败越来越显著却经验丰富的东亚适应主义（日本适应主义）之间的斗争。这一路线斗争使耶稣会日本管区历经长达20年以上的两派分裂，随着这一斗争令同会的传教理论即文化适应主义局限一点点地显露，在这种军队式的组织中，以上层的主张败北这种闻所未闻的方式告终。

然而，中国适应主义的胜利，换言之隐约可见混淆主义倾向的哲学传教路线的胜利，并非欧洲传教士的传教理论所带来的必然结果。利玛窦死后20年间是关于适应主义及其带来的传教宗旨等原委而展开的神学争论的时代，论点涉及神学上的根本问题以及本质

---

① 利玛窦真正推进合儒的哲学传教仅为1597—1610年这段时间。这与罗明坚合佛的传教期间（1583—1597）的时长相近。从罗明坚和利玛窦的理论论争和其结果来看，当时，获得上长支持的东亚（日本）适应主义者要彻底推翻利玛窦的路线，的确是易如反掌了。

上无法解决的领域。提起神学论争,从耶稣会的军事化构成原理来看,争论的结论会必然地大大超出耶稣会当地职员或是在传教前线战斗的宗教战士的权限。实际上,在华耶稣会对于理论上的二律背反,只能左右为难,在耶稣会里根本没有能够打破理论上闭塞状态的力量。①

关于传教原理或适应主义问题解决的直接契机是顺应利玛窦哲学传教、主张"儒耶合一"的华人天主教徒的文化活动——(1)崇祯二年(1629)李之藻的《天学初函》的出版,(2)同年徐光启的新法历局的建立,这种文化局面被打开,必须要归结于注重天文历数的中国强烈的文化传统。②

在中国天主教史或东西交流史上,若要说起为何崇祯二年(1629)的华人天主教徒重视历算的文化活动如此重要,主要是因为嘉定会议前后与哲学传教、适应主义相关的特别事件,除此以外别无其他。③此外,同样在嘉定会议期间,如果没有发生推动西欧科学(数学)进入中国的特别事件,那么会内两个派别都处于逻辑上欠缺决定性因素的闭塞状态,具有绝对权限的上长否认的与第一次嘉定会议(1627)结论相反的哲学传教的结论,也不可能在第二次嘉定会议(1633)上"复活"并得到公认。

相反,《天学初函》的出版还有新法历局的开设对明朝士大夫来说,除了是个人的文化活动之外,更重要的是,它们还是赌上自己仕途

① 圣多明我会士点燃的欧洲"礼仪之争"(关于耶稣会适应主义的对错而展开)还具有延续当时中国耶稣会内部的(未解决的)适应主义论争的性质。反过来说,"礼仪之争"本身恰好证明了当时在华耶稣会没有解决这个争论的能力。

② 关于中国独特、强烈的文化传统,请参照川原《中国的科学思想——两汉天学考》(创文社,1996)。

③ 1631—1633年左右,多明我会、方济各会的传教士来到中国开始了大众传教。这对在华耶稣会来说无疑是一大事件。因为大众传教是从根本上否定耶稣会的哲学传教路线的。因此,说跳足修道会的登场反而刺激耶稣会一路走向保守(哲学传教)也确实道出了真相。当时在中国,耶稣会的影响力是绝对的,是别的修道会无法达到的。在1628—1633年间,明朝为了取得与满洲族战争的胜利,向澳门发出了军事援助的请求,澳门派遣了数百人规模的远征队。虽然耶稣会士也与这次军事派遣扯上了关系,然而这次的事件由于掺杂了政治因素,因此很难说这是嘉定会议上决定的传教方针直接波及的影响造成的。

的重要政治活动。具有丰富社会性的士大夫的政治活动,从本质上必然受到中国三千年的文化规范,即重视历算的文化传统、王朝行政上的必要性等影响。然而同时,出版西欧科学书、引进起源于西欧的天文数学与在华耶稣会紧密相关,因此它们与天主教传教联系在一起,兼有公然的宗教活动的含义。如此,李之藻、徐光启重视历算的政治活动不但迫使他们成为王朝内的开化论者,并且被迫处于一往无前的境地,同时因其信仰坚定的宗教活动,而影响到相关的耶稣会,同会无疑做出了最终判断,即选择促进科学引进的传教方法(哲学传教),以及加强对引进西欧科学的协助。

在我看来,东西交流史上尤其值得注意的一点是,面临哲学传教的生存危机时,利玛窦的中国弟子采取了一系列的共同行动和手段,以达到对在华耶稣会利玛窦传教路线实质上的延续和大范围的实施。尤其是关于哲学传教,中国自身和耶稣会利玛窦派同样地愈发秉持其主体性,并渴求哲学传教的最终完成。①若要总结这个命题的含义,也许能够得出中国强烈的文化传统反而巧妙地利用了利玛窦的哲学传教这个结论。

第 2 节 哲学传教的理念与现实

在华耶稣会接受华人天主教徒的请求,最终确立了利玛窦的补儒论的哲学传教作为自身的传教方针。不过若是脱去补儒论的外皮,哲学传教即自然神学的传教在西欧天主教历史上,也是具有内在必然性、来历正当的传教方法之一。本节的目的是阐明利玛窦的哲学传

---

① 徐光启、李之藻是利玛窦的弟子,当然深受其影响,然而同时他们还是代表中国知性的读书人,在每国强烈文化传统影响下的事实也不容置疑。他们的思考与西欧或中国都不同,具有“中西会通”(中国式的东西兼修)的二重性特征。要正确评价他们的行动必须采用双重分析。关于明末清初第一代天主教徒的二重性,在黄一农《两头蛇》(台湾清华大学出版社,2005)等书中有详细分析。比喻来说,利玛窦是哲学传教的创始者,徐光启、李之藻便是发扬光大者。创始者的功绩当然必须高度评价,但发扬光大的价值和创始的功绩相比,同样甚至更加重要。确立根基的不论什么时候都是发扬光大者。

是以西欧自然神学发展而来的克拉乌式传教即数学的确定性为基础而确立的。此外，本书还会对哲学传教的理念、哲学传教的现实和真实情况加以分析。

1　《西学凡》中阐明的西欧大学的教育课程

《西学凡》①1卷（1623年印）根据题记，如"西海耶稣会士艾儒略答述"中所写，②主要介绍了西欧大学的教育课程。

1.1　西欧大学的教育课程　　　　《西学凡》的内容③大约如下。西欧的建学育才的法律根据国家不同会有一些差异，但毕竟大同小异，主要划分为"六科"。④分别为（1）"文科"和"文学"（rhetorica），（2）"理科"和"理学"（philosophia），（3）"医科"和"医学"（medicina），（4）"法科"和"法学"（lex），（5）"教科"和"教学"（canones），（6）"道科"和"道学"（theologia）。它们分别对应今天的（1）修辞学⑤、（2）哲学、（3）医学、（4）法学、（5）教会法学、（6）神学。原文中"理科，叫作'斐录所费亚'""道科，叫作'陡禄日亚'"等，它们分别是 philosophia 和 theologia 的音译。艾儒略说明，作为大学的教育课程，要先修得文学，再深入理学习得逻辑能力，等完成理学的学习以后，考取医科、法科、教科、道科任意一门进行专门的研究。

1.2　哲学和 mathematica 的关系　　　　《西学凡》提到的西学六科中，具有较强一般教育性质的"理学"（斐录所费亚，philosophia）是被定位为追求"格物穷理"的"真正的大学"。斐录所费亚（哲学）又被细分为五

---

① 《西学凡》有日语译本，即高田佳代子、新居洋子《艾儒略〈西学凡〉译注》（《朝鲜思想和中国、欧洲——东亚海域交流中》平成十七年至二十一年度科学研究费补助金研究成果报告书，2010）。

② 在杨廷筠（1557—1623）《刻西学凡序》中，记述了出版此书时，中国信徒熊士旂、袁升闻、许胥臣帮助了艾儒略的事情。

③ 关于《西学凡》的内容，多处借鉴川原《梅文鼎与东亚》的日语原稿（《宗教哲学》第45期，2008）。

④ 《西学凡》中说明的西欧大学的教育课程事实上是基于《耶稣会学事规定》（*Ratio atque Institutio Studiorum Societatis Jesu*，1599）。新居洋子《艾儒略〈西学凡〉和其序、引、跋：明末中国对接纳西学的一种形态》（《中国哲学研究》第26号，2012）。

⑤ 正确的是文献学、修辞学和人文学（希腊、拉丁古典学）。

种,具体是(1)与明辨息息相关的"落日加"(logica)、(2)观察性理的"费西加"(physica)、(3)观察性以上的理"默达费西加"(metaphysica)、(4)研究物体形状的度与数的"马得马第加"(mathematica)、(5)探究义理的"厄第加"(ethica)。其中马得马第加又叫"几何之学",包含了"算法"(算术)、"量法"(几何学)、"律吕"(音乐)和"历法"(天文学)。值得注意的是,哲学重要的构成要素之一是马得马第加,这个学科恰恰对应了中国文化传统里重视的"天文历算"。这出乎意料的相似大大促进了中西学术交流,本章的论述将会就此展开。

1.3　哲学和神学的一体化　　　　一方面,属于专门科目的"道学"(陡禄日亚,theologia)是指超生出死的学问。"总括人学(哲学)的精髓,加以天学(神学)的奥秘(总括人学之精,加以天学之奥)。"不学天学,不知万年的始终、人类的生死大事,那么其他所有的学问也都无根基,人心恍惚,就无法得到当然的至善、内外的真福。因此,在西欧诸国,虽重视诸般学问,却"无不以陡禄日亚为极为大"。作为尽性知命的极点,他们赋予了神学最高的学术地位。

　　艾儒略一边解释大学的教育课程,一边说明了"道学＝神学"和"理学＝哲学"的关系,天学(道学)以亚里士多德(亚理斯多)的理学为先驱,理学作为天学的预备学科,二者正好相辅相成。此外在医科、法科、教科的学习里,虽然也有完全不理会理学的人,但"若是跟随陡禄日亚的学者,就不会偏离斐录(所费亚)而误入歧途(若从陡禄日亚之学者,则断未有离斐录而径造焉者也)""只学天学(神学)不懂人学(哲学),就没有入神学之门。只懂人学不学天学,就不明白终极方向(天学不得人学,无以为入门先资。人学不得天学,无以为归宿究竟)"等,他高举托马斯·阿奎那(多玛斯)的大名,强调了从阿奎那以后理学和道学的完全结合。必须说哲学(理学)和神学(道学)的一体化事实及其必然性几乎已经是公认的了。

1.4　哲学传教的意义　　　　艾儒略于利玛窦死后的 1613 年,也就是哲学传教危机的时候来华传教。他完全地答应了利玛窦开创的哲学传教派的要求。根据《西学凡》的理论，哲学传教有利于天主教的布教，不仅是因为它迎合了中国知识分子的希望，还如阿奎那神学所阐明的，因为学理的神学和哲学本身是一体的。虽然是单纯的理论，但艾儒略秉持天主教的客观主义，提倡哲学传教的意义，反驳反对派传教中的教理中心主义，对此我们必须承认他十分了不起。

2　阿奎那的自然神学和汤若望的《主制群征》

2.1　阿奎那的自然神学　　　　自然神学（theologia naturalis）主张相信自然理性（人类天生被赋予的理性）的普遍性，参照此普遍性能够认知并证明神的启示乃至天主的真理性。到了西欧中世纪，阿奎那的自然神学逐渐变得体系化。他主张通过阅读或理解"自然的书籍"（liber naturae），即被造物了解神，以理性（知性）为最高原理，以自然界的神秘，即自然的事物具有令人惊叹的精巧与规则的秩序和组织架构为依据，试图用理性来证明天主确实存在。这个论证是带有强烈目的论色彩的。

另一方面，本书的"哲学传教"是指基于西欧传统的自然神学，重视论证的理性传教。具体指以哲学书（大多为数理科学书）里阐释的自然学以及自然科学的命题为根据的传教。以哲学传教命名的理由是阿奎那之后包括中国传教士的天主教界中，神学（道科）和哲学（理科）的完全结合成为神学的基本特征，以及"科学的真理＝宗教的真理"是根据论证这种极其哲学的方法而得出的结论。

2.2　《主制群征》　　　　汤若望（Johann Adam Schall von Bell，1592—1666，1622 年来华）的《主制群征》（刊于 1629 年）包括（1）"天地之美""人物外美"，（2）"天向""地向""人身向"等，试图对天地万物都是"主制"（天主创成的系统）等进行"征"（证明），正是阿奎那之后的自然神学里较容易理解的实例。《主制群征》的蓝本是耶稣会士莱西乌斯（Leonard Lessius，1554—1623）的 *De Providentia Numinis et animi immortartalitate*（《关于神的法则和灵魂不死》，刊于 1613

年)。①这本书把利玛窦当时的自然神学再次展现于读者眼前,它的价值不可估量。

2.2.1 第1类 根据《主制群征》第1类的"以天地之美征"(卷下一),"物推精美"指"其体之分与全、适相称之谓(身体的部分和整体的平衡)""无生成造成皆然(天地万物都彼此融洽、彼此相称)"。天地本身就是一个大宫殿,它的形状、性质以及道理"无弗称者"。因此这成为天地创造者巧妙绝伦的明证。

试举天盖之用,天在上,覆千世而不裂,不偏不损,备诸彩而不变。明耀珍贝装饰其上,数之不尽。深浅不一,各得相宜。风霾不能使其昏,雷霆不能使其损。精美绝伦,无以复加。"非天主神功,孰能为之哉。"

同样,重浊下凝为地。试看名山大川、奇花珍草,其美非人工(王公贵族的园圃)所及。大地虽块然无识,然其为至灵所制,乃至灵之迹。

第1类除了"天地之美",还通过"人物外美""人物内美""诸物弱缘""世人同心""人异面异声""人世欠陷""鬼神""无主悖理""人心之能""气之玄妙""灵魂常存""主宰无失""神治""圣迹"证明"主制"的存在。

2.2.2 第2类 《主制群征》第2类的"向"指的是亚里士多德的四因说指涉的目的以及目的因。根据"以天向征"(卷上一),"形天诸品悉向物无向己者"——形天(物理意义上的天)的目的在于"全公",即寰宇内万物的保全,并非要保全形天自身的我。以太阳的作用为例说明,太阳在天上,将光芒洒向其他星宿,赐予它们成长的力量。因此被称为"星月之宗"。太阳向下方,照射天下成为世界存在的必需,它赋予万物颜色,让光射入眼睛,将景色布满山川。此外,日光对植物的

---

① Adrian Dudink, The Religious Works Composed By Schall, pp. 814-815, in Roman Malek (ed.), *Western learning and Christianity in China: the contribution and impact of Johann Adam Schall von Bell*, S.J.(*1592-1666*), 2 vols, Monumenta Serica Institute, 1998.

生长也是不可欠缺的，东升西下无时不对它们产生效力，用热量滋养植物的生长。太阳的相对位置对于世上万物来说，既不近也不远，它的光亮既不过于强烈也不过于惨淡，恰好适中，赐予无数生灵以益处。这种正好妥当的安排除了显示出"主制之妙"以外别无其他，等等。

另外，"以人身向征"（卷上五）也像这样证明了天主的实在。人体生理上最重要的器官便是"三肢"，分别为"心（心脏）""肝（肝脏）""脑"。肝脏造"血"和"体性之气"。心脏产生"内热"和"生养之气"，生养之气的作用是引导热气保持体温。脑掌管"动觉之气"，动觉之气"命令五官四体，使动作感觉各得其分（令五官四体，动觉各得其分矣）"。体性之气、生养之气和动觉之气不仅各自的作用不同，大小也各不相同。体性之气是指血的精分，更变为血露；生养之气是指本血的一部分从大络流入心脏，渐致细微、半变为露；动觉之气是指血露中的一小部分从大络上升至脑内，于是变成了细流的精华。人身体的系统就是如此极致精巧。"非全知全能，孰克谋此哉？"

第2类除了"天向""人身向"，还有用"气向""地向""海向""生觉容体向""天行向""地生养向""觉类施巧向""觉类内引向"证明天主的实在的实例。

2.3　自然神学的内容　　《主制群征》和自然神学中值得注意的一点是论述的内容停留于自然学（自然哲学）。由于是本专业以外的内容，所以无法确定是否真实，但从其内容和性质来推测，可能不外乎亚里士多德的自然学，或是和它大同小异。

然而客观地说，自然神学利用的自然学内容归根结底不过是思辨的产物，远不及后世科学（自然科学）的理论性、确实性。若要通过探究理论的正确性来穷尽自然神学，必然需要借助于高度的科学知识，尝试自然神学的活性化，来追求以科学为基干的哲学传教。

3　利玛窦的汉译西欧书和克拉乌的哲学精神

3.1　利玛窦的中文著作　　根据对《西学凡》《主制群征》等的分

析,当时的自然神学的特征是哲学与神学的完全结合,内容上勉强达到了自然学(自然哲学)的水平,但奇怪的是在华耶稣会的哲学传教宣传的内容并非自然学,而是另一维度上的当时最高水准的科学(数学)知识。哲学传教的方法本身是根植于天主教传统自然神学的正统的方法,不过宣传的内容总的来说大大超出了以一般的自然神学为依据的自然学。

此外,在华耶稣会的补儒论式的哲学传教,正如第 1 节里所分析的一样,自利玛窦的考察以及选择开始,沿袭至徐光启等利玛窦的中国徒弟们的请求或实际行动而确立了原则。一直以来所说的"利玛窦规矩"所指的就是这个,不过如果把范围限定在哲学传教的理念、精神层面的话,创始的功劳当然要归于利玛窦了。对于如何解释利玛窦的哲学传教的理念以及精神,分析他的那些汉文著作应该是最简便也是最合理的途径了吧。

关于这一项,本人从安大玉《利玛窦和补儒论》(《东洋史学研究》第 106 辑,2009)中受到了很多启发。详情请参照他本人所撰的第 2 章。

本来利玛窦的汉文著作大致可以分为 3 类。第 1 类隶属于神学书的范畴:(a)《天主实义》2 卷(刊于 1601 年以及 1603 年,燕诒堂校梓)、(b)《畸人十篇》2 卷(刊于 1608 年,汪汝淳校梓)等。同类的"利玛窦撰"指的是由利玛窦亲自执笔。

第 2 类有(1)《西国记法》1 卷(刊于 1595 年,朱鼎浣参定),(2)《山海舆地图》1 本(刊于 1584 年)、改订版的《坤舆万国全图》1 本(刊于 1602 年),(3)《交友论》1 卷(刊于 1595 年),(4)《二十五言》1 卷(刊于 1605 年,汪汝淳校梓)等。《西国记法》解释记忆术,《山海舆地图》等是世界地图,用图标示出地球上的"五大洲"(亚细亚、欧罗巴、利未亚、亚墨利加、墨瓦腊泥加)。后两本书是伦理书(友情论、人生论)。

第 3 类都是《西学凡》的马得马第加(mathematica)一类的专门书籍。有(1)《乾坤体义》2 卷(刊于 1605? 年,李之藻注解),(2)《几何原本》6 卷(刊于 1607 年,徐光启注解),(3)《浑盖通宪图说》2 卷(刊于 1607 年,李之藻注解),(4)《同文算指》前编 2 卷、通编 8 卷(刊于 1614 年,李之藻注解),(5)《圜容较义》1 卷(刊于 1614 年,李之藻注解),(6)《测量法义》1 卷(刊于 1617 年,徐光启注解)等。它们以高质量的内容著称,特征是"利玛窦口授"。

利玛窦的汉文著作总体上清楚地阐释了自己哲学传教的构造,[①] 然而特别有意思的是第 3 类。第 3 类是由如果没有学识丰富的华人知识分子的帮助便不能顺利翻译的具有高度知识的专门书籍[②]组成,也就是"哲学"的分科之一马得马第加(mathematica)这种领域极其狭窄的专业类研究书。而最惊人的并不仅限于此,底本无一例外都是基于克拉乌的著作,[③]即以下著作的部分译文(1、2、3、5、6)乃至全部译文(4)[④]:

(1)《乾坤体义》基于克拉乌的《萨克罗博斯科天球论注释》(*In Sphaeram Ioannis de Sacro Bosco Commentarius*,1570)。

(2)《几何原本》基于克拉乌的《欧几里得原论注解》(*Commentaria in Euclidis Elementa Geometria*,1574)。

(3)《浑盖通宪图说》基于克拉乌的《星盘》(*Astrolabium*,1593)。

(4)《同文算指》基于克拉乌的《实用算术概论》(*Epitome Arithmeticae Practicae*,1583)。

(5)《圜容较义》同样基于克拉乌的《萨克罗博斯科天球论注释》。

(6)《测量法义》基于克拉乌的《实用几何学》(*Geometria Practica*,

① 哲学传教下的著述必然地有神学(第 1 类)和哲学(第 2、3 类)的两类构造。李之藻《天学初函》的理编和器编是受到利玛窦影响而改变他的构造的成果,可以在这本书里看到李之藻独自的拓展。详情在后文叙述。

② 本人认为,正是由于得到了徐光启和李之藻两位天才的帮助,利玛窦才完成了汉译克拉乌的研究书这样的伟业。专门书的汉译自身不仅超越了利玛窦的语言能力,利玛窦向瞿汝夔教授过《萨克罗博斯科天球论注释》和《欧几里得原论注解》,但最后由于两者资质的局限而失败。

③ 以下本项的论考基本上根据安大玉的研究,同时也参考了 Peter M. Engelfriet,*Euclid in China*,Leiden:Brill,1998;James M. Lattis,*Between Copernicus and Galileo*,Chicago and London:The University of Chicago Press,1994。

④ 各书内容的说明请参考安大玉《明末西洋科学东传史》(知泉书馆,2007)。

1604)。

无论哪一本都可以被称为代表中世纪欧洲"哲学下的数学"的最高水准的典型著作。

克拉乌是耶稣会士,他因协助修订格里历而出名,是利玛窦在罗马神学院学习期间(1572—1575)的数学老师。当时,他被称为"当代的欧几里得",是西欧中世纪最后的大科学家。

3.2 克拉乌的精神＝利玛窦的原则

如上所述,利玛窦在传教之际,在编辑自己的汉译科学书时,几乎所有的原本都选自克拉乌的著作①,并专心致志地翻译高难度的"数学"(即现在的天文学、数学、音律学)书籍。从传教的目的、对克拉乌的执念、原本的内容特征等来看,必须说在利玛窦的翻译中有某些超越单纯专业书籍的意义。也就是说,必须从利玛窦对克拉乌的数学观和精神产生了共鸣,并有意识地继承它们,从而试图在传教中进行应用实践的角度来理解。

其实克拉乌的精神可以简要概括成如下几点:(1)"知"是确实可靠及无谬命题的集合;(2)为了获得确实无误的"知",必须借助以无谬性为属性的演绎推理,进行从"既明"到"未明"的命题类推;(3)因此以演绎推理为基本方法的"数学",占据诸多学问中第一的地位是理所当然的,另外它不仅有用,还必须成为包含神学、哲学等诸多学科在内的基础。②克拉乌试图达到的"哲学下的数学"与普遍数学相类似,此外,还出现了用演绎推理来对"神学"命题进行证明的强烈请求。换言之,克拉乌相信人类理性的普遍性,把"数学"当作自然神学论证方法的标杆,使得自然学飞跃性地升级为科学(数学),他以从演绎推理而来的无谬命题集合而成的科学知识为根据,尝试证明神的实在。

---

① 在戈麦斯为日本神学院而执笔的拉丁语文献《天球论》(*De sphaera*)与《神学要纲》(*Compendium catholicae veritatis*,1593—1595)中可以看到比起利玛窦,他更早受到了克拉乌的影响。平冈隆二《南蛮系宇宙论的元典的研究》(花书院,2013)。

② 克拉乌的主张在某一方面令人想起了近代文明之父——笛卡儿(1596—1650)。笛卡儿于少年期(1606—1614)在耶稣会的拉弗莱舍学院接受教育,或者也可能像明清中国一样受到克拉乌的影响。关于这种可能性,参照 Daniel Garber,*Descartes' Metaphysical Physics*,The University of Chicago Press,1992,pp. 7-8。

　　此外,利玛窦的哲学传教一边学习明证的数学,进行演绎推理,强化神学上的命题;一边翻译克拉乌的数理科学书籍,以天文、数学即哲学体系的无谬性和明证性为基础,意图显明天主的存在,正是以数学的确实性为基础的哲学传教,与克拉乌的精神直接连接,产生了强烈共鸣。

　　从克拉乌到利玛窦的学术上的继承关系实际上得到确认这件事中可以发现,利玛窦乃至在华耶稣会的哲学传教向数学传教的大力倾斜不仅是为了"适应"中国文化中重视历算的传统,还基于利玛窦等在华耶稣会士的学问来源于天主教神学这一内在要因。此外,由于利玛窦乃至在华耶稣会的传教方法自身蕴含的内在必然性是无可争辩的事实,因此不能简单地理解成他们顺应中国文人社会,用西欧科学魅惑文人等,或单纯地把这种倾斜解释为规定哲学传教的本质,为拓展传教战略即扩张天主教而人为制造的项目。

　　从克拉乌的精神和利玛窦的传教方针出奇一致以及和谐这一点来看,要解释利玛窦乃至在华耶稣会的哲学传教,不可过度强调其战略性和任意性。当然,更别提将在华耶稣会士(Jesuits)视为隐藏真实目标、一步步实施阴谋的阴谋家(jesuits)或者具有恶魔般双重人格者的团体等的说法了。

4　耶稣会士的数理观

4.1　神学和哲学的一体化　　　　利玛窦等为了延伸拓展从克拉乌而来的"基于数学之确实性的哲学传教",想出了新的象数论和数理观,据此提出神学和哲学(科学)的结合,阐明了天主教要义与欧洲的哲学和科学相一致(教学一体)的观点。

4.2　熊三拔的象数论　　　　在《耶稣会罗马档案馆明清天主教文献》(钟鸣旦、杜鼎克编,台北利氏学社,2002)第六册所收的熊三拔《象数论》(手抄本)中,通过中国知识分子和西洋的有网子之间的对话,论述了有特色的数论。有网是熊三拔的字。内容如下,以几何学原理的"点""线""画""体"为基本,比如"点延展后成了线,于是确定了象(点伸为线,以定象)""点运动后成了线,于是决定了数(点运为线,以定数)"等,还仿照"宋儒所谓太极中心"的"点"的原理来说明"九数""八卦"等。这些内容是中西折中的,与西欧的数论趣旨稍有差异。

然而熊三拔以《中庸》首章为依据,君子在侍奉"天(天主)"的时候,"戒慎乎其所不睹,恐惧乎其所不闻",即使一念之间也不与"天(天主)"相违背。因此主张"圣人观其象而为图书卦爻以肖之,察其数而定四时成岁以纪之,法天行以进德,承天道以治人"。熊三拔认为,天文数学研究其必要的原因在于,侍奉"天"即天主,执行天道即天主的道。

4.3　利玛窦的数理观

熊三拔的《象数论》用补儒论的方式解释了中国历算的经学基础,同时在哲学、天文数学与天教西教之间建立了密切的关系。不过,由于是手抄本,因此无法掌握中国知识分子具体到底读懂了多少。不过在利玛窦的《天主实义》中能看到哲学传教派的数理观的影子,这在理论上说明了基督教的教理分明存在于西欧传来的哲学以及科学理论的根基中。[1]正因为在《天主实义》等书中看到这一点,所以应该能肯定在中国知识分子中,新的数理观被广泛传播并知晓。

利玛窦《天主实义》的首篇论证了"天主始制天地万物而主宰安养之"后,提出"理"即物的准则,不过是在物体中依存于天主的东西,"理"无法创造别的物,更不能主宰别的物(第二篇)。也就是说:

> 理也者,则大异焉。是乃依赖之类,自不能立,何能包含灵觉为自立之类乎。理卑于人,理为物,而非物为理也。故仲尼曰,人

---

[1]　关于这一点,可参考张永堂《明末清初理学与科学关系再论》(学生书局,1994)中收录的第五章《明末清初西学派对"格物穷理"观念的新解释》和第六章《明末清初耶稣会士的理数观及其影响》。

能弘道,非道弘人也。如尔曰,理含万物之灵,化生万物,此乃天主也。何独谓之理,谓之太极哉。

　　若太极者,止解之以所谓理,则不能为天地万物之原矣。盖理亦依赖之类,自不能立,曷立他物哉。中国文人学士讲论理者,只谓有二端,或在人心,或在事物。事物之情,合乎人心之理,则事物方谓真实焉。人心能穷彼在物之理,而尽其知,则谓之格物焉。据此两端,则理固依赖,奚得为物原乎。二者皆在物后,而后岂先者之原。①

　　利玛窦与周敦颐、邵雍、朱熹、蔡元定等宋明理学家的理数观不同,主张"理在物之后""物在理之先"。利玛窦的理数观认为,不能丢弃事物而追求理,意味着他提倡新的理学——格物穷理之学,这在思想史上的价值无法估量。据哲学传教派所言,能够"淘剖"(厘清)事物中蕴藏的物之理的是哲学(philosophia),尤其是"由数达理",除了数学(mathematica)别无其他。

　　然而利玛窦等哲学传教派的主张是建立在物、理存在之前,天主创造天地万物为前提之上的。若没有天主创造天地万物,物便不存在,没有物的话,理也不可能存在了。在耶稣会的理数观里,无法将哲学从神学中分离出来。也就是说,耶稣会士的哲学传教所追求的是,理性和信仰无矛盾的存在,哲学和神学完全结合的"教学一体"的安定世界。

5　哲学传教的现实

　　如果从思维的构造审视哲学传教乃至自然神学,就会发现神学和哲学(科学)或者说西教和西学存在于绝妙的平衡中。然而从阿奎那到克拉乌或者说利玛窦,二者的平衡逐渐发生变化,因为中国的介入

---

① 译文参照柴田笃译注《天主实义》(平凡社,2004)。

又发生了巨大的变质。①哲学（科学）或者说西学拒绝传统的教学一体，从神学或西教的预备学科中脱离出来，产生巨大飞跃。

5.1 哲学传教的深化 如前所述，克拉乌亲传的以数学的准确性为基干的耶稣会哲学传教在利玛窦死后，由中国弟子徐光启通过开设新法历局等而成功确立了自己的路线，然而同会传教士全面参与新法历局的这件事，从中国的视角来看，除了哲学传教已被明王朝的行政（礼制）同化以外别无其他。换言之，先不管传教士对此的自我评价，实质上这意味着从事中国政治俗事的公务，或许已沦为与圣性毫无瓜葛的俗务（civil affairs）。

利玛窦的哲学传教（利玛窦型哲学传教）在获得制度上的安定的同时，接受了来自中国方面的王朝公务，即源源不断地将中国的哲学（科学）水平提升的要求。结果，超出耶稣会的预想，中国的哲学（科学）一下子进化成了与克拉乌同等甚至出乎其上的"高层次的哲学传教或科学传教"（改订利玛窦型哲学传教）。中国知识分子或者说儒学者的介入达到了"儒耶合一"的效果，将哲学传教从利玛窦型进化为改订利玛窦型，使传入的西欧科学的质量更上一层楼。这样的景象到了清王朝也没有任何改变。

换句话说，第二次嘉定会议（1633）以后的在华耶稣会的哲学传教，是耶稣会士"儒耶合一"（即儒教对历算学重视的文化传统和克拉乌的普遍数学的理念）在思想深处产生强烈共鸣的结果。就算这是同床异梦，但它的中西融合提高了哲学传教的知识水准及其科学性，并将学术提升到了更高的水平。②从某种角度来说，作为适应主义的必然结果，混淆主义的展开促进了学术的深化以及专业化。

事实上，在华耶稣会在开展高层次哲学传教或科学传教之际，选

---

① 在华耶稣会并非从始至终贯彻精英传教，他们也面向大众大力宣传过天主教，不过，大众传教比起理性，更偏重于感性，具有强烈的启示神学的性质。它十分强调神的灵力和基督教的神秘性。关于中国大众传教的实际情况，从被派遣去各地的耶稣会士寄出的信件中就能略窥一二。不过这些陈腔滥调的信件，内容呈现出惊人的雷同。

② 极端地说，这可能是早于欧洲把科学（自然科学）从哲学（人文科学）中独立出来的开端。

择了当时欧洲最先进的科学著作作为翻译原本，比如《崇祯历书》等，以值得夸耀的优秀汉译水准提供给华人知识分子。科学著作的内容总的来说专业性非常高，已经到了精通西欧科学的耶稣会士和最优秀的华人知识分子两者之间如果没有沟通充分就不能顺利翻译的，超出一般知识分子知识能力的层次。他们达到了就算语言学方面的天才利玛窦自己也会放弃独自汉译的高度。①简单地说，改订利玛窦型的哲学传教的内容，其专业性异常之高，对其汉译的尝试本身可以说已经远远超出了常识领域或合理的范围。这确实是令人惊叹的尝试。

明清时期的高层次哲学传教或科学传教（改订利玛窦型）尝试的特别之处，如果与清末、民国时期的西洋书汉译比较一下就会一目了然了。清末、民国时期的汉译对象是以启蒙为目的的涉猎极广的一般书籍。明清时期的汉译与此相反，它只以高学历的读书人或历算研究者为目标读者，向种类更狭隘的专业书倾斜。前者是启蒙程度的书籍，因此层次并不太高，与此相对，后者还介绍了科学革命后最先进的科学技术，是不愧于专业书这个称呼的力作。总的来说利玛窦死后的耶稣会高层次传教或科学传教（改订利玛窦型）正如名字一样，可以说是不走寻常路的一次尝试了。

5.2　哲学传教的两极化

在华耶稣会实行哲学传教（过往型和改订利玛窦型都包含在内）时，为确保在更广范围内普及，他们出版并印刷、散发了为数颇多的汉译书籍，也就是著书传教。西欧传教士在著述难度很高的汉文著作时，怎么都少不了优秀的中国知识分子或儒学者的援助。反之，中国知识分子或儒学者若是参与了著书传教，那么必定在一定程度上有意识或无意识地在传教工作中体现出中国的意志或儒学的思考。这也是为什么"克拉乌＝利玛窦"的传教理念在适应主义的美名下，不可避免地发生了变质。

---

① 《天主实义》是由利玛窦自己汉译的，但笔者希望提醒读者，克拉乌的科学书是利玛窦和中国精英中的精英共同翻译完成的。

5.2.1 《天学初函》　　　　李之藻编辑的《天学初函》等为上述哲学传教的变质提供了一个非常好的实例。《天学初函》是一部将 20 种天学关联著作分类，以 10 种为单位分别汇总成理编与器编的天学教学丛书。从书名里的"初函"推测，当时确实还有继续出版次函、三函的计划，如果真是这样的话，此书的图书分类本身也应该是为了能够经得起时间考验而反复推敲过的。不过一看就明了的是，理编和器编的分类是根据性理学或理学的"理"与"器"的相对概念来区分的，与天主教的概念不同，是中国式的。

　　在追求传教原理——利玛窦的哲学传教的同时，中西在图书分类上也有差异，以《西学凡》的神学观以及分类方法为基准来尝试整理《天学初函》的收录书籍的话自然就会明白了。若将《天学初函》理编的(a)《天主实义》、(b)《畸人十篇》、(c)《辩学遗牍》、(d)《七克》、(e)《灵言蠡勺》、(f)《唐景教碑》看作第 1 类，第 1 类必定从属于《西学凡》的所有道学（神学）范畴。如果视理编的Ⅰ《西学凡》、Ⅱ《职方外纪》、Ⅲ《交友论》、Ⅳ《二十五言》为第 2 类的话，第 2 类在《西学凡》中除了广义的数学书以外，自然会被分入哲学书(physica，ethica)一类。此外，若将《天学初函》器编的(1)《泰西水法》、(2)《浑盖通宪图说》、(3)《几何原本》、(4)《表度说》、(5)《天问略》、(6)《简平仪》、(7)《同文算指》、(8)《圜容较义》、(9)《测量法义》、(10)《勾股义》归为第 3 类，第 3 类应该隶属于《西学凡》中哲学或理学分科的几何学(mathematica)了吧。

　　如果将《天学初函》的书目和《西学凡》中的推论进行互相比较的话，《天学初函》将第 1、2 类归入理编，将第 3 类归入器编，如果出自哲学传教的成果，应该和《西学凡》一样将第 1 类归入神学，第 2、3 类归入哲学，然而事实并非如此。另外，整体来说《天学初函》的分类和《西学凡》的分类并没有一一对应，但二者的第 3 类完全一致，即中国的历算类等同于西欧的几何学类(mathematica)。

表 p-1　分类比较

《天学初函》分类	《西学凡》分类
理编	神学／道学
（a）《天主实义》	（a）《天主实义》
（b）《畸人十篇》	（b）《畸人十篇》
（c）《辩学遗牍》	（c）《辩学遗牍》
（d）《七克》	（d）《七克》
（e）《灵言蠡勺》	（e）《灵言蠡勺》
（f）《唐景教碑》	（f）《唐景教碑》
（Ⅰ）《西学凡》	哲学／理学
（Ⅱ）《职方外纪》	（Ⅰ）《西学凡》
（Ⅲ）《交友论》	（Ⅱ）《职方外纪》
（Ⅳ）《二十五言》	（Ⅲ）《交友论》
器编	（Ⅳ）《二十五言》
（1）《泰西水法》	（1）《泰西水法》
（2）《浑盖通宪图说》	（2）《浑盖通宪图说》
（3）《几何原本》	（3）《几何原本》
（4）《表度说》	（4）《表度说》
（5）《天问略》	（5）《天问略》
（6）《简平仪》	（6）《简平仪》
（7）《同文算指》	（7）《同文算指》
（8）《圜容较义》	（8）《圜容较义》
（9）《测量法义》	（9）《测量法义》
（10）《句股义》	（10）《句股义》

　　《天学初函》的分类与《西学凡》并不完全一致，与耶稣会传教士按照中世纪欧洲的自然神学将天学著作大致分为神学类和哲学类不同，李之藻混淆了西学理念与儒学理念，在学习"克拉乌＝利玛窦"重视数学的哲学观的同时，沿袭中国的文化传统把选本分为理类（神学类等）和器类（历算类）。在这样的分类里，强烈的自我主张的中国文化传统确实起了作用。利玛窦哲学传教的成功即华人知识分子自主的参与传教活动出乎意料地使在华耶稣会适应主义哲学传教慢慢地发生变质，开始成为"儒耶合一"的混淆主义以及折中主义的产物。

5.2.2　两个方向的发展

必须承认，从作为传教对象的中国来看，利玛窦死后，在华耶稣会的哲学传教正如李之藻所期望的那样，大致沿着"儒耶合一"的两大方向（第 1 类和第 3 类的方向）有了很大发展。最能表明这一点的是天学书即神学书［上述第 1 类（a）（b）（c）等的同类书籍］和哲学类几何学书［上述第 3 类（1）（2）（3）等的同类书

籍]的出版数量大幅增加。然而除去几何学类的哲学书籍[上述第 2
类(Ⅰ)(Ⅱ)(Ⅲ)等的同类书籍]的出版反而到了明清交替期(1661)以
后几乎就再也看不到了。这便是哲学传教的两极化。梁启超《西学书
目表》(1896)也就这一点论及"通商以前之西书,多言天算言教两门"。
"天算"是指《西学凡》的哲学类几何学书籍。

关于当时汉文天学书的出版,简单说明其概要的话,在神学书方
面利玛窦著述的《天主实义》《畸人十篇》尤其有名。除了这两本书以
外,还有毕方济(Francesco Sambiasi, 1582—1649, 1610 年来华)口授
的《灵言蠡勺》(1624)论及亚里士多德的灵魂论,艾儒略略述的《万物
真原》(1628)提到天主的天地创造,利类思(Lodovico Buglio, 1606—
1682, 1637 年来华)阐释的《超性学要》(1654, 1676, 1678)尝试翻译
以阿奎那《神学大全》为基础的那一部分。另外,龙华民编译的《圣教
日课》(1602)是祈祷书,阳玛诺翻译的《圣经直解》是《圣经》的汉译本。
明清的中文神学书的出版十分广泛,涉及圣经类、真教辩护类、神哲学
类、教史类,可以说是包罗万象。

尽管中文神学书的出版多到令人吃惊的地步,但除《天主实义》
《畸人十篇》以外,对中国文化的影响并不如出版数那样惊人。其中有
中国社会的反感、敌视以及王朝发布的禁教令的影响,也有与几何学
书籍相比读者层较狭窄、流通有限的原因。关于神学书的详细内容请
参照徐宗泽的《明清间耶稣会士译著提要》(中华书局,1949)。

此外,中文天学书籍中隶属于哲学分科(mathematica)的科学书作为
有王朝支持的钦定书籍,出版数量极多,获得了广泛流通。由于汉译科学
书的具体情况与本书的主题有密切的联系,下一节会进行详细论述。

从属于《西学凡》的哲学分科(logica, ethica, physica, metaphysi-
ca)的汉译书虽然量并没有那么多,但在传教初期确实公开刊出了。
除利玛窦著述的《交友论》(1595)、《二十五言》(1604)和艾儒略增译的
《职方外纪》(1623)之外,还有高一志(Alphonso Vagnoni, 1566—
1640, 1603 年来华)撰写的《空际格知》(1624?),傅汎际(Francisco

Furtado，1587—1653，1618 年来华)汉译的《寰有诠》(1628)、《名理探》(1631)等。

《交友论》和《二十五言》是关于交友和修身的道德(ethica)格言集，《职方外纪》记叙了五大洲各国的风土人情、气候名胜等，若按照中国目录学的说法，属于历史地理类。《空际格知》解释了希腊时期以来的四大元素——"四元行"(土、水、气、火)和天地间的自然现象，《寰有诠》是对亚里士多德宇宙论的节译，无论哪一本都属于哲学(physica)一类。《名理探》中介绍了亚里士多德的辩证法以及逻辑学(logica)，"名理探"这个名字直接意味着推论的方法。

然而同类书籍以第二次嘉定会议(1633)时期为界限，数量似乎被大幅裁减了。①这意味着在华耶稣会的哲学传教开始从以自然学为基础的过往型(利玛窦型)的理性传教向以历算学为基础的高度理性传教即高层次哲学传教、科学传教(改订利玛窦型)转移。同时除了天学的向神学(theologia)和几何学(mathematica)的两极分化以外，这在很大程度上表明历算学内容的深化。

5.3　哲学传教的变质　　　如果对比哲学传教的现实和其理念来进行说明的话，耶稣会中国传教团(1)应华人信徒的要求以及努力的结果，彻底实行"克拉乌＝利玛窦"的理念——"以数学的确实性为基础的哲学传教"，(2)超越自身理想和期望，使科学内容深化，与中世纪欧洲的学问观和大学的教育课程不同，把神学的辅助机能只托付在历算学上，(3)建构毫无谬误的历算学理论体系，将历算学的无谬世界展现在华人知识分子的眼前，(4)试图通过改订利玛窦型的"高层次哲学传教、科学传教"证明神的存在。

在华耶稣会自身奉行适应主义，可能一度相信运用"克拉乌＝利玛窦"的理念能达到哲学传教的效果。但现实并非如此，传教的两极

---

① 南怀仁翻译的《穷理学》60 卷(1683)是《名理探》的续编，本来应该毫无疑问隶属于逻辑(logica)一类，但他将"阐明历理"和"打开博学之门"视为自己执笔的目的，把这本书归入历算学，在逻辑上也并非不可能。因此不能将其视为否定清初天学两极分化的事例。

分化和内容的深化,尤其是传教的两极分化,显示了理念与现实的差异和乖离。传教的两极分化最终带来了西教(theologia)和西学(mathematica)的分化,也破坏了哲学传教其理念自身。理念和现实在耶稣会中国传教团的哲学传教中并不一致,因此矛盾也就接踵而来。

第3节　西学的普及

本节通过概观清朝的西学史以及东西学术交流史,[①]阐明中国是如何变得视学习西学(西欧科学)为必需的,以及谁对于接纳什么做了怎么样的研究。[②]

1　时宪历的颁行

1.1　颁行的经过　　　　利玛窦以精英阶层为主要传教目标,为了实现建立在克拉乌数学的确实性基础上的神学理念,实施了以科学知识为重的间接传教,即哲学传教。万历三十三年(1605)时,他认为理应贯彻哲学传教,并向罗马耶稣会本部提出了派遣精通天文数学知识的传教士来华的请求。最终对科学颇有造诣的传教士熊三拔(1606年来华)、阳玛诺(1610年来华)、邓玉函(Johann Terrenz Schreck,1576—1630,1619年来华)、汤若望(1622年来华)、罗雅谷(Giacomo Rho,1593—1683,1624年来华)等陆续来华。

万历四十一年(1613),李之藻上书启奏(《请译西洋历法等书疏》),要求以改历为目的翻译西洋历法等书。崇祯二年五月(1629.6)左右,作为五官夏官正的弋丰年等上奏,请求启用李之藻、龙华民和邓

①　关于清朝以前的西学史以及东西学术交流史,在冯锦荣(FUNG Kam-Wing)的《明末清初中国科学技术史研究》(京都大学博士学位论文,2012)中有详细记载。论文中列举了为数颇多本书未提及的主题。
②　若要了解耶稣会士传来的西学(天文学)的概要,可参考薮内清的《中国的天文历法》(平凡社,1969)。此外,关于本节第2项和第3项,可参考川原《梅文鼎与东亚》(《宗教哲学》第45期,2008)。

玉函，共同完成历法事业。礼部也同意此举并上书启奏开局修历。崇祯帝批准，命徐光启督领修历事宜。

徐光启于崇祯二年七月十四日（1629.9.1）在宣武门内设立了新法历局。在华耶稣会举全会之力支援此举，调用了多数的钦天监员（朱光显等）、了解历法的生员（邬明著等），以邓玉函为中心针对西欧的数理天文学书籍做了系统的翻译，制造天文仪器，同时着手观测天象。崇祯三年（1630），由于主导历法工作的邓玉函因病暂停工作，他举荐了熟悉数理科学的汤若望和罗雅谷。徐光启于崇祯四年正月（1631.2）完成了历书 24 卷，同年八月（1631.8）继而完成 20 卷，第二年即崇祯五年四月（1632.5）完成 30 卷，然而到了崇祯六年十月（1633.11），徐光启还未来得及亲眼看见历书完成便过世了。

崇祯七年六月（1634.7），由徐光启引荐的李天经继任了"督修历法"的工作，七月（1634.8）完成历书 29 卷，十二月（1635.1）完成 32 卷（以上参照梁家勉《徐光启年谱》）。新法历局基于第谷·布拉赫（Tycho Brahe）的天文学最终完成了大型丛书《崇祯历书》135 卷图 1 摺星屏 1 架或曰 137 卷。[①]不过明朝还未来得及改历就灭亡了。

在华耶稣会在清朝建立后，依然坚持哲学传教和科学传教，有时候甚至对其更加强化。汤若望在顺治元年（1644）清兵入京之际，直接统辖钦天监的同时，于农历五月拜见了摄政王多尔衮，提出了保护天主堂内的天文仪器、历书板片等请求。到了农历七月，奉摄政王之命，汤若望实施了根据《崇祯历书》写的以崇祯元年（1628）为历元的历法计算，十月，《顺治二年时宪书》颁布。

顺治二年（1645）开始颁行的历法就是"依西洋新法"时宪历。清朝的日历时宪书的扉页上印着"依西洋新法"这 5 个字，极大地反映了时宪历中西学的权威。此外，汤若望在顺治三年（1646）改订《崇祯历书》并将书名改为《西洋新法历书》后呈上（顺治版 103 卷本）。《西洋

---

① 李天经编纂、出版了进呈本，明版《崇祯历书》22 种 76 卷正是此本，然而现在没有明版的完整版本（全套传本）。

新法历书》的别名,有《新法历书》《新法算书》等。

1.2 西洋新法的内容 根据徐光启的构想,《崇祯历书》必须遵从二重基准("历书总目表")。第一个基准叫作"节次六目",即(1)日躔历(太阳的视运动)、(2)恒星历(恒星的视运动)、(3)月离历(月亮的视运动)、(4)日月交会历(日月食)、(5)五纬星历(行星的视运动)、(6)五星交会历(行星食)。这是从宇宙的构造中采用的基准,与中国的传统没有很大的出入。第二个基准为"基本五目",由(a)法原(天文理论)、(b)法数(天文表)、(c)法算(天文计算)、(d)法器(天文仪器)、(e)会通(度量单位换算表)组成。可以说,这是在思考应该怎样学习研究天文学的内容后才创始而成的基准吧。

现存的《西洋新法历书》等都是经由汤若望等的改订,有些地方还将原书或原意做了一些改动,无法完全复原徐光启当初的构想,但现有传本中每一卷书名下还留有区别基本五目的明确标记。如果要列出其中明确属于法原部和法数部的书籍的话,有:

法原部——1a《日躔历指》、2a《恒星历指》、3a《月离历指》、4a《交食历指》、5a《五纬历指》……

法数部——1b《日躔表》、2b《恒星经纬表》、3b《月离表》、4b《交食表》、5b《五纬表》……

徐光启的天文丛书一目了然,节次六目(1、2……)和基本五目(a、b……)纵横交错组合,构成惊人的规整框架。其中如果注意到其体系性,徐光启的构想就能明晰了吧。徐光启试图借由《崇祯历书》弄清楚具有整合性的特定天文系统。换句话说,这不是网罗矛盾的高层次学说的丛书,而是理论与实践都很出色的数理天文学编著。

徐光启阐明并想要用来编历的天文系统正是丹麦天文学者第谷·布拉赫(1546—1601)首创的所谓修正天动说。①根据第谷所言,

---

① 《崇祯历书》即《西洋新法历书》虽未明确地介绍哥白尼(歌白泥)的地动说,但书中介绍了多禄某、第谷以及哥白尼的计算法,还有对其三者进行比较的部分。另外书中还大量援引了哥白尼的《关于天球的旋转》(*De revolutionibus orbium coelestium*, Libri Ⅵ, 1543),并介绍了刻尔白的学说。陈美东《中国科学技术史·天文学卷》(科学出版社,2003)。

（1）地球处于天的中心，是不动的（既不自转也不公转）；（2）日天、月天、恒星天以地心为中心绕着地球公转，此外水星天、金星天、火星天、木星天、土星天以日心为中心围绕太阳公转。《五纬历指》的《七政序次新图》（见图 p-1）很好地展示了天动说与地动说折中的构造。

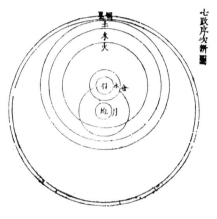

图 p-1　第谷的天文系统

《崇祯历书》或者说《西洋新法历书》的特征之一是在考量了复杂的几何模型，描绘了复合的几何图形后，阐明了法原和法算。西欧天文学的几何学特性与中国历算学的以计算为中心的代数特性具有极大差异。这是西欧的几何天文学对决中国的代数天文学。比如《日躔历指》是以"不同心圈"（离心圆）来说明观察到的太阳运动——"盈缩疾迟"的道理（如图 p-2 的右图所示）。戊是地心，圆戊表示"宗动天"，与此相对，酉表示不同心圈的圈心，乙午表示日轮的本天，午表示日轮或太阳。

此外，图 p-2 的左图是运用"小轮"（周转圆）说明右图系统的。左图的周转圆说和右图的离心圆说从结论上看，其实是"异名同理"的。也就是说，左图的子是日轮，子癸表示小轮的半径，左图的子癸等于右图的戊酉。所以，右图的三角形戊酉午和左图的三角形子癸戊重合，右图的"$\overrightarrow{戊午}=\overrightarrow{戊酉}+\overrightarrow{酉午}$"以及左图的"$\overrightarrow{戊子}=\overrightarrow{戊癸}+\overrightarrow{癸子}$"所示的意思是等同的。

《月离历指》说明(见图 p-3),对于地心甲,戊癸未圈①的丁心在甲丁丙圈②上向右旋转(半月而周),"本轮"(午辛辰)的癸心在戊癸未圈上向右旋转(二十七日有奇而周),"均轮"(庚壬子)的辛心在本轮上向左旋转(二十七日有奇而周),月体在均轮上向右旋转(十三日有奇而周),据此即可说明"月离"——月的"盈缩疾迟"的道理。此外,表示月亮和地球的平均距离(平距)的丁戊如果是 100 000 的话,甲乙就是2 170,本轮半径的癸辛是 5 800,均轮半径的辛庚是 2 900。

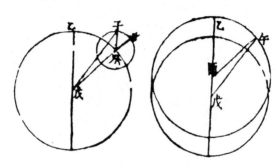

图 p-2　《西洋新法历书》日躔历指

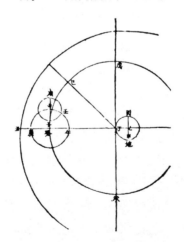

图 p-3　《西洋新法历书》月离历指

《崇祯历书》或者说《西洋新法历书》不仅是单纯地、不厌其烦地介绍数学、天文学的基础理论和一般公式，并针对个别的天文现象来解说计算方法。而且书中展示了基于长期观测的各种天文数据，还有整理计算结果的为数颇多的数表、天文表，若将这些成果直接应用到实际的编历，就能大幅削减时间和劳力。比如太阳运行的表格计算，(1)根据《日躔表》的"历元后二百恒年表""太阳周岁各日平行躔度表""周日时分秒对准太阳细平行躔度表"，整理出某年、某月、某日、某时、某分、某秒太阳的平行度数，(2)同样，根据"日躔加减差表"修正平行度数，归纳出太阳的实际位置。数表天文表的频繁使用大大证明了其实用的特性。

《崇祯历书》或者说《西洋新法历书》除上述内容以外，还介绍了欧洲的天文仪器、星图等，用网罗了西欧天文学的介绍说明来形容也不过分吧。然而《崇祯历书》或者说《西洋新法历书》的计算结果是时宪历，虽说时宪历是"依西洋新法"，但时宪历不是太阳历，而是太阴太阳历，这与从前的中国历法相比没有一点变化。

1.3　时宪历颁行的意义　　　　时宪历的颁行是中国文化史上的一个大事件，其意义很深远。可以将其分为社会史的意义和学术史的意义来说明。

第一，"依西洋新法"的时宪历的颁行意味着清朝官方承认西欧科学的优秀。这意味着中国对外高度评价"西夷"，承认"夷狄之学"的价值，当时深受具有强烈排外性的理学（朱子学）影响的明朝遗老的"夏夷之分"意识依然充斥社会，因此时宪历的颁行可以说是一件具有划时代意义的大事件。中西交流为双方，尤其是中国，提供了参照对比的最好机会。

第二，通过《崇祯历书》或者说《西洋新法历书》，截然不同但优秀的西欧科学传入了中国。最为显著的例子是几何天文学和三角法的传入。笔者在前文已经叙述过几何天文学的概略，这里只谈论近代数学的三角法，《大测》《测量全义》解说了平面三角法和球面三角法，《割圆八线表》中写到了五位数的三角函数表。这是几何天文学和三角法第一次传入中国，其意义难以估量。

优秀的西欧科学传入本身和利玛窦口述的克拉乌的数理科学书在本质上差不多，但从内容或是层次来看，《崇祯历书》或者说《西洋新法历书》则更为专业化、深化。关于其专业化和深化的事实，克拉乌的原书总的来说是以大学的科学教育为目的的，[①]与此相对，《崇祯历书》或者说《西洋新法历书》经常作为严格意义上的数理天文学专业书籍出现。此外，利玛窦翻译的克拉乌的书籍总共加起来也不过 22 卷，远远无法与《崇祯历书》的 135 卷图 1 摺星屏 1 架相比。可以说西欧科学的传入到了徐光启这里，在质和量上都有了飞跃性的提升。[②]

2 历狱的无罪判决

2.1 经纬　　　　清朝顺治元年（1644），虽然以西洋新法为基础的改历被坚决实行，但编历一直以来就是儒学以及经学的重要因素，因此时宪历的颁行立刻引起了以保守派为中心的奉行理学的中国知识分子的大范围反对。杨光先（1597—1669）等是中学派中的意见领袖。

杨光先虽然"止知历理"，但是以理学（朱子学）的观点为根据，指出时宪历的错误，并以"妖书惑众，谋为不轨"为由弹劾传教士，兴起了康熙历狱（1664）。杨光先利用历狱（1664—1669），成功令西洋新法停止，也大大打击了钦天监的西学热潮，但其缺乏天文学根据的弹劾特征，导致了上述结果也不过是昙花一现。

康熙八年（1669），历狱案因南怀仁（Ferdinand Verbiest，1623—1688，1659 年来华）等的努力终于翻案，恢复到了顺治初年的进程。接着，西欧科学（西学）相对于中国科学（中学）的优势被确定下来，西学在学术上不可动摇的地位也被确立了。

---

① 克拉乌的原书是作为在罗马神学院的"数学深化学习的必修课程"中使用的教科书而编成的。安大玉《明末西洋科学东传史》（知泉书馆，2007），第 27—28 页。

② 到了清朝，被接纳传入的科学内容依然不断升级。

2.2　西学西教的分化与杨光先　　中国信徒的介入以及发声的增

加引起哲学传教的变质，即数学和神学的两极化。西学(mathematica)
与西教(theologia)的分化虽说并非耶稣会自身所期望，但这是注重哲
学与理性的利玛窦的迎合异文化的混淆主义、折中主义所带来的必然
结果。总的来说，耶稣会适应主义的间接传教——略带欺瞒的临机应
变的传教结果是，中国的读书人从当初的兴奋或共鸣到之后的怀疑进
而到反击、敌视。[①]到了清初，哲学传教中西学和西教乃至理性与信仰
本质的差别和矛盾一下子显现了出来。批判耶稣会的西学西教一体
化传教的、具有代表性的论客正是康熙历狱的核心人物杨光先，其论
说是刊载于《不得已》中的仇教论文。[②]

2.3　《不得已》的内容　　杨光先《不得已》(1664)是收集了《请诛

邪教状》《选择议》《摘谬十论》等作者自身在康熙历狱前后奉上的书状
论疏而编成的上、下 2 卷著作。针对杨光先的辟邪论而提出异议的传
教士和天主教徒的护教书，有李祖白《天学传概》(1664 年序)、利类思
《不得已辩》(1665 年刻)、南怀仁《(历法)不得已辩》(1669 年刻)等。
仇教和护教的争议点大致上可以分为：(1)历法荒谬，(2)邪说惑众，
(3)潜谋造反。

首先第一点"历法荒谬"，杨光先的西历批判主要不是针对天文学
的内容，而是围绕"历理"即与历数相关的经学理论而展开的。杨光先
对下述问题问责：(1)时宪书的扉页上写道"依西洋新法"，这是汤若望
在"暗窃正朔之权，以尊西洋"，是向天下明示大清尊奉西洋为正统而
损毁中国圣教，犯了大罪；(2)在选择荣亲王的安葬日期时，汤若望不
用正五行，而误用洪范五行定下壬辰，弄错了吉凶；(3)历代中国历
法的基准是 1 天等于 12 时等于 100 刻，而西洋新法将其改为 96 刻；

---

① 　关于"共鸣""反击"，详情请参照谢和耐著，镰田博夫译《中国与基督教》(法政大学出版局，
　　1996)，第 62 页。
② 　关于康熙历狱，请参照黄一农著，伊东贵之译《泽日争议与康熙历狱》(《中国——社会与文化》
　　6，1991)；黄一农《康熙朝涉及"历狱"的天主教中文著述考》(《书目季刊》25-1，1991)；格雷隆
　　著，矢泽利彦译《东西历法的对立》(平河出版社，1986)等。

(4)将从印度传来的四余(罗候、计都、紫气、月孛)中的紫气删除等。

然而杨光先的批判也大大地暴露了其自身对天文知识的不足。举例来说杨光先的批判有:(1)传教士论说的地圆或地球说在理论上不成立;(2)时宪历的顺治三年十一月中有3个节气,开天辟地以来像这样的事连听也没有听过;(3)古法中从冬至到夏至以及夏至到冬至的时间是相等的,新法却不同;(4)新法提出夏至的时候,太阳的运行变慢等,但这是由于他不明白太阳的运行;(5)即使没有必要改变二十八宿次序,新法还是替换了参宿和觜宿的前后顺序等。杨光先厚颜无耻地声称自己"止知历理,不知历数",但事实上若没了历数不可能有历理存在,客观说来他对历法荒谬的批评只不过是牵强附会。

第二,杨光先分析了天主教的教理,断定其"邪说惑众",并指出耶稣会"儒耶合一"的混淆主义解释中存在的矛盾。对于天主教的说法比如"天地创造""天主降生""玛利亚的处女怀孕""天堂地狱""耶稣的又神又人属性""耶稣受难"等,杨光先表达了荒唐无稽与不快之感,这也是作为儒教(理学)合理主义者的极为自然的反应。另外,他的关于辟邪的理论与现在的反宗教家的理论也别无二致。这就没有必要再耗费笔墨论述了。

杨光先用耶稣会的理论来批判具有补儒论意味的"儒耶合一"解释,实在滑稽。耶稣会通过引用中国古典,以澄清中国自古以来的"天""上帝"和耶教的"天主"的同一性。但杨光先对此却反驳道,中国的"六经四书,尽是邪教之法语微言",是极为严厉的批判。另外,杨光先还讽刺"天设为天主之所造,则亦块然无知之物矣。焉能生万物有哉",他指出了把"天"当作天主的补儒论解释和天主创造天地之间的矛盾。

杨光先的邪说惑众论总体上内容贫乏,不过是"借历数以恣排击"而已(利类思《不得已辩》序),批判的方法是间接的,除了利用耶稣会的理论,并无值得回味之处。

第三,杨光先发起的针对"潜谋造反"的告发,虽然其证据自身并不充足，但因为包含了与耶稣会的国外传教的根本息息相关的问题，因此不可对此马虎。杨光先指出，耶稣会士在全国要害之地建立了为数颇多的天主堂，散布邪说惑众，私自结党（秘密结社），走水路往来于军事基地澳门，主谋汤若望借历法之名藏身于金门，偷听朝廷机密，内外勾结，图谋不轨，试图危害国家。传教士向信徒派发的金牌、绣袋就是信物（秘党凭证），确定为阴谋的证据无疑，等等。

　　杨光先的告发乍看之下，好像是一些毫无意义的寻衅。但当时的耶稣会东亚传教实际上在葡萄牙国王的布教保护权（Padroado）之下，与葡萄牙王国的贸易、军事活动具有不可分割的联系。[①] 布教保护权指，新发现的异教地区——布教地的一切权限都委托给教会保护者的葡萄牙与西班牙国王，而罗马教皇将国外布教委托于伊比利亚诸侯，作为报答认其向未知的世界派遣军队，并将新发现的地区当作布教预留地进行征服和占有。传教士作为从事圣务者，在布教地有被优待的权利，若这种权利被侵害，那么武力征服将被允许，必须令对方得到惩罚或排除妨害。

　　可能在东亚开展传教活动的耶稣会士们眼中，中国和日本都是潜在的葡萄牙领土，因此有时他们企图谋划武力征服。[②] 举一个明显的例子，利玛窦的上司范里安于 1580 年发出将日本长崎、茂木武装要塞化的指示。耶稣会士的武力行使论是将中世纪经院哲学，尤其是阿奎那的正当战争论作为根基的，而不单单是传教士个人的想法。据现在的日本基督教研究，武装化计划的存在已经被确认，因此不能视杨光先对耶稣会的告发为无稽之谈。

　　杨光先的基本主张可以被精炼为这样一句话——"宁可使中夏无好历法，不可使中夏有西洋人"（《不得已》日食天象验）。这句话将西学以及西教视为一体并加以全面否定，杨光先拒绝西洋人的理论是对

---

①　关于布教保护权，主要请参照高瀬弘一郎的《基督徒的世纪》（岩波书店，1993）第 1 章《布教保护权》。

②　关于耶稣会士的军事计划，请参照高瀬弘一郎的《基督徒时代的研究》（岩波书店，1977）的第 1 部第 3 章《基督教传教士的军事计划》。

耶稣会的西学(哲学)和西教或将神学一体化的传教法的完全颠覆,尤其值得注意的是这也意味着对传教理论正面的反击。

2.4 杨光先和一般知识分子 杨光先的《不得已》总的来说是宋明学说范畴的。它没有实在的理论或确实的证据,不过是令人目眩神摇的言论,是先入为主的仇教情绪的发泄。杨光先的言行起因是对仅神圣化自己的信仰、敌视异教文化的西教以感情层面上的反击,而非十分理论化或具有确凿证据的结果。

尽管缺乏证据,历狱还是按照杨光先所设想的发生了。从历狱的结果来说,杨光先的西教西学全面排除论成功得到了中国知识分子和儒学者们一定程度上的支持,这一点应该没有疑问。必须值得注意的是,杨光先的观点与一般知识分子的西学西教观所具有的共通之处。

2.5 无罪判决的意义 顺治元年(1644)改历以及时宪历的颁行只是单纯地意味着清朝官方承认了西洋新法即西学的优秀。然而康熙八年(1669)的对历狱的无罪判决这一逆转事件意味着清朝法权和政治权力理性地判断了西学的价值,抑制了在一般知识分子中普遍流行的对西教的敌视感情;与公共舆论相反,肯定了汤若望法和西学的相对优势以及西学研究的不可欠缺性。

从一般知识分子或者儒学者的视角来看,历狱的翻案意味着通过它,中国人清算了自己内心对"西夷"的恐惧、对西教的嫌恶、对西学的疑惑,同时意味着中国人从内心深处将学习、研究西学当作义务来看待了。如果对清王朝来说,西学是先进且不可欠缺的话,那么知识分子们也理所当然地将学习西学当作义务了。在华耶稣会在法庭斗争上的全面胜利促进了西学不可动摇的磐石般的地位确立。与此同时,对于知识分子来说产生了:(a)心中深深的对学习"夷狄之学"的挣扎,(b)"中华之法"劣等的郁闷、屈辱之感。

3 梅文鼎和西学研究法的确立

3.1 清初天主教传教史 在华耶稣会在第二次嘉定会议(1633)

之际,确定了其自身的传教方针,即"利玛窦规矩"。利玛窦规矩在狭义上指承认教友有参加拜孔子、祭天地、祭祖先等仪式的权利;广义上指补儒的精英传教和哲学传教,乃至具有中国文化社会特色的适应主义。直截了当地说,这应该能够被称为靠近/贴近儒教的适应主义了吧。

不过严格说来适应主义在本质上与具有唯一、绝对客观基准的天主教的客观主义完全不相容。适应主义因为借用本土的概念以说明天主教的概念,必然地要将神学概念模糊化,而且造成了梵蒂冈价值标准和当地价值标准的二重价值标准。举一个容易理解的例子,利玛窦的"Deus 即上帝"解释将唯一绝对的超自然造物主与自然宗教的主宰者等同,从而将其贬低为天主教"私主"。适应主义以传教为名目,不仅违反梵蒂冈的价值标准,允许在中国、日本等地的传教工作中建立各自的价值标准,还允许在中国、日本等地传教的价值标准互相矛盾,甚至还许可在各地传教的各位传教士自由地解经。这是因为如果适应了别的文化语言,无谬的神学概念就产生了两重性,概念的不清晰化将具有确定性的命题无意义化,所有的命题都成了盖然性的命题,一旦允许盖然性的存在,最终对命题的自由解释就会被认可了。总体而言,在评价耶稣会的世界传教时,传教自身没有一种确定的统一性,看上去好像是好几种传教战略的组合。

与在华耶稣会确定自己的传教方针几乎同时,立志于大众传教的非葡萄牙系修道会开始来中国传教,[①]有道明会(1631 年以后)、方济各会(1633 年以后)、奥古斯丁会(1680 年以后)、巴黎外国传教会(1684 年以后)等。大众传教修道会进中国传教时,把拜孔子、祭天地、祭祖先的仪式判断为异端,并且攻击允许信徒参与其中的耶稣会,认为这是不正当的。

最终,点燃导致禁教的中国礼仪问题导火线的是道明会的传教士。黎玉范(Juan Morales,1597—1664,1633 年来华)于 1643 年认

---

① 教皇克莱门斯八世于 1600 年,公开承认了耶稣会以外的团体在东亚的传教。然而这实际是为了削弱下放给西班牙、葡萄牙的布教保护权,同时增强梵蒂冈的霸权而采取的措施。关于清朝天主教史的概略,详情可参阅矢泽利彦的《中国与基督教》(近藤出版社,1972)。

为应当阻止天主教徒参加儒教仪式,并向教皇厅提出诉讼。另外,闵明我(Domingo Navarrete,1618—1689,1657 年来华,1669 年归欧)于 1676—1677 年,著成两本书告发耶稣会传教方法。

由于道明会士等的告发,耶稣会传教方法在理论上的疏漏慢慢地显明,其立场也逐渐恶化,但火上浇油的是巴黎外国传教会传教士阎当(Charles Maigrot,1652—1730,1684 年来华,1706 年归欧)的行动。阎当于 1693 年作为福建代理牧师,公开禁止福建的信徒使用代表基督教的神的用语——天和上帝,以及参加儒教的仪式。另外,他还对罗马教皇提出了再次审查礼仪问题的请求。教皇克莱门斯十一世在 1704 年,发布了秘密的教令,禁止信徒参加中国仪式,同时指派特使铎罗(Charles Thomas Maillard de Tournon,1668—1710)去中国,试图将此教令彻底散布出去。1707 年,铎罗刊行了南京教书,公布了克莱门斯十一世的教令。

康熙帝针对南京教书,反对其干涉中国内政,并派遣耶稣会士至罗马企图彻底废除这条禁令。然而到了 1715 年,克莱门斯十一世颁布了《自登极之日》(Ex illa die)通谕,宣告对凡是不遵从禁令的传教士一律加以严惩。雍正帝对这件事的反应是,在雍正元年十二月十六日(1724.1.11),全面禁止了基督教的布教,并把不承认祖先崇拜的传教士流放到澳门。

若概括清朝初期耶稣会的活动的话,可以说它在西学介绍的方面做得非常成功,不过在西教的宣传方面,其他修道会的妨碍导致了最终的失败。

在华耶稣会除了把西学传进中国以外,还取得了把中国学术(中学)传到欧洲的显著成果。这也是最近中国的西学史研究里一个重要的课题。①由于这不是本书的课题,所以不在此细说,但鉴于其重要性,

---

① 关于中学西渐,Virgile Pinot、David E. Mungello、后藤末雄、朱谦之等的研究很出色。最近的研究中比较出色的有张西平《欧洲早期汉学史——中西文化交流与西方汉学的兴起》(中华书局,2009)。

笔者想举一个例子加以证明，也就是本书第 8 章。在华耶稣会士发起的中国史书的西译，结果引起了欧洲对《圣经》年代学和普遍史从根本上的重新审视。这个问题极大地阐明了地球上的文化是作为整体而发展至今的事实。

3.2　梅文鼎的西学研究

梅文鼎（1633—1721），字定九，号勿庵，籍贯为安徽宣城。他于顺治十六年（1659）27 岁之际立志于历算之学，此后 60 年，倾尽毕生心血成为"历算第一名家"。然而他真正开始研究西学在 40 多岁，经过康熙八年（1669）的历狱翻案之后，关于西学西教的清朝舆论风平浪静，接受"重要的西学"和排除"多余的西教"成为社会的主流。换言之，当时正值康熙帝历狱翻案后重用南怀仁等人并积极引进西欧科学的时期，处于教皇和皇帝关于天主教而引发的政治斗争正式爆发之前。

据李俨《梅文鼎年谱》，梅文鼎在康熙十四年（1675）43 岁的时候，得到了《崇祯历书》的残本，到康熙十七年（1678）46 岁的时候，又得到了记载有关伽利略发明的比例规（proportional compass）的罗雅谷的《比例规解》，自那以后，便向西学研究迈进了。把中算家梅文鼎引向西学研究的原因是，他发现了大量的西学资料和优质的西欧科学书的存在，对西教的不信任一扫而光。

梅文鼎倾其一生，研究从西欧传来的杂乱无章的天文数学（西学、西算、西法），几乎在所有的领域都融会贯通，不仅用通俗易懂的文体叙述难以理解的内容，同时再次聚焦被遗忘的中国传统天文算法（中学、中算、中法），使其焕发出炫丽的光彩。他不仅成为徐光启之后的"中西会通"真正的实践者，此外他还建构了清朝天文算法的基础，是中算中兴的创始人。阮元的《畴人传》中写道"自徵君以来，通数学者后先辈出，而师师相传，要皆本于梅氏"，提供了很好的证据。

不过，梅文鼎将西学与西教截然区别开，并没有对西教教理表现出一点兴趣。梅文鼎的西学以《崇祯历书》而非《天学初函》为基础，再加上当时的舆论动向，于是以西学为导向的特征可能就这样被定下来了。

梅文鼎的学术影响广泛,涉及清朝的所有学术思想。"凡治经学者多兼通之,其开山之祖,则宣城梅文鼎也。"(《清代学术概论》八)据梁启超《清代学术概论》,经学者跟随梅文鼎的脚步,兼修经学以及天文算法,因此有戴震之后"经学家十九兼治天算"(《清代学术概论》十五)这种说法。这在全局上来看,原因能够归结如下:戴震等清朝经学者的目标与梅文鼎是一样的。学术上的范式最终是由问题提起者的目的意识来决定的。

此外,梅文鼎的目的意识以及学术上的心愿在于"达成中西会通、彰显中法",除此以外别无其他。梅文鼎认为"数者所以合理也,历者所以顺天也。法有可采,何论东西。理有当明,何分新旧",理应以学术研究应有的姿态,撇开中西成见,积极地追求会通(《堑堵测量》二)。

软化一般民众对西教憎恶而产生的对西学的厌恶感,来保证中西会通的社会理论,正是黄宗羲等明朝遗老思想谱系下的所谓"西学中源说"。

3.3 西学中源说和梅文鼎的理数观

梅文鼎在《明史》历志、《历学疑问》、《历学疑问补》中,详细地叙述了西欧科学是怎样起源于中国的。[①]也就是说:(a)尧帝一代,和仲把中法传到西方;周朝末年,畴人的弟子带着书籍和器物进行了西征。(b)成果首先在阿拉伯的伊斯兰历中有所反映。(c)最后基于伊斯兰历的影响,欧洲确立了西洋新法,等等。

梅文鼎的西学中源说在今天看来只不过是一个无端猜测,但如果考虑到当时的普遍知识情况,不能一概而论地判断其为愚论。梅文鼎以自己提出的西学中源说为根据,提出伊斯兰历和西洋新法在理论技法上属于同源异派等见解,必须承认这些见解作为命题是正确且卓越的。

梅文鼎认为"周髀盖天句股之学"在唐虞以前就已经存在,认定羲

---

① 详细请参阅第5章。

和的奥秘不论中西,为天文算法的源头,《周髀算经》的存在就证明了西学中源说。《周髀算经》中实际上留存有上古的天象记录,书中理论展开正像梅文鼎活灵活现描绘的那样。

西学中源说经过康熙帝的彰显,在清朝风靡。康熙帝在自己的著作《三角形论》中,对梅文鼎的"几何即句股"论进行了展开。康熙帝向梅瑴成教授了借根方法——阿尔热八达,认为其包含了东来法之含义。此外,御制的《数理精蕴》在上编"立纲明体"中详细叙述了中法的西传,毫无疑问此书是以康熙帝的指示为基础写成的。梅文鼎的西学中源说最后成为钦定的理论,获得了思想上的正统性。清朝产生了为数颇多属于西学范畴的优秀成果,如果离开西学中源说,那么其他的也就无足观了。

如上所述,梅文鼎丝毫不谈天主教的教义,他通过提倡西欧科学的源头在中国这个说法,阐述了中学的尚古价值并企图实现利用西学振兴社会的目的。梅文鼎的科学思想中更为重要的是,援用理学(朱子学)的概念装置,把科学(天文算法)与科学研究的必要性用理论联结了起来。严密地说,西学中源说是在朱子以后的象数学以及术数学的理数观——中学式的科学思想的一环。

本来朱子的理数观是由二程的"理"与邵雍的"数"综合而成的产物。据张永堂的分析,其基本主张可以总结为(1)"理生数"、(2)"理在数中"、(3)"求理于数"这三点。[①]梅文鼎的三世家学是象数易学,不必多说它所具有的丰富的朱子学的色彩。关于梅家家学重视朱子这件事,只要想一想梅文鼎的孙子梅瑴成是《御纂性理精义》编者中的一位就大致明白了。

梅文鼎以朱子的理数观为基础,试图构建易学与历数相结合的严密的象数学以及术数学。换言之,"竭欧罗巴之巧力,绍蒲坂之芳型"(《拟璿玑玉衡赋》),中西会通的术数学成为梅文鼎的目标。梅文鼎力图以数

---

① 张永堂《明末清初理学与科学关系再论》(学生书局,1994)第 6 章《明末清初耶稣会士的理数观及其影响》,第 240 页。

理为依据进入精密科学的领域,既是一种以"河图""洛书"为基干的易学的术数学,也是科学与易学完全的结合乃至理数与占数的一体化。①

梅文鼎的理数观中提倡"数外无理,理外无数",然而他同时主张理在物(数)之先,为物(数)之原,数只不过是理的分限节次(《学历说》)。这与耶稣会的"物先于理存在于世"正相反。

本来耶稣会传教士主张的"物在理先"不仅是天主教教理的必然结果,同时如前所述还有一个目的,就是阐明西学与西教的一体不可分性。但是梅文鼎不承认西学与西教为一体的这个关键词,反而根据朱子学的图学"数(物)生于理"(《历学骈枝》释凡),研究被当作术数学一部分的天文算法。对于梅文鼎来说,西学与西教完全属于不同的范畴,只要对西教有恐惧感,那么对它一点兴趣都不会有了。

3.4 西学中源说的意义　　　梅文鼎整理了由耶稣会士传来的西学知识,通过把难以理解的内容用简单易懂的方式介绍进中国,确立了清代历算学高度发展的基础。此外,他接收中国读书人的介入以及中国文化传统带来的"天学"的变质,即数学与神学的两极化,将西学(mathematica)与西教(theologia)进行分化后,使西学与西教完全分离,同时将西学从西教的束缚中解放了出来。

在中国,象征西学与西教的分化事件有顺治元年(1644)的改历、康熙八年(1669)的历狱翻案,以及雍正元年(1724)的天主教禁教。梅文鼎应自清初以来中国社会的需求,推进西学与西教的分化以及二元化,(1)以"西学的追求"为目的,(2)"拒绝和禁止接受西教",在学术上取得先机。正是梅文鼎的西学中源说,允许西学从西教中独立出来并加以推进。

很久以来,历算学就是儒学中重要的一部分,也是帝王首要的政务之一。正因为被认为是儒学的要学,所以对于向历算学中导入"夷

① 论及梅文鼎的理数观与术数学的特征,他强烈反对当时的星占与选择宜忌或风水等,批判它们"诬民惑世,莫此为甚"(《历学疑问补》论历中宜忌)。然而梅文鼎的批判是针对欠缺理论性、没有根据的百伪一真的现实术数理论的,并非要全面否定术数学。

狄之学"，必须进行理论的准备以及学术环境的改革。梅文鼎等中国知识分子为了摒弃儒学理论闭塞的弊病，提出了西学中源说。梅文鼎学说的特征是中学以及中法的彰显与西学、西教的完全分离，即一边以西欧精密科学的起源——中国历算学的悠久历史为傲，一边研究"西学"——中国历算学的旁支，以及将不应该接受与学术毫无关系的"西教"这个观点理论化。

康熙帝赞同梅文鼎的观点，并以钦定的西学研究法为名广泛普及之。结果，中国确立了接受西学的形式，整体上向必须学习西学迈进。后文将详细叙述梅文鼎的西学中源说对中国接受西学产生了怎样巨大的影响。

4　敕撰的西学书

4.1　西学的展开与中国西学的成立　　　　中国学术史上，康熙帝(1661—1722 年在位)治理的中后期是尤为重要的。因为，在这个时期，中国的读书人成功清算了自己对于西学感情上的排斥，几乎从所有方面吸收消化了东渐来的知识，并成功真正实践了徐光启以来的科学研究的理想，即"中西会通"——将中西两方科学在更高层次上进行统一。①

当时具有代表性的科学者举例说来，有梅文鼎、王锡阐(1628—1682)等。著作方面，《梅氏历算全书》《晓庵新法》等颇有名声。然而要说起中国人自己中西会通中数理科学的最高峰，非康熙帝钦定的《律历渊源》100 卷(1724 年刊)莫属了。编纂的负责人有何国宗、梅瑴成、王兰生、方苞等。

关于具有康熙年间特征的满译西学书，请参照本书第 3 章。当时中西交流的形式之一是通过满文，完成从西欧语到满语再到汉语的"重译"。

---

① 关于康熙年间的西学东渐，详情请参考 Catherine Jami, *The Emperor's New Mathematics：Western Learning and Imperial Authority During the Kangxi Reign*(*1662-1722*)，Oxford University Press，2012。

从康熙中晚期到乾隆初期,活跃的西学研究者开展了最优秀的研究,对"乾嘉学派"的成立产生了巨大影响的是被誉为皖派始祖的江永(1681—1762)。他一边"翼梅",即继承发展梅文鼎的学问;一边研究西欧科学并且领先时代着手于古典研究。

乾隆七年(1742),钦天监正戴进贤(Ignaz Kögler,1680—1746,1716 年来华)和监副徐懋德(André Pereira,1690—1743,1716 年来华)等根据"椭圆说"编成《历象考成后编》,又根据"雍正癸卯元法"实施了改历。椭圆说本身是开普勒的学说,不过《历象考成后编》的椭圆说依然采用了以地球为中心而非以太阳为中心的坐标系。

进入清代中期以后,西欧科学的传入也停止了,时代的潮流向中国传统学术的整理研究方向推进。其决定性的契机是《四库全书》的编纂(1772—1793)。戴震、钱大昕等著名经学者整理了传统科学书籍,并着手于充满了尚古特征的古典研究。但是即便在清朝考证学的全盛时代,华人研究者所做的西学(中国西学)研究也并没有荒废,其中有戴震的三角法研究,焦循的雍正癸卯元法研究,汪莱和李锐的方程式论,明安图、董祐诚、项名达、李善兰等的三角函数的无限小解析等。作为经学的一环,历算学被深入研究,中西会通的专业科学研究在扎实地进行。

4.2 《律历渊源》　　　作为钦定书,清朝出版了为数颇多的西欧科学书。当时有代表性的钦定西学书有《御制律历渊源》100 卷。同书的原稿据传是康熙帝"亲加改正""兼综而裁定之"(雍正帝《律历渊源序》)。

《律历渊源》大致可分为三个部分,分别为(1)天文学、(2)音乐理论、(3)与数学相关的当时最高水准的理论与知识。分别是《历象考成》42 卷、《律吕正义》5 卷、《数理精蕴》53 卷。书的内容与构成思路清晰,三部中每一部都展现了科学书共通的结构,上编论述各学问专业的渊源和理论,下编记叙了致用的方法。

首先是《历象考成》,上编最初作为"历理总论",论述了为了理解历法而必须具备的天文学基础知识(黄赤道、经纬度、岁差等),接着介

绍球面三角法,说明了日月、交食、五星等理论。下编记叙西洋新法的
具体历法,详细阐述了日躔、月离、月食、日食、五星、恒星的历计算术。
天文理论、计算法本身与《崇祯历书》以及《西洋新法历书》没有太大差
别,但(1)通过说明、图表修改等,西洋新法的系统变得更容易理解,
(2)通过天文定数的修正等,内容也有一定提升。[①]在雍正四年(1726)以
后,清朝实际上就开始使用这个算法制成日历,也就是"康熙甲子元法"。

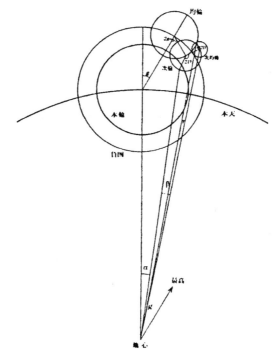

图 p-4　《历象考成》的月行系统

　　《律吕正义》的上编以黄钟为基准明确了音律、音乐音响学的学
说,是"正律审音"的内容。相对于上编,下编是关于八音乐器规格的

---

① 比如月行的天文模型,在《崇祯历书》和《西洋新法历书》(图 p-3)中由次轮、本轮、均轮构成,而
　《历象考成》(图 p-4)中由本天、本轮、负圈、次轮、均轮、次均轮构成。

说明。《数理精蕴》也是一样，上编记载了数学的基础理论，下编说明了西洋的对数、三角函数、借根方以及中法的方程术、开方法等各种算法。

《律历渊源》作为数理科学书采用了思路清晰的结构，学术内容也颇有造就。然而奇怪的是书中将数理原理的本源加以神秘化并作为推论的前提，将数理科学的基础建立在易学或术数学中的"河图""洛书"——直觉的且有弹性的二组数群和平面图形之上。这就是《数理精蕴》上编的数理本原篇中写的"溯其本原，加减实出于河图，乘除殆出于洛书"，河图篇与洛书篇中描绘了其图形，从理论上对加减、乘除起源于"河图""洛书"的理由进行说明，不容置疑。此外，"周髀经解篇"中同样看得到西学中源说，当向传教士询问西洋科学的源头——"询其所自"，他们异口同声地回答"本中土所流传"。

数学的图书起源说在理论上补充了学说的基础部分，但如前所述，西学中源说是为了推进西法导入而创立的理论。然而数学的图书起源说立说的目标不仅仅停留于社会理论上的弥补，它真正的目的不如说是追求朱子学的"格物致知"。《数理精蕴》的数理本原篇中写道"算数之学实格物致知之要务也"，《律历渊源》的序中写道"夫理与数合符而不离。得其数，则理不外焉。此图书所以开易范之先也"，这些就是确实的证据。

换言之，《律历渊源》既是当时最高水准的西学书；与此同时，它还是清朝朱子学的一大纲领，即以数理科学也包含在河图洛书乃至易道的范畴里而不在其外的证明为目的的浩瀚的性理学书以及术数学书。

4.3 《历象考成后编》　　　《历象考成》作为钦定书被广泛普及(1724 年刊)，然而当时的欧洲正处于科学革命(Scientific Revolution)的后期，科学急速发展，其结果大大地拉开了中西间的理论差距。

清朝的雍正四年(1726)开始正式采用《历象考成》的康熙甲子元法而写成时宪书。早在雍正八年(1730)，时宪书的日食预报中有"微差"这件事已经明了了，钦天监正戴进贤接到校订修理的诏令，根据开普勒的椭圆说制成了日躔表与月离表。雍正十年，二表完成并被添加在《历象考成》诸表的末尾。二表"共三十九页"，表中未明确记载历理的说明，也没有推算的方法。乾隆二年（1737），顾琮请求"增补图说"，得到了乾隆帝的允许。此后，乾隆七年（1742）《历象考成后编》10 卷完成（以上出自《清史稿·时宪志》）。书的构成借鉴《历象考成》的体例，由数理（历理）、步法（历法）、天文表（历表）构成。

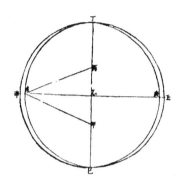

图 p-5　　《历象考成后编》月离数理

　　清朝乾隆七年，实施了椭圆说的雍正癸卯元法。可以在其天文系统中看到巨大的天文学上的进步（椭圆说的采用，地平视差、大气差、回归年长度的修正等），但乾隆朝几乎无视二者的差异，强调《历象考成》与《历象考成后编》"名虽异而理则同也"，周转圆的旧法和椭圆的新法"其理若合符节"（书前提要）。乾隆帝以后的清朝历算系统的日月计算是根据开普勒的椭圆说，五星计算则依据第谷的周转圆说，在历理上，尽管具有奇妙的扭曲和矛盾，官方毫不避讳地如此声明。也许这是为了坚守康熙帝立下的规范这种强烈的清朝意志或者政治性。

4.4　钦定西学书出版的意义　　　　由于清朝在时宪历中采用西欧的系统，作为必然的结果，相继编撰了钦定或是准钦定的汉译西学书（地图或天文、数学书）。具体有康熙帝时期的《皇舆全览图》（1718）和《灵台仪象志》16 卷（1674），《历象考成》42 卷、《律吕正义》5 卷、《数理精蕴》53 卷（1724 年刊）；乾隆时期的《内府舆图》（1761）和《历象考成后编》10 卷(1742),《仪象考成》32 卷(1754)等。此外,满译西学书也被列入编辑之列,《几何原本》《算法原本》《算法纂要总纲》和解剖学书籍《格体全录》2 编(1710 年前后)等流传至今。[①]

汉译西学书和满译西学书在康熙帝以后,作为清朝的钦定理论而普及,由于它们具有钦定的权威以及优质的内容,知识分子竞相学习和接纳。[②]也许在程度上或直接、间接上有差别,但是不论进步派还是保守派的士大夫都学习接纳了西欧起源的知识,这一点是毋庸置疑的。皇宫中,康熙帝不仅自身率先爱好西学,还对旗人(王朝的官吏)下达学习西欧知识的命令;知识分子社会中,很多钦定的西学书出版,各处都有对与经学相关的西学命题的讨论。另外,一般市民的常用日历"依西洋新法"而编,其知识深入浸透到了日常生活中,因此不能说当时仅仅是知识分子对西学持有兴趣。在明朝遗老相继离世,社会风气发生变化的康熙中期以后,知识分子无视西学的选项无可置疑地消失了。

总的来说,中国在(1)顺治元年(1644),毅然决然地实行改历并活用西学到实际生活中;(2)康熙八年(1669),以历狱翻案为契机,认定了西学的必要性;(3)康熙晚年,认定西学是中法的一个旁支,禁止西教的同时鼓励西学;(4)康熙、乾隆时期,通过刊行很多钦定西学书不停激发知识分子的兴趣。从上述几点来看,可以说西学成为中国知识分子必须具备的知识,并在大范围内获得流通是理所当然的。

第 4 节　宇宙观的变化

经过康熙帝等人的努力,《律历渊源》等书最终成为清朝知识分子

---

① 关于满译西学书,请参照渡边纯成《清代的西洋科学受容》(冈田英弘编《清朝是什么》,藤原书店,2009)。

② 举一个江永的西学研究的实例。江永研究《仪象考成》的天文系统而著成名著《数学(翼梅)》,但实际上并没有读过《历象考成》。江永研究的是仅记录了《历象考成》的历计算法的《雍正会典》(1732)的"推步法"。当时的接纳西学潮流中有许多像这样想都想不到的多方面展开的研究。详情请参照川原《清代的思想和科学》(《三岛海云记念财团研究报告书》,1994)。

的基础书籍甚至必读书籍。这些书籍起源于西欧的优秀科学知识，与中国的传统学术在互相融合的同时，得到广泛普及。擅于逻辑论证的西学中的一部分知识从根本上颠覆了中国累积了两千年的常识里的一些内容；与此同时，这些西学知识也逐渐中国化，通过这样一种中西会通，中国知识分子思考形式得以成形的基本理念、思考框架都发生了很大的变化。本节的课题旨在说明因这些西学而引发的中国宇宙观的变化或转化。

1　宇宙观

1.1　自然学的世界概念
本书中提到的所谓宇宙观（cosmology）是指，构成哲学、宗教、科学、艺术等理性或非理性命题集合其基础的一系列最基本的概念要素，也可以被称为世界观（worldview）。具体指哲学、宗教、科学、艺术所根植的背景或基础，关于世界（cosmos）统一的见解，有意识或无意识地决定思考、认识的方向和框架的基本概念或命题（概念集合）的总体。它是凭借个体的生而呈现出的具有局限性的基本概念集合；是令个体的思想、认识的形式得以成形的，并对当事人来说为不言而喻的理念；是针对特定的文明或者历史时期仅持相对妥当性的基本命题的集合。它作为一系列的先验概念，具有文明内部的成员很难意识到以及很难成为怀疑、考察对象的这两个特性。

本节以自然学的以及自然科学的世界概念为中心，分析和考察了中国知识分子的宇宙观。

1.2　宇宙观的特性
宇宙观是文明全体的思考、认识形式得以成形的一系列最基本的概念集合。如果没有它的存在，那么文明全体，就无法作为"外在的存在"或者说他者的天地、社会与"内在的存在"，即作为自我的人之间的疏通、调解也不再可能，以至于他者与自我容易产生乖离，从而堕为关联性稀薄的异质概念集合。换言之，宇宙观处于他者与自我之间，它极其重要的作用是将两者关联成为"单一的概念集合体"。不过，正因为是单一的概念集合体，作为集合，根据次要原理可细分为天观、地观、人观等；作为单一体，必须具有统一性和整体性的特点。后文中分别论述的天观、地观、人观，是基于上述特点进行的。

虽然宇宙观的变化是急剧且不可逆的，但是整体仍十分鲜明。宇宙观发生变化的时候，不仅局限于主要的天观、地观、人观，还包括与社会、道德、艺术等其他事项相关的各种见解、观点，它们紧密关联且发生变化。读者如果回想在宗教皈依或是科学革命、启蒙思想、产业革命，明治维新、俄国大革命等背景下发生的个人、社会的巨大变化，关于宇宙观变化的各项特点应该是不言自明了吧。提到宇宙观的变化时，我们偶尔会使用"转换"这个词，可能就是因为它整体性的特点。

此外，一般情况下的宇宙观，并没有作为命题被明确地意识到，也没有被完全地理性化。虽然它有时能带来坚固的信心、不屈的信念，但多数情况下是在无意识里起作用，从模糊的概念群或是直觉的命题里产生，这一点应该是没有错的。

1.3 宇宙观变化的全面性　　宇宙观虽是一个模棱两可的概念集合，但它作为意识层面或无意识层面的标准，对共有同一个宇宙观的个人、社会发挥着巨大的作用。这是宇宙观的统一性和整体性特点带来的必然结果。

本书尤其关心的是，宇宙观的统一性和整体性的特性。正是由于宇宙观的统一性，从属范畴里的天观、地观、人观才会互相产生关联性；也正因为其整体性，假如其中的天观发生变化，地观、人观等的变化也随之而来。[①]一旦证明了地观的变化和天观的变化，本书立即推测出人观的变化（如下述）正是基于上述的对宇宙观整体性的理解。即使基础概念集合中的某个概念单独分析起来比较困难，也可以以宇宙观的总体性为依据，推定变化的存在与否或是推导出盖然性较高的结论。

---

① 　反之，关于宇宙观的变化，只提天观是不够的，必须加上地观、人观等一起分析。

2　从地平到地圆

明末清初时期，"中国的地观"即知识分子以及儒学者关于大地的基本认识发生了巨大的变化，也就是从传统的"地方"向西法的"地圆"变化或转换。①

2.1　李瀷的地圆说　　　　　首先笔者想通过明确的证据来说明当时东亚的知识分子确实接受了西来的地圆说。那就是朝鲜李朝哲学家李瀷（1681—1763）的《星湖全集》卷 55 以及《星湖全集》续集卷 17 中的《跋职方外纪》（艾儒略《职方外纪》的跋文）。

李瀷的《跋职方外纪》是关于《中庸》第 26 章"振河海而不泄"的一篇科学论文。②李瀷如是说。

子思子的"振河海"蕴含的意思是，并非海使地漂浮，而是地囊括并承载了海。溟海、渤海之外，海也必定有底，而底正是由地构成的。这与西洋之士的详细说明互为佐证，没有一点相异之处。

大地囊括大海而不使海水外泄，是因为大地处于天圆的中心位置。天从东到西一天旋转一圈，"在天之内者，其势莫不辏以向中"。地不下坠也不上浮，上下四方都是地在下天在上，也是同样的理由。③

从"海之丽（地）"的事实来看，导出"地圆"的命题并非难事。"航海穷西，毕竟复出东洋"，另外，如果在航海途中观测星宿，随着观测地点变化，天顶也各不相同，南极星在低纬度看得到，高纬度却不见了。

艾儒略的《职方外纪》记录了真实的西洋之士的航海记录。阁龙（哥伦布）寻至东洋之地（实为亚墨利加）（《亚墨利加总说》卷 4），墨瓦兰（麦哲伦）又从东洋（实为亚墨利加）到达中国大地（实际上是亚细亚马路古），算是绕地球一周了（《墨瓦腊尼加总说》卷 4）。麦哲伦环游地球一周的事实为人所知："子思之指，由此遂明。西士周流救世之意，

---

① 若要了解关于地观的变化或转换的概略，可参考祝平一的《跨文化知识传播的个案研究——明末清初关于地圆说的争议，1600—1800》（《历史语言研究所集刊》第 69 本第 3 分，1998）。

② 《中庸章句》中写道"振，收也"。

③ 对于中国的地势北高南低，但近海并未向下流，北海不曾枯干，南海也不比过去增加一点，李瀷说明都是因为地上的皆以天为上。

不可谓无助矣。"

　　李瀷的理论以《中庸》中的一章为论据,在今天的我们看来未免有些强词夺理。但抛开论据不论,其否定了传统的地平与地方说以及大大发展了西欧起源的地圆说,这件事本身是没有问题的。这是地圆说通过《职方外纪》等汉译西学书,在短时间内从中国传播至东亚的鲜明证据和实例。

2.2　《明史·天文志》的地圆说　　　　明末清初时期,东亚知识分子接受了作为"理论上正确的知识"的"大地浑圆"之地圆说,《明史·天文志》中"两仪"这一项里清楚整理了"西洋人利玛窦等"的地圆说内容的要领。也就是:

　　　　其言地圆也,曰地居天中,其体浑圆,与天度相应。中国当赤道之北,故北极常现,南极常隐。南行二百五十里则北极低一度,北行二百五十里则北极高一度。东西亦然。亦二百五十里差一度也。以周天度计之,知地之全周为九万里也。以周径密率求之,得地之全径为二万八千六百四十七里又九分里之八也。又以南北纬度定天下之纵。凡北极出地之度同,则四时寒暑靡不同。若南极出地之度与北极出地之度同,则其昼夜永短靡不同。惟时令相反,此之春,彼为秋,此之夏,彼为冬耳。以东西经度定天下之衡,两地经度相去三十度,则时刻差一辰。若相距一百八十度,则昼夜相反焉。

　　无须反复强调,"明志"的记载以西法为据,在天文学上是正确的。

2.3　地方说的历史性展开　　　　《明史·天文志》是中国正史上对西欧起源的地圆说的首次详细介绍。开头的序言为了介绍和说明西来的天文理论,当初引用《辽史》,在论述天象地象古今无变化因此"天文志近于衍(新的天文志制作几乎没必要)"的同时,最终反对天文志的废止,但从谈天的理论、测天的仪器中看得到历代的进步,所以有必要制作新的天文志，将制作新的天文志正当化了。引文中，《辽史》的"天文志近于衍"在《晋书·天文志》等已经有详细说明的情况下，再次重复同样的说明是没有必要的，反之同句的引用极大地明示了在辽、明以前，天文理论几乎没有进展，以及明末清初时天观地观中发生的巨大变化和转换。

正是在明末清初时期，西欧传来的地圆和地球说在理论上打败了中国传统的"地方说"。

地平或地方说的起源现在还不十分清晰。然而最初的"地方说"即天圆地方说，在(1)《周礼·考工记·辀人》、(2)《大戴礼记·曾子天圆》、(3)《庄子·杂篇·说剑》等中都有记载。(1)"车轸(马车的搭载部分)的方形是以大地为模型，车盖的圆形是以上天为模型(轸之方也以象地也，盖之圆也以象天也)"；(2)曾参被问及天圆地方是否是真的时，他答道"如诚天圆而地方，则是四角之不揜也"；(3)庄子向赵文王解释"诸侯之剑"的特征时，采用"上法圆天""下法方地"等表述，以上都是天圆地方说的古老实例。引用文献的成书年代虽无法明确，但将天圆地方理论化的《周髀算经》中包含了先秦(前 1 000 年以来)的传承和资料，从这一点来说，圆形的苍天与方形的大地这个概念最迟于春秋战国时期已经成形。

先秦的天圆地方说到了汉代，发展为宇宙构造论的盖天说和浑天说等。《晋书·天文志》中关于盖天说的构造有如下说明，"天圆如张盖，地方如棋局"以及"天似盖笠，地法覆槃，天地各中高外下"等。如后一句所言，大地并非平面，而是中央部凸起，周边部"外衡"，直径(水平方向)有 47.6 万里，中央部的"北极下地"的地高(垂直方向)不过 6 万里，把这一说法看成地平说的一种没有任何问题。

此外，浑天说(图 p-6)是把天看作球形的宇宙构造论，酷似现在的球面天文学的宇宙模型。浑天犹如蛋清包裹蛋黄一般包裹着大地，大地在浑天内部储存的水上漂浮着。后汉的浑天家张衡(78—139)的《灵宪》中记载"天体于阳，故圆以动。地体于阴，故平以静"等，所以浑天说的大地不是地圆,确是地方以及地平的构造。①《明史·天文志》引用张衡的"天包地如卵裹黄",以"古人已经这样说过""与古一致"等来解释"西洋"的地圆说,还主张浑天说的大地是由球形而来,但这是基于西学中源说的强词夺理,无法称之为与史实相符合的命题。反而应该将其解释为,这是明清的知识分子打着中西会通的旗号,接受地圆说的证据。

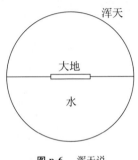

图 p-6 浑天说

浑天说以"近得其情"理论("晋志"中的蔡邕的话)为导向,在后汉时期几乎掩盖了盖天说,在明清的西学普及之前,维持了磐石般稳固的正统论地位。浑天说附带的地观在那段时间,没有多大进步,依然主张地平以及地方。唐朝开元十二年(724),僧一行(683—727)实施了大规模的大地测量,"北方之极寖高",南北差 351 里 80 步时,极差有 1 度,因此得出了最终指向地圆的结果。但是他并未以此观测结果为依据修改浑天说,也未主张地圆(《新唐书·天文志》)。另外,《元史·天文志》中列举了元世祖至元四年(1267),札马鲁丁制造地球仪"苦来亦阿儿子"并说明的西域仪象。也许因为是宫廷内的仪象,地球仪与其理论对中国的舆论几乎没有造成任何影响。

地方以及地平说到了后汉张衡以后,在补充浑天说的同时,作为有权威性的正统理论,跨越一千几百年依然被奉为真理。

---

① 《灵宪》中写道"自地至天,半于八极,则地之深亦如之"。以此句为根据,用张衡的大地来思考上平下圆的半球体的研究者很多。该解释也有一定的道理,原文的"地之深"能够解释从大地到天底的距离。本书参照梅文鼎《历学或问》等,如图 p-6 所示进行解释。

2.4　接受地圆说的意义　　　　西欧的地圆说作为精密科学和数理天文学的一环被传进中国，从根本上颠覆了具有悠久历史的传统地观。如此，天圆地方说在科学或宇宙观维度的长期使命终于结束，继而仅仅以所谓"天德为圆，地德为方"的哲学命题被允许存续。这是地圆说的全面胜利。

作为理论上的结论，从地圆说断定地平和地方说中所谓的"中国中心主义"为谬论，并斥责记载于经书中的"夏夷之分"为愚说来看，中国知识分子对地圆说的接纳，可以说是在思想史上象征汉代以来儒学范式危机的一大事件。

3　浑天说之后的飞跃

明末清初时期，关于"中国的天观"，即中国知识分子以及儒学者的圆天的基本认识，发生了极大的变化，也就是从中国传统的"浑天说"到西欧亚里士多德的"多重天说"，到第谷·布拉赫的"周转圆说"，再到开普勒的"椭圆说"的转换。

3.1　《明史·天文志》的九重天说　　　　当时的中国知识分子接受西来的天观和宇宙模型，(1)清朝乾隆时期以后，天文数学研究沸腾，约90％知识分子研究天算（梁启超《清代学术概论》十五），(2)当时的天算研究还包括西算，由于天算研究和接受西法是同一件事物的正、反两面，因此没有必要对此命题的广泛普及再次说明了。另外，西欧的天观以及宇宙观最终归纳为第谷的周转圆说和开普勒的椭圆说，其意义如上文所述。

明末清初时期，中国是按照作为"西法"的亚里士多德九重天说（古法）到第谷的周转圆说（新法）再到开普勒的椭圆说（新法）的顺序依次接受的。关于后二者已经说过，所以在这里笔者想分析前者的九重天说。所谓的九重天说（十一重天说、十二重天说）是指，以克拉乌的《萨克罗博斯科天球论注释》为基础，各重天以同心圆状包围着不动的地球的亚里士多德的宇宙模型。[①]《明史·天文志》的"两仪"中记载的也正是这个

---

① 　请参照安大玉《明末西洋科学东传史》（知泉书馆，2007）第 7 章。

意思。"明志"把传统的"两仪""七政""恒星"等分类,以简洁地说明西来的天观以及宇宙观。内容虽是西法,形式却以中国式贯穿,书的特征表现在中西会通上。"明志"的"两仪"就是这样说明"九重天"的。

最上天是宗动天[①](第9天)。宗动天中没有星辰。每天带领各重天从东到西左转一周。以下各重天叫作列宿天(第8天)、填星天(第7天)、岁星天(第6天)、荧惑天(第5天)、太阳天(第4天)、金星天(第3天)、水星天(第2天)。最下天(第1天)是太阴天。恒星天以下的八重天都跟着宗动天向左旋转,但"各天皆有右旋之度,自西而东"。这与"蚁(迟行右去)行磨石(疾行左转)之上"(《晋书·天文志》中引用的《周髀》)的比喻一致。其右转的度虽然与过去比有所增减,但没有太大差异。只是关于恒星的轨迹即过去岁差的度数,有一种说法是古法中恒星千古不变,黄道节气每年西退,而西法中黄道终古不动,恒星每年东行。从现在的考察来看,恒星的移动实际上是存在的,必须说西说是正确的,等等。图p-7是利玛窦的《坤舆万国全图》(1602)所收的九重天图,[②]然而原来的说明中有"地水合为一球,气包地水,而火

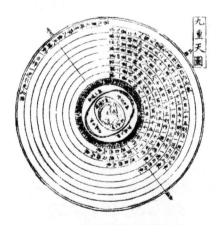

图p-7 《坤舆万国全图》九重天图

---

① 无须再次重复,宗动天是为了说明地球的自转而被导入的概念。

② 引用朱维铮主编《利玛窦中文著译集》(香港城市大学出版社,2001)所收图。

又包气,九重天又包火"等描述。该图清晰展示了以亚里士多德的四元素说(四行论)为依据而作的部分。

"七政"之后的说明省略不提,但笔者依然想就如表 p-2 中所示"七政"的"最高"和"最低"的数,即远地点距离与近地点距离以地半径为 1①,做一点补充。思考最高与最低时,在论述上导入第谷的周转圆说和开普勒的椭圆说是比较理想的,但严格地说,这也意味着多重天说理论上的破绽。

表 p-2　最高最低

	最　高	最　低
太　阳	1 182	1 102
太　阴	58	52
填　星	12 932	9 175
岁　星	6 190	5 919
荧　惑	2 998	222
太　白	1 985	300
辰　星	1 659	625

3.2　浑天说的历史发展　《明史·天文志》在"两仪"中,引用《楚辞·天问》的"圜则九重,孰营度之",认为古人拥有九重天的知识,"西洋之说,既不背于古,而有验于天"。这与地圆和地球说的论调几乎没有任何变化,提供了中国接受西法的确实证据。

如先前所述,《明史·天文志》的序言传达了中国的天观以及天文理论自汉朝到明朝几乎没有任何进展,而在明末清初发生了天翻地覆的变化这一事实。在此变化以前的中国传统天观除了"浑天说"别无其他。

关于浑天说的历史发展,在分析地方说时,笔者会顺着时代顺序论及正史天文志的记述概略。可以说两千年间内容或理论自身在本质上没有什么进步或变化。只是它的社会意义——浑天说历经各个朝代,在儒学分类上的概念即"天文学"中依然占据正统论的地位,值

———————————

① 　地球的实际半径为 12 324 里(1 里合 500 米)。

得在此提一笔。(1)《元史·天文志》的序言中提到,在宋代的欧阳修(1007—1072)的"新唐志"之后,"天文"志的作者重视"晋志""隋志","前史中记载的内容(实质上,随着时代不变的内容)都省略不再叙述(凡前史所已载者,皆略不复道)";(2)在"新唐志""旧五代志""宋志""金志""元志"中,实际上并没有关于天观和宇宙论的记录,依此看来,在明初乃至"元志"编纂更早以前,天观便没有变化,汉朝的浑天说也还是"天文"上的正统论,作为"天文"上的正确理论被坚信不疑。浑天说是儒学和经学紧密地联系在一起的学说,作为"天文"方面的正统论君临中国学界逾千年。

浑天说是"天文"也就是"术数学"的理论,参考论及浑天说的张衡的《灵宪》就不言自明了。《灵宪》在论述科学的命题——浑天说或天地的构造、数值之前,就如下文发展了气的形而上学以及宇宙生成论。

天地经过(1)溟涬、(2)庞鸿、(3)天元三个阶段而形成。也就是说,(1)溟涬或太始是道的根基。幽静玄静,寂寞冥默,其中只是虚空,其外只是无。(2)庞鸿或太素是道的干。道的根基以及建立,无中生有。"太素始萌,萌而未兆,并气同色,混沌不分。"《老子》的"有物混成,先天地生"描述的正是这个。(3)天元是道之果实。道的基干业已培育,万物完成了形体结构。元气分离成刚柔清浊,在外成了天,在内变为地。天拥有动的属性,主导教化;地拥有静的属性,补充天的教化。如此,天地万物和情性万殊便形成了,诸如此类。

浑天说复杂地混淆①了形而上学命题(非科学命题)和形而下学命题(科学命题),并将易学、阴阳五行说等两种不同维度的命题通过概念连锁实现了结合,也就是"数的哲学"术数学。然而浑天说在解释宇宙的构造以及天地运动时,并不与将其数值化的历算产生直接联系,浑天说和历算二者同样地边分析"数",边将理念与理论区分开,构成不同维度的知识领域。换言之,浑天说的诸概念都很模糊(形而上学

---

① 把术数学一般化论述的时候,比起形而上学命题与科学命题的混淆这个说法,用非科学命题与科学命题的混淆来说明也许更加恰当。

和形而下学），建立于模糊的概念之上的形而上学命题和科学命题（理），不论怎么分析和解释，都无法在理论上推导出历法的基本定数和计算法则（数）。从这一点来看，必须承认浑天说有"理与数相混淆，既非即数即理"的特征。

以浑天说为核心的中国天观自朱子学以后，术数学的倾向更为明显了。朱子学根据《太极图说》《通书》《西铭》《正蒙》《皇极经世书》《易学启蒙》《洪范皇极内篇》等建立自己的哲学谱系的基础，虽然其术数学的理气论说明了性理学意义上的天观和宇宙生成论，[①]然而它轻视历算学，[②]完全将（a）天观或者说宇宙论（理）和（b）历术或者说数理天文学（数）剥离开了。

阮元（1764—1849）谈道，两汉时期，"数术"穷尽天地，大大地振奋了"儒者之学"。然而汉朝以后，世风日下，末学支离破碎。俗儒们轻看"九九之术"也不对其研究……就这样，"六艺之道"就湮没了。这实在是太可惜了。俗儒们凭着自己的空想空谈，对自身的空虚荒诞无动于衷。《易学启蒙》的"河图洛书之数"和《皇极经世书》的"元会运世之篇"等与事实相反也无任何依据，事实上称其为"数学之异端""艺术之杨墨"也不为过，云云（《畴人传·序》）。

阮元把宋明朱子学的轻视历算以及术数学的特征痛批一通。据阮元的说法，朱子学除术数学以外所剩无几，必须以正确的理论的天文算法为基础加以克服。前文所述的康熙年间，朱子学与天文算法并重的时期算是朱子学历史中比较特殊的了吧。

3.3　接纳西欧数理天文学的意义

明末清初时从西欧传来的精密科学或者说数理天文学从根本上颠覆了以悠久历史著称的传统天观和宇宙论。同时西来的几何天文学其普及的结果也结束了浑天说

---

① 《朱子语类》卷2的"历法，季通说，当先论天行，次及七政。此亦未善。要当先论太虚，以见三百六十五度四分度之一，一一定位，然后论天行，以见天度加损虚度之岁分。岁分既定，然后七政乃可齐耳"等，似乎可以看到朱子关于术数的思考。

② 《朱子语类》卷2中写道"古今历家只推算得简阴阳消长界分耳"。朱子的话在今天看来也清楚地表达了他对历算学的轻视。

作为科学命题的作用。

西欧起源的第谷的周转圆说、开普勒的椭圆说与历计算法的时宪历法（数）、天文学理论的西洋新法（理）互为同一命题的表里，如"即数即理"字面所示，与此不同，中国传统的天文历算学在推步术（数）和浑天说（理）的结合上不伦不类，并未完全达到"即数即理"的地步。杨光先声称自己只懂得历理，但他所说的中国独特的术数学的历理作为严密的科学理论，已经漏洞百出了。反过来说，若将中西会通当作准则，接纳西洋新法，即要求对术数学全面否认乃至从根本上改革，必然导致与历算学的术数学脱离的结果。

4　从思考的心脏到思考的大脑

明末清初时期，"中国的人观"即中国知识分子以及儒学者关于"人"的基本认识开始发生很大变化，也就是从中国传统的"心主知觉论"到西欧起源的"脑主知觉论"的变化。脑主知觉论不仅对明清时期的中国知识分子，还对朝鲜的知识分子产生了影响。

4.1　心主知觉论　　心脏主宰思考和感觉的心主知觉论的起源并不清晰。然而，从中国古汉语中"神"的概念的变迁而论，可以推断大致是从战国到汉代开始的。[①]"神"本来是指宗教上的神灵或鬼神，然而到了战国时期，精神和人心的含义变得一般化，汉代时，《黄帝内经》等古典医学理论形成，其除精神作用之外，也开始演变为象征人体生命活动和生命力本身的意思。《黄帝内经》在说明医学的基础理论之际，把"心脏"当作统筹精神活动的器官，大概是因为当时的医学者认为人类的神具有精神以上的作用，相对于"肉体"，"精神"才是生命的证明，"心脏"才是显示生命活动的器官。

《黄帝内经》等古典医学中的"神"既代表生命活动和生命力，又意味着精神、意识、思考、意志、感情等。心脏里的"心神"和五脏之神"五神"

---

① 关于心主知觉论的考证，大致可以参照川原《形与神——中国医学的"魂"论》[《广西民族学院学报》（自然科学版）2006 年第 3 期]。

等说的正是此。首先是"心神"，心脏自带的精神机能被认为就是心和心神。比如《素问·六节脏象论篇》中写有"心者生之本，神之处也"，《素问·灵兰秘典论篇》中写有"心者君主之官也，神明出焉"。此外，《灵枢·邪客篇》中写有"心者五脏六腑之大主也，精神之所舍也。……心伤则神去，神去则死矣"等。这些描述都在强调心脏乃身体维持生命不可欠缺的器官，以及精神作用是心脏主要的工作。

包含心神在内的"五神"也是为了解释人的精神机能的复杂性而提出的概念。《素问·宣明五气篇》中有"五脏所藏，心藏神，肺藏魄，肝藏魂，脾藏意，肾藏志"，这里的魂、魄、神、意、志就是五神。五神是为了在医学意义上说明人类具有的多样的精神活动，必须承认它是代表生命力和生命活动意义的"神"的附属概念。另外，五神之中心神的地位十分突出，它被称为魂、魄、意、志的"主"（主宰者），这一点毋庸置疑。

根据中国古典医学理论，人类的精神活动归结于"心"这件事是本中之本，然而这并不意味着此理论认为"脑"与精神活动完全无关。《素问·脉要精微论篇》中写道"头者精明之府。头倾视深，精神将夺矣"，在《灵枢·海论篇》中可以读到"脑为髓之海""髓海有余，则轻劲多力，自过其度。髓海不足，则脑转耳鸣，胫痠眩冒，目无所见，懈怠安卧"，上述引文便提供了很好的证明。

中国医学确实承认精神与脑的相互关系，但在原则上把人类的精神活动归因于心脏的作用。

4.2　脑主知觉论的东渐　　中国跨越千年一直都把心脏看作思考、感觉的中枢，然而明末清初时期，耶稣会士传来了与基督教息息相关的西欧脑主知觉论，让东亚知识分子了解了人观以及人类观的多样性的存在。这一影响的程度很难详细说明，但脑主知觉论动摇、改变了东亚知识分子关于人观的基本认识这件事，本身是毫无疑问的。①

---

① 在现在的中国医学史研究中，对当时的脑主知觉论的广范围普及持否定意见的比较多。然而之前被忽视的对朝鲜的传播等被重新确认之后，此论的流传范围必须在原来的预测之外被重新评估。

最初将脑主知觉论带进中国的也是利玛窦。解说记忆术的《西国记法》(刊年不详)在原本篇中写着"记含有所,在脑囊。盖颅囟后枕骨下,为记含之室"等。另外,书中还写着如果头部患疾,遗忘也会加重等。然而,利玛窦的介绍只不过是只言片语,很难认为其脑主知觉论影响了整个知识分子社会。

西欧的脑主知觉论开始对东亚产生影响,从引用例来看最早应该是汤若望对此学说的介绍。《主制群征》(1629年刊)卷上的第五章《以人身向征》就是证明。"脑以散动觉之气,厥用在筋","颈节脊髓"(脊髓)连接全身,控制全身的神经系统。"脑皮"分为内外两层,内层柔软,外层坚硬。脑是神经系统的起点,大致分为六偶(的神经束)。一偶经过颈胸到胃口之前。剩余的五偶在头内,引导气通向五官,控制运动与知觉。此外,"筋"(神经束)三十偶从脊髓中出现,分散到各个细脉(末梢神经),伸展至皮肤,在与皮肤接触处分散至各个部位,诱导动觉的气充满全身。筋的形体与脑十分相似,是脑与全身连接的节点,等等。这般说明虽然是在自然学的层面上,但与利玛窦相比,不可否认更详细了。

《主制群征》的脑主知觉论对东亚的知识界产生了极大的影响。明末的方以智在《物理小识》(1643年自序)中,引用了上述的脑主知觉论("人身类"血养筋连之故),但关于引用的动机是"此论以肝心脑筋立论,是灵素所未发,故存以备引触"。另外朝鲜朝后期的李瀷论及(1)《星湖僿说类选》的"西国医"时,引用了该文来说明脑中有知觉与运动中枢,(2)根据西欧的脑主知觉论(或灵魂论)等,提出新的"四端七情论",著成了《四七新编》。①根据其弟子慎后聃(1702—1761)的《遯窝西学辩》纪闻编的记录,李瀷高度评价西欧天文学,并把脑主知觉论(与灵魂论)当作西学的核心命题来思考。②从方以智与李瀷的学说影

---

① 川原《星湖心学——朝鲜王朝的四端七情理气论与亚里士多德的心论》(《日本中国学会报》第56集,2004)。

② 川原《李瀷的科学思想》(《星湖学报》第8号,2010)。

响力来说，当时多数的东亚知识分子不管相不相信西欧的脑主知觉论，在一定程度上对其有相对的知识和理解则是确定无疑的吧。

　　若局限于脑主知觉论，《主制群征》之后必须要提一下邓玉函译注的《泰西人身说概》(1643 年刊)。[1]《泰西人身说概》2 卷是解剖生理学书。[2]上卷是关于骨、筋、皮、肉、脉络等的说明，下卷则解释了总觉司、附录利西泰记法五则、目司、耳司、鼻司、舌司、四体觉司、行动、语言。"总觉司"是指，综合知觉的中枢器官的大脑。脑作为感觉中枢接受外在环境的刺激，统管感觉和记忆。此外，脑的体积巨大，分为两部分（大脑和小脑），"细皮间隔"（脑沟）内的脉络（血管）给脑补充营养，大量的水谷精气（髓液）储存在脑内。除上述内容以外，《泰西人身说概》还对脑体柔软、头盖骨坚硬、"脑皮"（硬膜）很厚等以问答体进行解说。论述阐明了视觉、听觉、嗅觉、味觉、触觉的原理等，甚至还涉及人的运动、发声。此外还提到关于脑机能的局限。虽说是概略，但它从医学的角度说明了脑是怎样构成的、怎样掌管精神机能的。根据最近的研究（牛亚华等），该书不可否认地对清朝医学的理论形成产生了一定的影响。

4.3　接纳脑主知觉论的意义　　受西欧基督教影响的脑主知觉论

传入中国，与具有悠远历史的心主知觉论相对峙。然而，医学新说的影响，与上文的天观、地观的影响无法同日而语。西欧的数理科学把中国既存的天观、地观打击得体无完肤，从理论的完成度和异质性与几乎全体知识分子的学习接纳看来，这个理论的传入可以用"惊天动地的事件"来形容，但中国医学从古至今对脑机能与精神活动的关系或多或少自我分析过，就算把西来的脑主知觉论导入自己的医学体

---

[1]　艾儒略译著的《性学觕述》(1646 年刊)也提及过脑主知觉论。性学是指灵魂论。灵魂与生长、知觉、灵明有关，知觉通过外职（视、听、嗅、味、触）与内职（总知、受相、分别、涉记）而完成。其内职的工作场所就是脑。然而关于大脑，并没有详细的生理解剖学的说明，总的来说从头到尾都是哲学的探讨，医学意义上不及《主制群征》的说明。

[2]　关于《泰西人身说概》，请参照牛亚华《〈泰西人身说概〉与〈人身图说〉研究》(《自然科学史研究》第 25 卷第 1 期，2006)。

系,只要少许修正传统的基础理论就能从容应对。加之当时传来的西欧医学与数理科学相比理论水平实在拙劣,也不如西欧的天文数学传播得广。虽然脑主知觉论不如"西洋新法",但对中国来说是颠覆一千几百年所相信的理论,加上它确实在相当程度上达到普及,包含脑主知觉论的西欧人观以及人类观不可置疑地对东亚产生过影响。如果将天观、地观变化的确定性与宇宙观具有的全面性结合在一起思考的话,那么在逻辑上就能够断定在明末清初时期,中国知识分子的人观以及人类观发生变化或转换的可能性极大。①

假设明末清初时通过中西会通,人观(人类观)真的发生了变化,②那么按照当时学术总体的变化来看,便没有比从性理学、心学到考证学、朴学的变化更显著的了。这一变化从某种程度上说,意味着从根据"心"是否具有道德性以区别人类与禽兽的人类观到以"脑"是否有智慧而划分人类的人类观的变化。③这是从重视心的道德的人类(homo moralis)到重视脑的理性的人类(homo sapiens)的变化。④从命题的含义来看,人观(人类观)变化不能直接归因于满族的民族性、风俗文化、价值观而带来的影响。反之,若关注命题、内容的相似性和亲和性,⑤那么必须承认西欧的脑主知觉论乃至宗教的人类观产生影响的可能性很高。

脑主知觉论的普及确实比西洋新法(天文数学)的普及范围更小,单独而论它可能并没有达到引起人观总体发生变化的程度。然而若将宇宙论的全面性的特征考虑进来,凭着普及的不足就认为脑主知觉论的影响全无,或以此判断人观以及人类观没有发生变化是不妥当的。中国从道德到理性的人观变化,西欧脑主知觉论的影响,以仍然

----

① 由于是关乎人观以及人类观的,这种影响的可能性以及潜在性在理论上一定非常大。
② 汉族文化发生改变也有满族的风俗或价值观传入的原因,比如编有一定改变了汉族的人观。
③ 同样的命题不仅在宋明之学向清学的变化,在汉唐之学向清学的变化中也成立。
④ 换一种说法来说明的话,中国自古以来的道德人类观与欧洲的宗教人类观相遇,学识上的会通、精神碰撞的结果是,人类更本质的性格浮上水面,理性的人类观生根发芽了。
⑤ 作为心主知觉论与道德的人类观以及脑主知觉论与理性的人类观命题的相似性和亲和性,无须再次说明了吧。

比较局限的程度,比如"变化才刚刚开始"或"发生了一定程度的变化"来理解是最合理的,也最有说服力。

第5节　新学术的产生

东亚知识分子或者说儒学者通过汉译、满译的西欧科学书了解完全不同的知识世界,将其与中国优秀的学术传统相融合,以达到自身宇宙观的变化,在这种中西会通的新天观、地观、人观等的基础上,改变部分自己国家的优秀学术传统,创造出了新的学术世界。本节的课题,是阐明新创造出的各种特征鲜明的东亚各国的学术特征以及性质。

1　清学

1.1　清学的框架　　　　清学的别名叫作清朝经学以及清朝汉学等,它把"中西会通"作为最根本的特征,大致上由考证学与科学构成。

1.1.1　梁启超与清学　　　　梁启超所著的《中国近三百年学术史》(1926),论述了清学以及清朝学术的出现(生)到全盛(住)到变质(异)再到衰落(灭)的过程。此书的特征是认为自秦朝以后,能够被评价为时代思潮的仅为(1)汉代经学、(2)隋唐佛学、(3)宋明理学、(4)清朝考证学这四种,清朝考证学的价值与汉代经学、宋明理学并驾齐驱,以明学的反动,即理学到考证学为主题之一,讨论了中国近三百年的学术史。

在新思潮和清学成立之前,梁启超首先论述了旧思潮以及明学的来龙去脉。据梁启超所言,明朝(1368—1644)中叶,阳明学的风潮席卷全国,与佛教的禅宗混合成为一家。明学以及阳明学在学问上空洞,一点也不切合实际,一般知识分子除了《性理大全》之外,一本书也不读,学术一落千丈。晚明最后的二三十年,因呼应时代的迫切需要,明学中发生了一大反抗事件,开了清学的先河。

晚明的学术界中发生的新现象是指,第一,阳明学内部的反抗。

阳明学者刘宗周等批判自学派的空谈而趋向实践。第二,自然界探索的反抗。徐霞客的地理书《霞客游记》、宋应星的技术书籍《天工开物》中经常出现厌倦空洞、崇尚实践的实学精神。第三,欧洲历算学的引进。在中国知识线与外国知识线相接触的新环境下,学界的氛围大大地改变了,清朝一代的学者都对历算学表现出兴趣,偏爱经世致用之学。第四,藏书以及刻书的风气盛行。明代知识分子总的来说不爱读书,但万历末年以后,风气逐渐产生了变化。汲古阁对善本的收集和古籍的出版等都说明了这个变化。第五,佛教界的革新。宋明的禅宗习惯了"束书不观"的风气,但净宗的大师对此加以纠正并向学理研究迈进。可以说,清朝各方面的学术都在从明学的反省以及反抗出发的这五点中生根发芽。

进入清朝(1644—1912)后,从顺治元年(1644)到康熙二十年(1681)左右,学术界依然被前朝遗老完全支配,他们实行了针对明学也就是阳明学的革命和修正。然而到了康熙二十年前后,遗老大师相继离世,后起之秀大多在清朝生长,对满族的仇恨自然也有所减轻。康熙帝的右文政策的结果是,晚明出现的学术界的新现象在变化的同时大大地发展了。具体有(1)阎若璩、胡渭等的经学,(2)梅文鼎、王锡阐等的历算学,(3)陆世仪、陆陇其等的程朱学,(4)颜元、李塨等的实践学等。

清朝中期也就是乾隆(1736—1795)、嘉庆(1796—1820)年间,上述的(1)阎若璩、胡渭等的经学大大地发展了,古典考证学达到最高潮,几乎占领了整个学术界,这就是"乾嘉学派"。梁启超就是如此论述清学的出现(生)与全盛(住)的框架的。

1.1.2 乾嘉学＝考证学＋科学　　"梁启超说"作为中国近三百年的学术概论来说是稳妥的,以及具有宏观的眼界。然而最值得评价的论点,当属假定西欧历算学为清朝考证学的源流之一。这是具有划时代意义的基本构想,必须说直到现在还有很多值得参考的地方。①

---

① 从根本上支撑现行的中国西学研究的哲学范式并将其活用的同样是"梁启超说"。

　　然而"梁启超说"是约 100 年前的命题,随着现在的清学研究尤其是清朝科学史研究的进展,还有一些需要修正的地方。梁启超提出了四大时代思潮之一的清朝考证学的源流之一在于西学,这是非常卓越的论调,值得被高度评价。不过,"在乾嘉时期,清学只偏向考证学一路发展""康熙中后期,尽管科学新兴的机遇已经成熟,却戛然而止"①(《中国近三百年学术史》三)等观点必须稍许加以修正。最终,当时清朝知识分子和大部分经学者(据梁启超自身的分析,大约有 90％)作为经学的一环,献身于在本质或主题上与考证学完全不同的数理科学的研究这个历史事实,与梁启超自身的结论完全矛盾。

　　在经学者进行的数理科学研究中,戴震的三角法研究(《勾股割圜记》),焦循的雍正癸卯元法研究(《释椭》),明安图、董祐诚、项名达、李善兰等的三角函数的无限小解析(《割圜密率捷法》《割圆连比例术图解》《象数一原》《方圆阐幽》)等名声较高。这其中不论哪一个研究,在学术上都极其优秀。关于清朝中期的经学式的科学研究,请参照第 5 章与第 6 章。

　　梁启超自己也在《清代学术概论》十五、《中国近三百年学术史》十六等中,仔细地说明了清朝经学以及乾嘉之学在考证学之外还重视科学和数理科学,并取得了优秀的成果。尽管如此,作为结论以及综合命题,"乾嘉间之考证学,几乎独占学界势力"(《中国近三百年学术史》三),是无视优秀经学式的纯粹科学的存在。

　　这乍一看矛盾的论点,可能是因为梁启超在大局上将清朝科学包含在考证学之内,或者认定清朝科学是清学以及清朝经学的例外事件。然而按照学术内容,科学(数理科学)就算类属于经学,也不应该

---

①　康熙中后期,尽管在科学方面新兴的机遇已经成熟,但最终不知为何戛然而止。梁启超对此做出如下回答,原因主要归咎于(1)科举制度——科举或八股不像科学,对于科学的振兴而言,学校里的专门教育是不可欠缺的。(2)罗马教皇与康熙帝的争斗(既述)——宗教和政治上的国际纷争阻碍了西学的传来。(3)康熙帝继承者的争斗——耶稣会支持皇太子胤礽的皇位继承,喇嘛则支持胤禛的皇位继承。雍正帝胤禛即位后,耶稣会便一下子丧失了影响力,等等。

归类在考证学。此外,清朝科学的学术成果还被评价为具有对未来的发展有贡献的近代要素,其成果之优秀不应该被当作例外或被无视。认为乾嘉之学由经学的考证学与经学的科学两类组成这一看法,从当时打着经学的旗号的考证学与科学趋于兴盛的事实来看是毋庸置疑的。

1.1.3　中西会通的清学

梁启超的《中国近三百年学术史》是一部综观清朝学术所有方面,并在学界得到公认的思想通史。它完美总结了清朝学术以及思想,是名副其实的名著。其中,清学西源说尤其崭新,拥有作为基本的广泛构想。不过,关于西学对清学的深刻贡献,梁启超仅展示了其大致方向性,至于具体的内容几乎没有说明。只是将清学的成立受到西学巨大影响,用来与晋唐间印度佛教各派教理传入,以及两宋时期"儒佛结婚的新学派",也就是理学的成立相比较。

虽说是"儒佛结婚的新学派",但宋明理学极其贬低佛教是众所周知的事实。对此也没有反复讨论的必要。应该作为问题被提出的是明末清初西欧学术传入的结果,也就是乾嘉时期"中西结婚的新学派",即清学和清朝经学的成立。在这种情况下,清学便意味着包含了考证学与科学(中国西学、经学的西欧历算学)的大概念。用公式来说明的话,是"清学=考证学+科学"。

图 p-8　　清学的构造

本来乾嘉期间新思潮以及清学成立时,西来的数理科学被置于清学以及清朝经学的内部,是其重要的组成部分。从这一点来说,清学成立的原因之一是西学,这本身毋庸置疑。此外,清朝的经学者在研究考证学的同时还研究中西会通的科学,他们把考证学与科学作为经学纳入同一范畴,从它们被密切联系在一起这一点来看,不仅是清学整体,作为清学分支的考证学也在理论上必然地在西学影响下确立自己的规范。通过中西折中的科学这种媒介,考证学尽管是间接的,也与西学具有很深的联系。

除了间接的联系之外,把西学与考证学直接串联在一起的连接点也确实存在。上一节中论述的宇宙观的变化以及转换正是这个连接点。

明末清初的知识分子以及儒学者(1)通过西学了解别样的知识世界(科学),将其与自己国家的优秀学术和儒学传统会通;(2)把中西会通的科学命题(地圆说等)作为杠杆,改变自己的宇宙观以完成精神上的革命;(3)用与以前的世代完全不同的新的经学世界观,否定旧思潮──宋明理学,创造新思潮──清学,除中西折中的科学之外,中国传统的考证学大大发展了。知识分子们在内心直面宇宙观的变化,一定会随着变化对曾经认为理所当然的连锁概念提出诸多疑问,因此他们最后肯定会放弃以前的理论系统中的一部分。宇宙观变化以及转换中极为重要的一点是这个变化带来的强大与彻底的精神革命。

1.2　清朝经学的成立　　　　明清时期的思想变革的框架确定之后,下文将对清朝学术的详细内容和个性化的特征进行具体的分析。然而在详细叙述清学的内容和特征之前,笔者必须先说明清学者对宋明理学的破坏。

1.2.1　对宋明理学的全面否定　　　　严格意义上的系统性哲学是由揭示普遍原理的少数基本命题以及第一原理和与其相结合的理论秩序的清晰思想命题群所构成的。知识被高强度地系统化,因此体系内的各个命题有机地结合在一起,命题间具有稳固的理论整合性。基本命题具有令哲学体系的区别更明显的作用,不过反之,必定还会带来(1)一部分基本命题的否认以及不成立,就意味着哲学体系的破绽,

(2)少许的命题改变也会影响整体的结论等一连串的特征和性质。哲学体系是指连细微的理论整合性的矛盾或错乱都不被允许的思想环境。

中国的宋明理学和耶稣会传来的天主教神学(西教西学的结合体)仍然不完整,但不可否认在相当程度上达到了体系性。宋明理学也好,西教西学也好,在大体上拥有哲学体系的诸多性质,因此把明末清初时期两者的邂逅看作两个在基本命题上有差异的哲学体系的对话,也不会产生太大的理论误差吧。反之,正是由于把它们看成是哲学体系的邂逅,即意味着普遍与普遍的对话,所以很明显其对后世留下了极大的学术影响。

作为悬案的宋明理学即朱子学,简单来说可以称其为以"理气心性论"为理论基础的"修己治人之学",即伦理学和社会制度学。理学者以及朱子学者定下自己的"学问"的最终目标为"完善人格成为圣人",即通过读书、问学还有格物、致知等,学习道体的构造,穷尽事物的真理。同时,以居敬、诚意、正心等,丰富自己内在的道德涵养。理学者们借助不仅是自己,连他人的小过失也不被允许的严格的正义感,以及恢复继承了孟子以后断绝的圣贤的道统这种狂热的正统意识,在日常琐事中实行严格的道德实践(修身)与用特殊伦理填充的社会制度的整备(齐家、治国),试图以此追求社会正义,实现理想社会(平天下)。虽然时常被人指责其主张空洞、阅读不足和视他学为异端,但当事人依然冷静透彻地尝试实践,一点也不在乎这些指责。

支撑朱子学的理气心性论根基的是众所周知的"理"与"气"的形而上学。朱子学看上去具备系统性或现在看来好像具备了系统性,正是因为其理与气的形而上学与理学的所有命题都互相关联,贯穿其中。

朱子学根据《太极图说》《通书》《西铭》《正蒙》《皇极经世书》《易学启蒙》《洪范皇极内篇》等说明宇宙万物的生成和道德的根源等。
(1)宇宙最初仅由无形无方的太极和理构成,通过太极的动静,产生了气,也就是阴阳五行(存在论的证明)。(2)阴阳五行交感形成万物。(3)人与万物同样地由气化而生,但因为得到优秀的气而最具灵气(人＝万物的灵长)。(4)圣人以天道的中正仁义为纲领,确立道德规范和人的范式,等等。①朱子以"天以阴阳五行化生万物,气以成形而理亦赋焉"为纲领,这一命题很好地说明了宇宙内存在的特性以及本性。

朱子学所谓的"理",是指作为构成天地万物的材料、质料的"气"的对方概念。它充当每一个事物固有的特殊本质以及法则的角色,同时是囊括天地万物的理念型系统乃至万有的总法则。它既是个别法则,更是天地万物形而上的物理、伦理和社会的总设计图,乃至是和天地万物共通的超越性的一般法则。另外,作为总设计图的理,除了统括天地万物的总法则(天地的理)以外,还意味着事物内的天地万物的个别法则(一物之理),不论是哪一种实例都具有很强的规范性和先验的、抽象的、绝对不变的法则。朱子使用理这个术语的目的是,通过说明宇宙法则也体现在个别事物(一物之理＝天地之理)上,以更加巩固②中国自古以来的宏观宇宙观的天与微观宇宙观的个别事物之间的一体性和连贯性(万物一原)的命题。

据朱子学所言,"理在于身"的心性论与"理在于物"的存在论在理论和构造上完全一致。"心"的本体和物的本体都被称为"性",心的作用在于"情"。性为心之理,人的一颗心中完全具备万理,也就是仁、义、礼、智、信。其理想状态的至善无瑕疵的性被称为本然之性或天地之性。反之,由于本然之性的气质不同,随着纯驳偏正不同而改变的现实之性被称为气质之性。本然之性和气质之性并非二性,不过是为

---

① 不论哪一个命题都是中国自古以来就有的,除了术语并没有特别新奇的地方。比如,宇宙生成论,"无极而太极"便是引用张衡《灵宪》的太始部分,后续又引自太素、天元部分。张衡称太极为道之根等等。

② 汉唐之学以天人一体观为基础主张天人的相关、灾异,但天人的关系性并不紧密。宋明之学以坚固的天人一体观把人的本性和天理视为同一,主张"性即理",不允许有任何违背超越天理的事。因为天理本质上具有任意性,因此导致推测假说的无意义的正当化,产生了不可计量的负面影响。戴震也强烈地批判"后儒用理杀人"(《戴震文集(卷九)·与某书》)。宋明学比清学对董仲舒的评价更高,这与理学的天人一物主张是连带关系。

了区分性的本体(心的未发者)和形而后的性的本心而分别命名。另外,心发动(已发)的时候,性感受到物产生情感,这时心的已发者的情根据物欲或人欲的有无而分为善情与恶情。涵盖善、恶两方的"七情"中,善情是"四端"。此外还根据心自己正不正,性命的本然是否成功实现,分为良心(或者说道德的情感之心)与恶心(或者说私欲混杂的情感之心)。建立在性命之正之上的良心是"道心",生于形气之私的恶心是"人心"。真德秀的《心经》解释了人心等于人欲,但朱子晚年定论提出"人心并不等于人欲。人心不听道心的命令,才变成人欲"。

朱子用《书经·大禹谟》的"人心惟危,道心惟微。惟精惟一,允执厥中"来归纳心性论(《中庸章句序》)。人心的防护难且危险,道心则微妙且难以扩充,但如果仔细观察心性并坚守本心,"动静云为自无过不及之差矣",无处不符合中正之道。真德秀《心经》中所言"尧舜禹传授心法,万世圣学之渊源"正是这四句的解释。

然而清学者在王朝交替和"中国知识线与外国知识线相接处的新环境"里,在社会思想方面,积聚忧虑的内心受到崭新的西来知识与强烈的他文化刺激,证明古色苍然的宋明理学的基本命题为伪,并指出其论证方法的局限,最后反而利用其体系性全面否定以往的理学。也就是说,阎若璩考证"古文尚书"为伪作(《尚书古文疏证》),《书经·大禹谟》并非圣传的命题,这意味着"尧舜禹传授心法"在客观上并不等于"万世圣学之渊源"。最基本的心性论的原则没有成立的话,以心性论为根基的朱子哲学体系就会自动崩坏,显然理学自我存在的价值的消失也就不言自明了。

清学者注重精密科学,受到善于论证的西学的影响,坚持认为宋明理学的《皇极经世书》《洪范皇极内篇》等为术数学书籍,他们否定理学的论证方法,认为那是术数学的方法。《四库全书》中以混入了术数之言为理由,没有在"春秋类"中收录前汉时期赫赫有名的春秋家董仲舒的《春秋繁露》,可谓是它主旨的鲜明表示。既然宋明理学的研究方法论被视为问题,批判当然会波及所有命题,最终避免不了对其全面否定。

　　乾嘉期间,宋明理学的理论破绽已经暴露在光天化日之下,而这个破绽并不是全面的,而只是单纯的哲学、逻辑上的破绽。在现实中,破绽并不像理论上的推移一样一下子就出现。总体看来,只能说在宋明学向清学变化的时代背景下,宋明理学开始急速相对化和薄弱化,到了乾嘉时期,清朝经学已经极其兴盛了。

1.2.2　清朝经学的成立　　　　清学者在破坏宋明理学的同时,构建了新的学术世界。①然而被称为清学的中西会通的新兴学术世界,其研究的中心和重点不在于"思想的体系性",而更在于"思想的多样性""命题的客观性"。

　　清学者自认为是中国的古典"经"的研究实践者。清朝经学大致上由考证学与科学构成,两学之间具有紧密关系的同时,考证学考证了学术上的所有命题,科学探求西欧历算学上的命题。列举清朝经学的代表,有(1)作为革新者的戴震,以及(2)最大的成果——《四库全书》《四库全书总目提要》。②

　　戴震(1724—1777),字东原,安徽休宁人,师从代表当时学术巅峰的朱子学者江永。③1772年四库全书馆开张,戴震以纂修官的身份从事《永乐大典》的校勘、《九章算术》《水经注》等的校订。《四库全书》的经部和子部天文算法类的提要几乎都出自其手。《原善》《孟子字义疏证》《声韵考》《勾股割圜记》等都是他的名著。戴震的经学总体而言具有"精"与"奇"的特征,是非常独特的。④

――――――――――

①　换言之,清学继承了宋明理学的脉络,把它作为思想根基并在此基础上进行发展。然而清学的存在本身也是理学与西学结合的证明。从这个意义上说,可以用子不似父却似母来形容清学。

②　若要全面地了解清学,江藩的《国朝汉学师承记》、梁启超的《清代学术概论》《中国近三百年学术史》等较为合适。关于《国朝汉学师承记》可参考近藤光男的译注(明治书院,2001),《清代学术概论》可参考小野和子的译注(平凡社,1974)。

③　其师江永是名副其实的理学者,而弟子戴震是坚决的反理学者。两者的师徒关系是以共同关心的西学为媒介而建立起来的。这个事实经常被用来说明,以西学为契机,理学向反理学转化。

④　所谓奇是指异于常规,经常可以联想到"狂"。关于戴震学术的狂热特征详情可参照第5章。

戴震在他活跃的时代,被认为是第一流的西学者和经学者,现在则被更多地评价为清朝经学的方法论确立者。不过他提出取代理学的新的形而上学这一点也很重要。戴震的形而上学更倾向于主知主义,尤为强调理学道德主义的第一原理的反面。相对于朱子假定超越的理,主张"理先气后",戴震将"气先理后"概念化,不承认理的个别法则以外的含义。①此外,与"性即理"即微观宇宙(microcosmos)等于宏观宇宙(macrocosmos)的学说相对,把性的实体当作依据阴阳五行制成的个别的血气心知系统,"性中虽没有万事万物的理,但因人有智慧,用智慧能了解理"。关于心性"若不从理出便从欲出"这个朱子二分法的天理人欲之分,戴震认为如果没了人欲生道就穷尽,提倡正面地看待,正确地对待欲望。②这是近代的对欲望的肯定。

此外,关于民国时期博学者对戴震哲学的解释,请参照本书第7章。对梁启超、胡适等来说,戴震的哲学作为中国前近代出类拔萃的思想命题群,以及当时值得研究的形而上的理论,具有特殊的意义。

今日尚可一用的优秀清学成果已经列举颇多,但就笔者看来,最大的成果莫过于《四库全书》(1782年第一卷完成)以及《四库全书总目提要》(1793年刊印发行)。一提起《四库全书》《四库全书总目提要》,研究者们确实一下子会联想到乾隆帝编书的最终目的是强化清朝王权。《四库全书》的编纂(1772—1793)就算本质上具有政治维度的考虑,但是担当实务的四库全书馆清学者们研究的着眼点却与其不同。编纂初期(1772—1782),制作对清朝统治有害的禁书书单的工作还仅停留于表面,因此四库全书馆员还能比较自由地网罗所有孔子删定后的基本书籍,为完成一大丛书而从事辑佚、校勘、提要等工作(王重民

---

① 戴震的理气说与利玛窦有相似之处(参照第2节前4项)。虽然不确定戴震是否读过《天主实义》,但戴震既然为四库全书馆的纂修官,一定有能接触到《天主实义》的机会。

② 戴震的哲学中把反理学纲领化的成分很多。根据这一点,把戴震的学术世界视为理学思想内在发展的结果来说明的现代研究者很多,但笔者认为这不是正确的评价。戴震是当时具有代表性的西学者,在其学术中看得到强烈的西学影响色彩,所以在评价他的思想发展上,不能无视外来因素的存在。

《中国目录学史论丛》)。聚集于四库全书馆的编纂的初期清学者们，除了一部分例外，虽然隐隐约约猜到乾隆帝的意图，但不积极响应，他们秉持着学者的不抵抗、不服从态度，把自己的想法反映在了纂修的内容中。

为了在《四库全书》中详细叙述最先进的考证学或科学，学者们几乎网罗了最不可欠缺和最优秀的文献资料与理论（总计 3 448 种 78 726 卷），为了编纂《四库全书总目提要》，除了著录书以外，还记录了存目书（总计 6 783 种 92 241 卷）的内容和书志相关资料的详细考证结果。在学术上，清学者已经十分深思熟虑了。

论及信奉清学但与政治保持一定距离的学者集团总体上追寻的理念以及精神到底是什么，可以归纳如下：(a)中国的古典"经"里一点不漏地记载着无上的真理，(b)后学者必须一字一句仔细地阅读它们，并理解其蕴含的正确含义以应用于实践等。这就是经至上主义或者说经学至上主义。它的特征是具有强烈的尚古主义、民族主义倾向，排斥过度的"讲学"，却无比尊崇"读书"。《四库全书总目提要》经部总叙的"经禀圣裁，垂型万世。删定之旨，如日中天，无所容其赞述。所论次者，诂经之说而已"明确描述了清学的基本精神。

关于乾隆时期的经至上主义，与其用汉族固有的民族精神(ethos)来说明，不如用清学者蔓延一时的共同激情(pathos)来描述显得更符合当时的实际状况。清朝经学的"读书"激情不仅与宋明理学的"讲学"激情相反，还带着强烈的传染性，令清儒在经书研究中追求客观性。在乾隆时期这种激情的蔓延又很好地说明了推崇经至上主义的清学"占领全学界"的理由。

清朝经学由于建立在对理学的反省和否认之上，厌恶排他性，而更看重建立在客观性之上的多样性。《四库全书》以经学为理念著录了诸多理学书正是出于这个缘由。《四库全书总目提要》凡例的第 17 则关于"兼收并蓄"的理由，提出如下说明："儒者著书，往往各明一义。或相反而适相成，或相攻而实相救。所谓言岂一端，各有当也。"该文提倡重视多样性和消解异端评价的原则。另外在理论上,无须多言,多样性是与客观性互为表里的。

1.3 清朝经学的西学特征

经过中西会通而新创造出的清学由盘根交错的考证学与科学两大领域所构成。作为问题的对象与主题虽大不相同,但两者作为同一范畴的学问即经学,拥有密切的关联。正因为考证学与科学的关联性实在又深又广,不管承认与否,科学和考证学的特征又立即互相影响,其中一方的分析结果必定在另一方有所呼应。

1.3.1 论证与西学

清学整体而言特征很多,西学产生的影响首先确实体现在论证性的飞跃式进步。看一看科学以及数学中发生的质的变化就容易理解了。"明算"是珠算,以日常计算的快速处理为目的,但"清算"是由笔算(西算)的记号代数构成,目的是证明高难度的数学命题。相对于"明算"的实用层面,"清算"的内容是球面三角法、笛卡儿的符号率、三角函数的幂数计算等。二者在性质与层次上的不同应该已经很明了了。

其次,清学中考证的飞跃性进步已经成为众所周知的事实。清学作为研究的基础尊崇文字学、积累严密的文献考证、用心于体系的论述,因此发现了许多意想不到的史实,也精彩地解开了许多亘古谜团。比如阎若璩的《尚书古文疏证》证明了"古文尚书"是伪作,胡渭的《易图明辩》解释了"河图""洛书"的谬误等。论证性的进步令人惊叹。

对清朝经学即考证学与科学来说,论证性正是关乎自身生死的存在(raison d'être)。事实上,仅就论证性这一点而言,便能够说明或包含大多数清学的基本特征。也就是说,考证学和科学为了追求贯彻论证(1)以文字学和数学为基础,(2)对庞大且多种多样的资料"实事求是",归纳出一般命题,(3)取代形式理论,有必要严密地演绎说明每一个命题,反之对理论以及论证刨根问底就成为必然,(4)在学术上的纲领由普遍性、客观性组成,(5)扩大研究领域,(6)进而专门化、专攻化。其结果是,(7)学者变得"无征不信(没有证据就不会相信)"。

　　然而,必须承认清学杰出的论证性实际上是,(a)以西学为特征的演绎推论与(b)中国自豪的归纳推论相结合的产物。

　　本来,特定的推论以及理论在运用高度论证性的时候,演绎法与归纳法在得出具有说服力的某个理论方面发挥着有效而完美的作用。因为理论的推论缺了演绎法或是归纳法中的任意一个,就无法达到高度的论证性。严格来讲,在中国和东亚诸国,归纳法有意识或无意识地被经常使用,但从基本前提(公理或假定)推导出必然命题(定理或结论)的演绎法除了历代无意识地使用过以外,几乎见不到有意识笃行此方法的踪迹。此外,极西的欧洲发明演绎法,也就是亚里士多德的三段论法,而欧几里得发明的论证几何学(公理主义的数学)作为其应用,这是属于西欧哲学史和西欧科学史的常识性命题。耶稣会士于明末清初,向中国传入亚里士多德的演绎法与欧几里得的演绎论证几何学,尤其是深受克拉乌影响的《几何原本》,如上文所述在中国社会起了至关重要的作用。

　　中国知识分子最早在实际上运用西欧演绎法进行思考和著述,是江永、戴震这一代人。那时,反映他们实际上习得演绎推论法的证据是,(1)清朝古音学(古韵学)的审音派的理论发展和(2)戴震《勾股割圜记》的理论发展。

　　一方面,古音学(古韵学)是指中国式语言学的一种,它企图复原上古音即先秦两汉的语音。根据解析方法的不同而大致分为审音派和考古派。审音派的代表是江永、戴震,考古派的代表为段玉裁。审音派以人类发音器官的构造和运动为前提,展开音声学的理论,反之考古派则以历代资料,特别是逐一分析《诗经》中的押韵,试图以大量的实际使用例子为根据而阐明韵部的功能性构造。用二分法而言,考古派注重归纳,审音派注重演绎。[①]另一方面,戴震《勾股割圜记》是一部提供了平面三角法与球面三角法所有基本公式的三角函数概论。

---

① 　请参考木下铁矢《古音学的历史——学的认识的形成以及深化的过程》《中国思想史研究》创刊号,1977)。

特征之一是将《周髀算经》中初步的"勾股比例"当作公理一般,演绎推导所有三角函数的公式。勾股的勾是指直角三角形的短边,股指长边。详细内容请参照本书第5章。

总体而言,清学者高举经学的旗帜,同时组合使用西来的演绎法和传统的归纳法展开理论的推论,以此一举提高理论和考证的质量,扩大研究领域的范围,达到学问的成熟。

1.3.2　术数学的排除与西学

直到现今还在援引的、证明了考证与科学直觉的优秀数学命题极大程度上佐证了清学论证性的飞跃性进步。此外,当时产生的学术分类和图书分类的巨大变化同样证明了论证性的进步。《四库全书》改变了自汉朝以来持续了一千几百年的传统分类法,把"天文算法类"从"术数类"中独立出来,作为一个单独的领域。清学中显著的"排除术数学"的原则和特征也在当时如实展示了同样的进步。这是本书所说的清学的第二个特征。

原本在背后支撑术数学的术数的思考方法也是推论的一种,对于形而上学、自然科学或伦理学、未来预测学(占卜)等不同层面的思考领域,通过模糊概念的边界,扩大概念内涵,展开形而上学以及自然科学的或者是伦理学以及占卜方面的逻辑。同样的命题(天圆地方)在形而上学(天地之德)层面和自然科学(天地形状)层面都进行了说明,同时不断地阐释这两方面的意思、内容。这两个命题中不论哪一个都是根据前后文判断的。术数的思考会带来概念的模糊化和论证的淡薄化,理所当然它在本质上与理论的推论是互相排斥的。

此外,以清学为特征的"排除术数学"的原则是中国知识分子宇宙观变化的结果,从根源上来说也是西欧科学传入中国的结果。详细内容已经在本章第4节第3项中论述了。结论是,把排除术数的清学与追求术数的宋明学相对比,(1)宋元的筹算、明朝的珠算跟从术数而远离理数,清朝的笔算(西算)排除术数达到即数即理。(2)宋明的理学发展易学和术数的思考,可以说它用狭隘的人类观(理气的本性论)排斥佛学与西学(夷狄之学);清朝的经学排除术数,学习吸收西学,激活学术,但起因于术数有无的差别并不如想象的那么小。

《四库全书》的尝试是在论述时,逐一定义用语,这与现在一些作者的习惯相似。毋庸置疑,这对提高论证性的确是有用的。

1.3.3　古典研究与西学

梁启超不仅总结了清学和乾嘉之学偏向考证学尤其是古典考证学发展,还说明了古典考证学在乾嘉时期达到唯我独尊地位的具体原因,列举如下:(1)没有顺利继承康熙年间的科学研究,(2)中国知识分子轻视"技艺",(3)雍正帝、乾隆帝兴起"文字狱"加强思想辖制等(《中国近三百年学术史》三)。正如梁启超指出的,乾嘉之学具有显著的古典学倾向,笔者也同意此观点并认为这是清学的第三个特征,但在这里笔者还必须修正、补充梁启超所推断的原因。

关于第一点原因,雍正帝和乾隆帝不如康熙帝那么重视科学是事实,但康熙帝播下的种子结成的果实,即优秀的科学成果开始普遍显现于世必须还要等到乾隆年间。梁启超所言戴震之后"经学家十九兼治天算"(《清代学术概论》十五)正是该成果之一。另外,第二和第三点都清楚地说明了清学游离于现实政治、社会以外,致力于在知识世界中创造高度的学术研究的理由。关于清学极端学术化原因,也就是专注于考证学和科学的解释是十分了不起的。反之,这两点对清学的古典倾向没有做出任何理由的说明,因为在这个命题内部没有以古典为导向。如果第二、第三点原因的确成立的话,那么知识分子也完全没有必要专心于古典研究,他们可以从事形而上学或玄学,又或是潜心于伦理学或心学,或作诗也可以。虽然古典研究作为逃避思想管辖的手段是极为有效的,但是除了古典研究以外的逃避方法数不胜数。

总而言之,清学成为清新脱俗的学究生活毋庸置疑是有上述两点原因的,但将清学全面地诱导到古典之路的是具有乾嘉时期特色的经至上主义或者说经学至上主义。详细的分析将在第5章展开,不过经至上主义可以说是对鼓励接纳西学的中西会通说和西学中源说在理论上和心理上的理论和氛围补充,充满了尚古的属性。曾经西欧天文学和中国历算学的理论斗争以西欧的胜利告终，而清学的古典倾向是时代要求的中西对决后的理论和心境。学究们极度赞赏经书中记载着的命题的理论，在学术上反复评价、反复假设绝对为真的"中国固有的原理"，与当时作为悬案的西学中源说在理论上的阐明互为表里。因此，全面发展古典研究需要秉持经至上主义，这在后世的学究圈里逐渐被视为一种理论或情感要求。

1.3.4　二十一经与西学

清学的第四个特征是非常重视"二十一经"，好比汉唐学重视"五经"，宋明学重视"四书"。二十一经是指，传统的"十三经"即《易经》《书经》《诗经》《周礼》《仪礼》《礼记》《春秋左传》《春秋公羊传》《春秋穀梁传》《论语》《孝经》《尔雅》《孟子》，还有新增的《国语》《大戴礼记》《史记》《汉书》《资治通鉴》《说文解字》《九章算术》《周髀算经》的总称。从段玉裁（1735—1815）的主张开始（《十经斋记》），经学者的基本学术观到了清朝后期逐渐形成了。

清学的二十一经中具有跨时代意义之处非常多，尤其是它把汉代的数学书《九章算术》《周髀算经》定义为"经"，更重要的是，清学的二十一经认为它们是极其重要的有权威的古典著作。这样说的理由是，汉代以后的中国学中，除了清以外从来没有承认过数学是经学，其中宋明理学还认为数学是"玩物丧志"的学问，将它评价为最多是供小孩子学的"小学"而已。此外，段玉裁将数学的分类升格为经学，实际上正值乾嘉时期经至上主义在知识分子社会中蔓延，数学的研究热度急速升高的时候。对经学的要求变得异常强烈之际，数学的经学化就实现了。

若要理解隶属于清学皖派的段玉裁的思想以及精神，必须追溯到皖派理论指导者也就是段玉裁的师父戴震的经学观。根据段玉裁的《戴东原先生年谱》，戴震曾以治经为目的策划执笔《七经小记》。《七经小记》由训诂篇（语言学概论）、原象篇（历算学概论）、学礼篇（社会制度学概论）、水地篇（地理学概论）、原善篇（伦理哲学概论）这5篇组成，若要专攻经学必须按照上述顺序来学，最后必须通过原善篇约束自己。读者可以将其理解为，戴震也好，段玉裁也好，都重视治经基础的数学，为完成真正的经学而构想出教育和学习的阶段化（staging）。

段玉裁的二十一经中重视数学的思想由戴震而出，而戴震是当时具有代表性的西算家，清学把数学当作经学而加以重视是自明末以来西欧科学的伟大成果展示在大家眼前的证明。从清学重视数学与宋明轻视数学完全背道而驰这一点来看，是无法用清朝的数学观来衡量宋明的内在发展的。①此外，戴震的《七经小记》和艾儒略的《西学凡》以学术教育和学习的阶段化为特征，把诸学一视同仁地用文字学和数学来区分，虽然他们假设文字学和数学同样都是基础学科，但关于二者构造酷似的原因到现在为止也无法很好地说明。这二者可能具有相互影响的关系，也有可能是它们学术的特性所造成的结果。真实原因虽然还不明了，但至少不能否定的是优秀西学的存在，以及取得西学优秀成果的合理的西欧学术观，令清学重视数学或对其产生了影响，这一推测几乎是无须怀疑的。

2　朝鲜的实学和日本的兰学

在华耶稣会以向中国传教为目的而活动，其哲学传教强烈地震撼了中国。以哲学传教为契机的西欧哲学和科学传播引起的最大的事件，要数中西会通的清学建立这件事了。当然，并非仅仅是西学的传播对中国起作用，但正如上述详细论述的几项所显示的，建立清学的主要一个原因就是西学，这是毋庸置疑的。然而，在华耶稣会的哲学传教不只影响了中国。通过西学关联书，西学还对朝鲜和日本产生了深刻的影响。下面，简单地论述一下哲学传教产生的余震。

2.1　朝鲜的实学　　　朝鲜实学是指，(a)建立朝鲜朱子学的源流，并将其作为思想的基础，(b)朝鲜后期，在新传来的西学西教或清学的影响下，(c)批判游离于现实之外的朱子学的各种理论，致力于与现实社会结合的学问等一连串的思想运动开始出现，并大致分别发展成为

①　从历代的小学发展的文本看来，清学的文字学研究具有其内在发展的可能性。

(1)星湖学派和(2)北学派。

2.1.1 星湖学派和西学

星湖学派指的是以李瀷为始祖的学派。李瀷(1681—1763),字子新,自号星湖,籍贯是京畿骊州。李瀷的学问,其根基在于性理学,学统是李滉到郑逑再到许穆的继承,属于畿湖南人的系统。

朝鲜以汉译书为中介接受西欧学术,在一般认识上是从李晬光(1563—1628)开始的,当时,输入朝鲜的汉译书的绝对数量并不十分多,还只不过是断断续续的。朝鲜的西学研究达到真正水准,是在经过李瀷的学术研究和他对西学积极的评价之后。李瀷论及的西学书中除了《天主实义》《主制群征》以外,还有科学书《天问略》《几何原本》等 20 种,他阅读了相当数量的西学书,也理所当然地理解了其中蕴含的意思。另外,李瀷的西学研究不仅在量上,在质上也十分出色。他一边介绍西欧起源的新知识,一边做出妥当且具有说服力的评价。[1]

列举李瀷高度评价的西学命题,有“脑囊论”(脑主知觉论)和“三魂论”(灵魂论)。李瀷把这二者当作西学的核心命题。《星湖僿说类选》的“西国医”论及“脑囊中有知与觉的中枢”,但他把西医的脑主知觉论和东医的心主知觉论折中,得出人类在两大精神作用之下,“感觉和知觉的活动在脑中,思考和理性的活动在心脏(觉在脑而知在心)”的结论。

三魂论是指西欧亚里士多德以来的灵魂论。草木中仅有“生长之心”,禽兽中有“生长之心”和“知觉之心”,而人里面有“生长之心”“知觉之心”“理义(义理)之心”。李瀷将三魂论应用于朝鲜朝中流行的“四端七情论”。把《星湖全集》卷 41 的“心说”、卷 54 的“跋荀子”和《星湖僿说类选》的“荀子”合起来看,李瀷认为三魂论的论据在于《灵言蠡勺》(和《天主实义》第三篇)的灵魂论与《荀子·王制篇》的“草木有生而无知,禽兽有知而无义,人有生有知亦有义”的相似之处。可以说,上述内容为东西主旨的折中或视为同一提供了崭新的思考理论的

---

[1]　关于李瀷的地圆说,在第 4 节第 2 项已经介绍过了。

根据。

李瀷等星湖学派通过把西欧哲学的灵魂论与西欧医学的生理知识运用在传统的心性解释上等,使得朱子学活性化,突破思想上的界限,试图阻止它形式化。虽然其主流派(右派)学习西学从而获得了新的视角,广泛应用于国学研究,但锐气的年轻学者(左派)在学习西学以外还学习西教成为天主教信徒,其中还出现了公然否认朱子礼学的人物。

2.1.2　北学派和西学　　北学派指以洪大容为始祖的学派。学派的命名由洪大容等立志从朝鲜到中国(清)学习而来。北学派中朴趾源、朴齐家、金正喜等较为有名。

洪大容(1731—1783),字德保,号湛轩。洪大容解释了西来的三角法也具有数理天文学的知识,远远超过当时的两班知识分子的水平,但最为重要的是他在《筹解需用》《医山问答》等中体现的科学思想。

本来若要整理以儒学变革派自称的洪大容的基本思想,可以从(1)批判形式化的朝鲜朱子学,主张立足于朝鲜现实的实用又实际的学问(实学)的必要性,(2)强调要积极吸收清朝先进的文物学术(北学),(3)提出"以天视物"的价值相对主义观点等几方面进行。

第一个"实学"观受到代表老派思想家的金元行思想影响的可能性很高。据《湛轩书》内集卷四的《祭渼湖金先生文》(1772),洪大容从金元行那里学到了如下内容:

问学在实心,施为在实事,以实心做实事,过可寡而业可成。

另外,洪大容的实学不是对朱子学的完全否定,而是追求真正的朱子学,这一点是没有错的(《答朱朗斋文藻书》)。

第二,"北学"即认为应该积极学习清朝先进的文物学术、重视清文化的观点,洪大容自己出使清朝,亲身实践。洪大容学习了少许中国语(北京官话),还和在朱子学(名分论)看来可耻的蓄辫的汉人知识分子,进行了内心交流。

洪大容的追求与他民族绥靖和中国清朝善邻的对外开放政策遥相呼应,这意味着对基于朝鲜旧论的朱子学(华夷论)的非现实清朝敌视政策(北伐论)的批判,和宋时烈提倡的固陋的自尊政策的失败。洪大容回国后,旧论主流派的北伐论者(金钟厚等)指责洪大容与清朝知识分子的交流是反朱子学的价值相对主义的交友之道,这从当时两国间的外交情况而言,可谓是合乎情理的反应。

第三的价值相对主义观点主要在《医山问答》等中展开。洪大容论述了自己的观点:

> 以人视物,人贵而物贱;以物视人,物贵而人贱;自天而视之,人与物均也。

他认为人类至上的价值观是无法站住脚的(《医山问答》)。这里的"人物平等论"的根基在于"以天视物"的视角。从人物平等论与自家老论(朝鲜朝学派之一)洛论的人物性同论的基本主张一致而言,不论这是有意识,还是无意识,洪大容一定是受到了洛论的影响。

洪大容不仅仅以"以天视物"的观点,不再设置人类和禽兽草木本质上的差别,他还把价值相对主义的观点应用到人类社会的诸多理论当中。因为他认为"自天视之,岂有内外之分哉"。其代表性理论是:

> 孔子周人也。王室日卑,诸侯衰弱,吴楚滑夏,寇贼无厌。春秋者周书也,内外之严,不亦宜乎。虽然,使孔子浮于海,居九夷,用夏变夷,与周道于域外,则内外之分,尊攘之义,自当有域外春秋。此孔子之所以为圣人也。

从华夷论的思想中解放批判蔑视他民族的观点也被称为"域外春

秋说"。洪大容又从同一个视角出发,梦想一个以能力为标准、没有上下等级身份的万民皆劳的社会(《林下经纶》)。

《医山问答》所谈到的价值相对主义不是消极或脆弱的,而是充满了提倡实学的强烈思想性、否定虚学的坚定信心。价值相对主义所拥有的自信在于支持其观点的稳固的理论根据。在理论上支持洪大容的价值相对主义的是新引进东亚的西欧数理科学知识。

根据《医山问答》,令存在于人类社会的价值相对主义成立的理论根据是西欧起源的科学知识,即(a)地圆说和(b)第谷・布拉赫的宇宙体系。因为"人物之生,本于天地"。

洪大容根据地圆说,提出大地由球形构成:

> 且中国之于西洋,经度之差至于一百八十。中国之人,以中国为正界,以西洋为倒界。其实戴天履地,随界皆然,无横无倒,均是正界。

另外他根据第谷的宇宙体系,提出:

> 漫天星宿,无非界也,自星界观之,地界亦星也。无量之界,散处空界。惟此地界,巧居正中,无有是理。

他论述了不可认为地球处于宇宙的中心(空界之正中)。

洪大容使用西欧科学知识阐释了天地的相对性以后,又论及"人物之本""古今之变""华夷之分"等观念。当他认识到中国不是天下的中心,地球也不是宇宙中心的时候,人没有以中华为贵的必要,也没有遵循华夷的秩序的必要也就不言自明了。

如果要简洁论述洪大容思想上的意义,那便是他的价值相对主义使朝鲜从以中国为中心的朱子学世界观(的束缚)中解放了出来。

2.2　日本的兰学　　众所周知,在华耶稣会的影响波及江户幕府

时期的日本。江户时代的天文学者、数学者学习和研究了《崇祯历书》《历象考成》《历象考成后编》等就是这一事实的如实体现。然而不可思议的是，梅文鼎的思想对日本产生的巨大影响却鲜有人知。

众所周知，西洋的科学理论与科学技术的引进原本是东亚近代化的基本条件之一。另外仅就日本而言，江户幕府八代将军德川吉宗（1716—1745 年在位）为了引进西欧近代科学而解禁了一部分西学书的引入，而这也的确奠定了之后的发展。

围绕西学东渐的日本史话必须要追溯到江户幕府初期的禁书令。三代将军家光（1623—1651 年在位）回顾了国内外的政治情况，于宽永十六年（1639）严禁基督教，还颁布了禁止葡萄牙人东渡日本的"锁国令"；宽永七年（1630），发布"禁书令"，禁止从中国进口关于基督教的书籍。禁书中包含了与基督教并无直接关系却出自耶稣会士之手的《几何原本》《泰西水法》等科学技术书籍，禁书令与锁国令的互相交错不可避免地阻碍了西欧科学的进入。

不过，进入江户时代后期，日本国内外的政治社会情况发生突变。正确的时间前后顺序虽然还不甚明了，但关于禁书令缓和的大概内容应该如下所示。①（1）八代将军吉宗认为必须制作并向民间传达精确的历法，因此向关孝和的高徒建部贤弘（1664—1739）咨询了范围很广的日本、中国、西洋的历算。建部推举弟子中根元圭（1662—1733），中根对于咨询回答道，若要将日本的历学做得精确，对耶稣会传教士的汉译西欧天文学书的研究是不可欠缺的。②（2）享保五年（1720），吉宗缓和了禁书令，废止了一部分西学书的进口禁止令。（3）禁书令缓和的最初成果，体现在梅文鼎《历算全书》（1724 年印）上。享保十一年（1726），吉宗命令建部完成《梅氏历算全书》的"训点"，建部把这件事委托给了中根。享保十三年（1728），中根完成了"训点"任务，享保十八年（1733），建部添

---

① 请参照藤原松三郎《明治前日本数学史》（岩波书店，1954）第二卷、第三卷。

② 与禁书缓和有关的记录者的不同资料中本来就有矛盾之处，很难给出定论。比如有一个说法是中根因建部的举荐而被召唤至江户是在享保六年（1721）。然而，中根的上述回复如果是享保六年以后的话，（1）和（2）的顺序就必须颠倒一下了。

上序文呈给吉宗。建部所著的序中明确提到,梅文鼎此书的"训点",是了解西洋天文学的助力。

（4）可是,将军吉宗认为西欧天文学才是最终目的,通过汉译书而进行的西学研究还不够。元文五年（1740）,他命令青木昆阳和野吕元丈学习荷兰语。这就是著名的"兰学"的起源。之后,日本维持锁国禁教,一边拒绝全面的移植,一边闯入了"洋学"的时代。

通过追溯上述经过,吉宗的禁书令中的部分缓和成为之后日本西洋化的基础,也规定了近代化的方向性。不过,大大推动西洋化的政策取决于梅文鼎的《历算全书》和他的科学思想。《梅氏历算全书》是一部整理梅文鼎的 29 种著作和论文,并分类为"法原""法数""历学""算学"的数理科学专门书籍。除了《历学疑问》3 卷、《历学疑问补》2 卷、《历学答问》1 卷的内容以外,它都是由历算学西法中法的计算程序的说明构成的。作为专门论述数理科学的研究著作,完全排除关于西教的事项是此书最大的特征。这与天主教的传教士论及西学之际,认为西学是与西教关联的教学一体正好是相反的方向。此书内容包含西学中源说的梅文鼎的科学思想,其内容即前文所述（第 3 节第 3 项）,要点在于"把西学与西教严格区分开,去除西教的同时推进西学的研究"。

吉宗以前的江户幕府对禁教非常严格,它利用遵循自然神学的天主教教学一体观,将西学和西教视为同一。在缓和此严苛禁书令之后的不稳定时期里,学术上实践西教西学分离的梅文鼎《历算全书》来到了日本。缓和实施后的短时期内,如果梅文鼎全面避开西教而取得的西学研究的优秀成果没有传进日本的话,如果完全排除西教的学问观和西学研究法的优等性没有得到确认的话,禁书令的缓和可能无法继续坚持,从而被缩小范围乃至废止。最后,西欧科学是否被积极地接受,兰学和洋学是否发端都不得而知了。从这一点来说,严格区分科学和宗教的近代日本学问观是等到梅文鼎以后才得以确定的。必须坦言,日本的近代化受到梅文鼎很深的影响。

关于兰学之后的学问史实,请参照本书第9章。在当时的博物学书籍等中,西洋的新知识与东洋的学术传统相结合,仿佛是近代日本的学术世界的缩影。

小　　结

17—18世纪,中西文明的对话以及交流给双方带来有史以来罕见的深刻影响。本书试图叙述的是发生在东亚的当时的西学东渐、中西会通和围绕西欧哲学(philosophia)的中西文明对话的大致图景,目标是呈现明清史的新的构想,证明普遍与普遍之间对话的丰硕成果。文明的对话,尤其是对于东亚来说,划时代地带来了(1)中国的清学、(2)朝鲜的实学、(3)日本的兰学的创立。本书主要尝试叙述的是西学东渐所带来的学术上的影响。

不过,由西欧传教士传来的不仅仅是非物质的宗教和哲学,他们还向中国传输了从西欧起源的音乐、绘画和多种多样的技术。比如,徐懋德与德理格的音乐理论(第4章)、管风琴、大键琴等乐器、乐曲和郎世宁等的宫廷绘画,以及耶稣会士墓碑、天主教堂、圆明园西洋楼等。明末以后,中国首都北京中的西欧建筑高耸,西欧音乐飘荡,西欧绘画品赏成风。关于当时北京的西欧文物,朝鲜燕行使的随行员们把天主教堂当作必要观光对象参观、鉴赏,这在朝鲜的记录(《燕行录》)中有记载。因此可以推断,从东西方的频繁接触来看,东亚知识分子的审美观等随着西欧艺术和技术的传入而产生了变化(第4节)。

第 1 部

第 **1** 章

明末天主教和生死观
——流淌在中西对话深处的思想
·
柴田笃

第1节 利玛窦和天主教传教

1549 年方济各·沙勿略(Francisco de Xavier，1506—1552)东渡日本以后，近代东亚世界天主教传教历史便正式开始了。继承沙勿略遗愿，在明朝末期的中国推进天主教传教的主要人物是耶稣会士、意大利人玛提欧·利奇(Matteo Ricci，1552—1610)，中文名即利玛窦。他于 1582 年到达澳门，翌年在广东省肇庆设立传教据点，到 1610 年于北京去世，把半辈子献给了在中国的传教活动。由以利玛窦为代表的西洋修道士们开展的天主教在中国的传教活动，其特色和影响，大致有如下几点。

（1）与西洋的宗教(天主教)和哲学一起，以数学和天文学为中心的自然科学知识和技术等也都传入中国，对之后的中国文化产生了巨大影响。

（2）西洋人得到中国士大夫的帮助，用中文译著出版了大量西洋文化的书籍。这些著作也都传到了朝鲜和日本。

（3）西洋人在中国当地正式开展了以儒教古典书籍为代表的中国文化研究，其成果被带到西洋，对西洋文化也产生了巨大影响。

（4）关于以天主教为中心的西洋思想和宗教，中国人和西洋人之间展开了真正的对话，虽然只有一部分记录，但还算是留存了下来。

这几点中,第(2)点即搜集由西洋人所作的译著书而出版问世的著作中,有一本1629年中国天主教徒李之藻(1565—1630)编纂的《天学初函》尤为值得注意。《天学初函》由"理编"和"器编"构成,所收书目如下所示。[①]

理编

《西学凡》(艾儒略述)

《景教流行中国碑颂并序》(景净述)

《畸人十篇》(利玛窦述)

《交友论》(利玛窦撰)

《二十五言》(利玛窦述)

《天主实义》(利玛窦述)

《辩学遗牍》(利玛窦撰)

《七克》(庞迪我述)

《灵言蠡勺》(毕方济口授,徐光启笔录)

《职方外纪》(艾儒略增译,杨廷筠汇记)

器编

《泰西水法》(熊三拔撰说,徐光启笔记)

《浑盖通宪图说》(李之藻演)

《几何原本》(利玛窦口译,徐光启笔受)

《表度说》(熊三拔口授,周子愚、卓尔康笔记)

《天问略》(阳玛诺条答)

《简平仪说》(熊三拔撰说,徐光启箾记)

《同文算指》(利玛窦授,李之藻演)

《圜容较义》(利玛窦授,李之藻演)

《测量法义》(利玛窦口译,徐光启笔受)

《勾股义》(徐光启撰)

---

① 关于《天学初函》,请参考安大玉《明末西洋科学东传史——〈天学初函〉器编的研究》(知泉书馆,2007),拙稿《明末天主教思想研究序说——关于〈西学凡〉的天学概念》(《福冈教育大学纪要》第35号,1986)。

"器编"中,收录了上述特色(1)中列举的与自然科学相关的译著。另外,"理编"中收录的与西洋宗教和哲学以及学术、世界地志相关的书籍中,有一半由利玛窦撰述。其中,利玛窦有关天主教教理和人生观方面的代表性著述是《天主实义》与《畸人十篇》。

当中,《天主实义》是由"中士"(也就是中国士大夫)与"西士"(也就是西洋修道士)之间的对话构成。与此不同,《畸人十篇》由利玛窦与特定的几位中国人之间展开的实际问答所构成。可以说,以特色(4)中列举的中国人与西洋人之间的对话为基础编撰的最大成果是《天主实义》和《畸人十篇》,从思想史上看可以说是极为重要的书籍。本章将围绕上述两本书,对流淌在中国人和西洋人的对话深处的思想脉络进行考察。[①]

第 2 节　《天主实义》中生与死的问题(1)
——关于灵魂

首先,笔者从《天主实义》开始论述。《天主实义》是利玛窦试图代替其前辈耶稣会士罗明坚(Michele Ruggieri, 1543—1607, 1579 年左右来华)用中文写的教理问答书《天主圣教实录》而完成的著作。然而,它不是一本涵盖所有天主教教理的书,而是根据中国人的疑问和兴趣点并结合中国的思想、文化所著成的。从这个意义上说,这才是真正为中国人写的教理书。随着传道范围从广东扩展到江西,利玛窦从 1594 年左右开始执笔,在向南昌(江西)迈进的 1596 年左右完成了草稿,在申请出版许可的同时着手推敲与补订工作,最终于 1603 年(万历三十一年)在北京首次印刻。《天主实义》上、下两卷全八篇的篇目如下所示。[②]

---

① 关于明末时期西洋人和中国人的对话,请参照拙稿《中、西对话的支柱——关于明末天主教思想》(《九州中国学会报》第 40 卷,2002)。

② 关于《天主实义》,请参考拙译《天主实义》(《东洋文库》,平凡社,2004),以及拙稿《〈天主实义〉的成立》(《哲学年报》第 51 辑,1992)、《〈天主实义〉的出版》(《哲学年报》第 63 辑,2004)等。

首　篇　"论天主始制天地万物而主宰安养之"

（论及天主创造天地万物，主宰并维持它们）

第二篇　"解释世人错认天主"

（解释世间人们对天主的误解）

第三篇　"论人魂不灭大异禽兽"

（论及人的灵魂不灭，与鸟兽完全不同）

第四篇　"辩释鬼神及人魂异论而天下万物不可谓之一体"

（分析鬼神与人的灵魂的不同，说明这个世界的万物并非一体）

第五篇　"辩排轮回六道戒杀生之谬说而揭斋素正志"

（论辩轮回六道和戒杀生的谬误之说，揭示斋戒的真正目的）

第六篇　"释解意不可灭闭并论死后必有天堂地狱之赏罚以报世人所为善恶"

（说明意志是不会消亡的，论述死后必有天国与地狱之赏罚，来报应世间人们的善恶行为）

第七篇　"论人性本善而述天主门士正学"

（论及人的本性为善，阐述天主教徒的正统学问）

第八篇　"总举大西俗尚而论其传道之士所以不娶之意并释天主降生西土来由"

（概说西洋的风俗，论述修道士独身的理由，说明天主在西方降生的由来）

首篇是由如下中士的话而开篇的。

　　中士曰：夫修己之学，世人崇业。凡不欲徒禀有生命与禽汇等者，必于是殚力焉。修己功成，始称君子。他技虽隆，终不免小人类也。成德乃真福禄。无德之幸，误谓之幸，实居其患耳。世之人，路有所至而止。所以缮其路，非为其路，乃为其路所至而止

也。吾所修己之道,将奚所至欤? 本世所及虽已略明,死后之事
未知何如。闻先生周流天下,传授天主经旨。迪人为善,愿领
大教。

最初中士说:"修养自身的学问,是世间人人尊崇的事。(中略)只
有完成了修养自身,才能称为君子。成就德行才是真正的幸福。"这采
用了儒教根本的"修己""成德"的学问之路。接着,谈及"修己""成德"
的学问到底指向何处,他对西士说,关于现世的事大家都很明白,却不
了解死后的事情,所以向传授天主之道的西士询问他的想法。对于中
士的提问,西士把它理解为中士想了解天主到底是怎么一回事,下文
围绕首篇的主题"天主创造也主宰维持万物"展开了对话。①

这里需要注意的是,《天主实义》中中士与西士的对话是从中国
人所说的"不了解关于死后的事情"开始的。它视儒教之根本的修
己、成德为现世中的问题,还特意把死后的、来世的事情提出来讨
论。当探讨学问的目标、人生终极的目的时,"死后的事情"便被当
作问题提出了。事实上,从《天主实义》的篇目就能看到,上篇论述
了"天主是指怎样的存在"和"人类是指怎样的存在",下篇论述了由
这两个命题派生出的伦理诸问题。诸篇对话中,一一列举了人的灵
魂死后不灭、对轮回思想的否定、与生前善恶对应的死后赏罚等人
死后的问题。②

接着,第三篇的开头是中士的大段的提问以及西士对这些问题的
回答。中士的一连串提问和西士的回答如下所示。

(中士曰:)不知,天主何故生人于此患难之处? 则其爱人反
似不如禽兽焉? 西士曰:世上有如此患难,而吾痴心犹恋爱之不

---

① 关于《天主实义》首篇、第二篇的内容,请参照拙稿《天主教与朱子学——围绕〈天主实义〉第二
篇》(《哲学年报》第 52 辑,1993)。
② 关于围绕灵魂的中西对话问题,请参照拙稿《明末天主教的灵魂观——关于与中国思想的对
话》(《东方学》第 76 辑,1988)。

能割。使有宁泰,当何如耶?（中略）现世者,非人世也,禽兽之本
处所也,所以于是反自得有余也。人之在世,不过暂次寄居也,所
以于是不宁、不足也。（中略）吾观天主亦置人于本世,以试其心
而定德行之等也。故现世者,吾所侨寓,非长久居也。吾本家室,
不在今世,在后世;不在人,在天,当于彼创本业焉。

事实上,这里《天主实义》的第三篇的开头部分与《畸人十篇》第二
篇的内容基本一致,提问者可以确定为一个叫冯琦（1558—1603）的
人。当时贵为礼部尚书的他接连不断地提出人生中充满了如此多样
的苦难,最后追问:"天主为何要让人类降生在这样一个苦难的世界
里? 是不是爱人类还不如爱鸟兽多一些?"[1]

对此,利玛窦先诚恳接受对方的问题而说道:"世界中既然有诸
多苦难,而人类又愚昧固执无法割舍。为了求得内心的安宁到底应
该怎么办呢?"再回答道:"现世不是人应该住的世界。""对于人,现
世不过是一个临时住所。因此,人在这个世界上是无法安心满足地
生活的。"他还明确阐述了天主教的人生观、来世观:"我们真正的
住所并非现世,乃是来世,不在人的里面而是在天主里面。只有到
了那里我们才能开展真正的事业。"接着,他对中士的疑问给出了
直接的答复,"天主使人活在现世,是为了试炼其心志,判决其德行
之高下"。

关于"天主让人在这世间降生的意义为何"这个中士的提问,换言
之是在问人生的终极意义。对此,利玛窦的回答可以说是在于现世和
来世所具有的各自的意义。也就是说,明确表示了从现世苦难的现实
中提出的"生的意义"这一问题,若无视死与死后的世界,便无法理解
其中的含义。这对刚才看到的首篇开头中士提出的"死后是怎样的情
形"的问题,并非一个直截了当的回答,但在对于如何理解死以及死后

---

[1] 关于冯琦,请参照后藤基巳的《冯琦小论——关于明末容教士人》（《明清思想与基督教》,研文
出版,1979）。

的问题上，可以说利玛窦的回答说明存在着可以理解人生本来的目的，亦即这里所说的"我们真正的住所"的视角。

对于这里提到的利玛窦的来世观，中士反驳道："如言后世天堂地狱，便是佛教，吾儒不信。"可以说，这是对秉持"未知生，焉知死"（《论语·先进篇》）的儒教基本立场的中士来说理所当然的反应。对此，利玛窦首先澄清，虽然表现形式很相似，但其实质与佛教完全不同。接着他开始了对人的灵魂永远不灭的思考方式的说明。如下，他阐释了亚里士多德以来西洋的三魂说。

> （西士曰：）彼世界之魂有三品。下品名曰生魂，即草木之魂是也。（中略）中品名曰觉魂，则禽兽之魂也。（中略）上品名曰灵魂，即人魂也。此兼生魂、觉魂，能扶人长养及使人知觉物情，而又使之能推论事物，明辨理义。人身虽死，而魂非死。盖永存不灭者焉。（中略）夫灵魂则神也。（中略）人之灵魂不拘善恶，皆不随身后而灭。（中略）魂乃神也，一身之主，四肢之动宗焉。以神散身，犹之可也；以身散神，如之何可哉？（中略）此本性之体，兼身与神，非我结聚，乃天主赋之，以使我为人。

利玛窦叙述道："就算人的肉体死了，灵魂也是不死的。灵魂是永远不灭的东西。"利玛窦在这里提出了"灵魂"这一概念，即天主所赋予而使人成为真正之人的、可称为人类的本质的东西，又强调灵魂是不灭的存在，换句话说，他以贯穿"现实"与"来世"而存在的实体来说明"人的灵魂"。

正如上述内容，只要稍许读一点《天主实义》，就能明白这本书虽然被称为"教义问答"，也就是"天主教教理相关问答书"，但实际上是中士和西士间关于宗教和思想的对话。也就是说，如果不从中国人把什么当作问题思考，以及对于这些问题西洋人利玛窦是怎样回答的这个视角来总结，就无法理解这本书的特质。

第3节 《天主实义》中生与死的问题(2)
——关于来世

回到生与死的问题,在第五篇的开头,关于对生与死的看法中士阐述了下述三个思考方式。

> 中士曰:论人类有三般。一曰,人之在世,谓生而非由前迹,则死而无遗后迹矣。一曰,夫有前后与今三世也,则吾所获福祸于今世,皆由前世所为善恶;吾所将逢于后世吉凶,皆系今世所行正邪也。今尊教曰,人有今世之暂寄,以定后世之永居,则谓吾暂处此世,特当修德行善,令后世常享之。而以此为行道路,以彼为至本家;以此如立功,以彼如受赏焉。夫后世之论是矣,前世之论,将亦有从来乎?

第一种是人生并无前世、后世,而只有现世的思考方式。这基本上是儒教的立场。第二种是前世、现世和来世三世的思考方式,前世的善恶成为现世的福祸,来世的吉凶是由现世的正邪决定的。这很明显是指佛教的立场。对于这两种思考方式,在这里中士阐述利玛窦所提出的(另外一种)思考方式。也就是说:"人仅在现世寄居一段时间,这段时间决定了可能是永恒住所的来世,所以在暂时的现世专门修德行善,来世便一定能受到现世留下的恩惠。现世的行为就像是在路上行走,来世的回报就像是回到了自己家;现世的行为就像立下功绩,来世的回报就像获得奖赏。"这里显示了以死后即来世为前提,确定现世中的"修德行善"行为的意义这种思考方式。这很明显是为了回答首篇开头的中士的疑问"修己成德之道在死后会怎么样"而说的。

同样在第五篇中,西士如下所述。

且本世者,苦世也,非索玩之世矣。天主置我于是,促促焉务
修其道之不暇,非以奉悦此肌肤也,然吾无能竟辞诸乐也。(中
略)故君子常自习其心,快以道德之事,不令含忧困而有望乎外;
又时简略体肤之乐,恐其透于心,而侵夺其本乐焉。夫德行之乐,
乃灵魂之本乐也,吾以兹与天神侔矣。

于此,利玛窦阐述因为"天主让我们生活在这个世界上,是为了督
促我们不间断地修炼道德",所以"君子一直修炼自己的心,以道德为
乐""原来道德的快乐才是灵魂本真的快乐"。也就是说,修行自己的
道德是灵魂即自己最本真的存在形式,也就是死后也不会消失的灵魂
的快乐(本来的自己被满足的状态)。

现世中的自我修行、成就道德、行善也就是现世中道德的修养,是
儒学学问里的中心问题,关于这种修养、学问和死后的问题,中士和西
士展开了丰富的辩论的部分,就是《天主实义》第六篇。这一篇是从中
士对前文已经提到的利玛窦说的"死后必有天堂地狱之赏罚以报世人
所为善恶"提出如下疑义之处开始的。

中士曰:承教,一则崇上帝万尊之至尊,一则贵人品为至尊之
次。但以天堂地狱为言,恐未或天主之教也。夫因趋利避害之故
为善禁恶,是乃善利恶害,非善善恶恶正志也。

关于天堂、地狱的说法和佛教相同,但与儒教相异,这在第三篇中
已经看到了,这里则更深刻地讨论了这个问题。中士认为西士的思考
方式是"为了寻求利益避免损害而行善去恶的,其并不是把善承认为
善去行,把恶承认为恶去行这种正确的做法",进而反驳道,这应该不
是天主教的教义吧。下面这篇记载了中士的轮番追问。

中士曰:春秋者,孔圣之亲笔,言是非,不言利害也。

> 中士曰：尝闻之，"何必劳神虑未来？惟管今日眼前事"。此是实语，何论后世？
>
> 中士曰：然。但吾在今世则所虑虽远，止在本世耳；死后之事，似迂也。

如中士所言，"《春秋》之书只言是非，不论利害"，或"没有必要为未来的事烦恼伤神，只要考虑眼前的事，这确实是事实，那么真的有必要讨论来世的事吗"，或"虽有说法说考虑久远的将来，但因为我生于现世，所以想死后的事等是迂回且不必要的"。此外，他还说：

> 行善以致现世之利、远现世之害，君子且非之；来世之利害又何足论欤。

中士说"君子认为行善如果是为了得到现世的利益而避开现世的害处，就已经不是正确行为了，更别说来世的利害了"，对为了来世的赏罚而在现世行善等想法本身持否定的态度。如此这般，对于灵魂的不灭性和来世（天堂和地狱）的赏罚等思考方式，只要站在把道德的完成（成德）和为达到成德而修养（修己）视为现世的活动的儒教立场，它们是不容易得到承认的。

对此，利玛窦论述对善恶行为的赏罚、利害也散见于《书经》诸篇中，以此说明来世的利益不是剥夺他者的利益，为不灭的灵魂考虑也决不是什么迂回不必要的事等。接着，他说道：

> 凡行善者，有正意三状：下曰，因登天堂免地狱之意；中曰，因报答所重蒙天主恩德之意；上曰，因寅顺天主圣旨之意也。教之所望乎学者，在其成就耳，不获已而先指其端焉。

如上，利玛窦指出有三种行善的目的意识，最下等的是为了升上天堂避免沦落地狱,中等的是为了报天主之恩德,最上等的是因为想符合并跟从天主的意志。换言之,用赏罚的利害引导不过是手段,最终的目的是引致承认善是善、恶是恶的全备的思维方式。之后,中士又以下述论调反驳。

> 中士曰:善恶有报,但云必在本世,或不于本身,必于子孙耳。不必言天堂地狱。
> 中士曰:善者登天堂,恶者堕地狱。设有不善不恶之辈,死后当往何处?
> 中士曰:使有人先为善,后变而为恶;有先为恶,后改而为善;兹二人身后何如?

如此,中士提出了问题:"善恶报应不是应该在现世或在子孙身上吗?没有明显善恶偏向的人或者由善变恶、由恶变善之人死后会怎么样?"

如上所述,从第六篇中中士与西士的问答可知,对中士而言,他无法轻易地接受将来世看作对现世行为的赏罚场所的想法,以及其与佛教不同之处。然而,更重要的是,它开了将道德行为的问题和死与死后的问题联系在一起议论的先例。

在《天主实义》第六篇的最后,中士与西士之间有多达 26 次的问答往来,最后一个发言如下:

> 吾已知有本家,尚愿习回家之路。

中士以"我现在已经知道有本来的家(天国)这回事了。希望你能告诉我回家的路"来结尾。就算这是经过利玛窦润色的句子,读者也可判断中士试图在包含"死和死后世界"的联想中捕捉"修道成德"这个最终目标和意义是不可否认的。

第 4 节 《畸人十篇》中生与死的问题
—— 关于生与死的根源

上文看到的收录在《天主实义》中的对话,笔者认为它并不是将实际进行的对话原封不动地记载下来的,恐怕是以真实的对话为基础,利玛窦再加以润色,以中士和西士的对话形式写成的。实际上若要考证真实发生的对话,必须参考《畸人十篇》这本书。此书由利玛窦和某些中国人之间实际发生的问答构成,对话者有 9 个人,文章共 10 篇。大多数的对话推定发生在 1602—1606 年,还有一些发生于 16 世纪 80 年代末期到 90 年代。《畸人十篇》于 1608 年在北京首次出版后,以《天学初函》本为代表在明末至少被出版过 6 次。根据这本书可以知道,当时利玛窦和中国人之间实际发生的对话中,有哪些话题被当作问题提出,他们对此进行了怎样的探讨和回答。①

只要一瞥篇目,比如第一篇"人寿既过,误犹为有"(人已经度过的年岁寿命,误以为还属于自己)、第二篇"人于今世,惟侨寓耳"(这个世界对人而言不过是暂时的住所)、第三篇"常念死候,利行为祥"(经常考虑临死之际的事,回想幸好自己好好活过)、第四篇"常念死候,备死后审"(经常考虑临死之际的事,为死后审判做准备)、第八篇"善恶之报,在身之后"(善恶行为的报应,在死后会显现)等,就可知死和死后的问题是一大主题。

第一篇,以身为吏部尚书(太宰)的李戴向利玛窦询问年龄开始。具体如下:

> 李太宰问余之年。余昉方造艾,则答曰:已无五旬矣。太宰曰:意贵教以有为无耶?余曰:否也,是年数者,往矣,窦不识今何

---

① 关于《畸人十篇》的真实性和版本的诸多问题,请参照拙稿《〈畸人十篇〉研究序说》(《哲学年报》第 65 辑,2006)。

在,故不敢云今有尔。太宰疑之。余继而曰:(中略)吾斯无日无
年焉,身日长而命日消矣。年岁已过,云有谬耶? 云无谬耶? 太宰
悝余先答之意,大悦曰:然! 岁既逝,诚不可谓有与。余又曰:(中
略)呜呼! 时之性永流,而不可留止焉。已往年不马有,刭未之来
与! (中略)故无时可徒费焉。(中略)君子为日有正用,恒自惜日。

李戴听闻"已经失去了五十岁"这个回答,震惊地说:"在你们的教
义里,把已经拥有的年岁当作失去的吗?"利玛窦答道:"年龄表示失去
的时间。我并不知道这个失去的东西现在在哪里。因此我故意不说
'现在我有(五十岁)了'。""一天天、一年年过去,身体每天都在成长,
可是生命却日渐消逝。"利玛窦记录道,听了这样的回答,他说:"李戴
悟出了我最初的回答的意思,非常高兴。"接着,利玛窦说出了"时间是
永远流动、永不停息的。度过的年岁已经不存在了""因此,没有能够
浪费的时间""君子花费一天时间做正确的事,常常珍惜每一天"等
领悟。

当然这里所说的"时间"是指"人活着的时间",这是以将死视为生
的终结为前提的。第二篇及其之后的篇幅,继续直接围绕生与死的问
题进行问答。

第二篇如《天主实义》第三篇中所读到的,写了冯琦的质问即天主
为何让人生在这苦难的世界里和利玛窦对此的回答。不过,在《天主
实义》中,在此对话后展开了对人灵魂的灵妙性和不灭性的说明等话
题,但在《畸人十篇》里,记载了如下利玛窦的话。

天主所悲悯于人者,以人之心全在于地,以是为乡,惟泥于今
世卑事,而不知悝望天原乡,及身后高上事。是以增置荼毒于此
世界,欲拯拔之焉。

利玛窦陈述:"天主怜悯人,是因为人心都集中于地上的事物,以

为地上就是家,只考虑现世的一些小事,人们不知道天上的家和死后更高的盼望,因此,天主在这个世界上添置了大量'带来毒害的东西',试图把人类从这个世界中拯救出来。"听了这个说明的冯琦感叹道:

> 噫嘻!此论明于中国,万疑解释,无复有咎天之说,天何咎乎?(中略)且高论所云,无非引丞人于实德。沮人欲不殉虚浮,坚意以忍受苦辛,不令处穷而滥,强志以归本分,别尊类于丑汇,皆真论也。

冯琦回答说:"啊,这(天主的)教诲在中国被阐述,所有的疑惑都被解开,不会再有埋怨天(主)的想法了。"而且接着说,"其高论所述的内容,把人们都提升到真正的道德上""所有说法都是真实的"。如此,在冯琦和利玛窦的实际问答中,冯琦对关于"活在现世"的意义与天主的想法进行了追问,对此利玛窦直截了当地讲述了天主教的来世观和人生观以及天主的救济方式。当然,利玛窦和交往的所有士大夫之间不一定都会展开像这样的问答。然而,可以肯定地说这里体现的关于生与死后问题的真挚对话实际上发生过,并且这样的事实也成为推进利玛窦等传教活动的有力要素。因此,利玛窦在第二篇的末尾感叹冯琦的突然离世,感叹今后是否还有能够继承并成就冯琦想要把服侍天主(上帝)的学问在中国更多的学校里传播的遗愿的人。

接着,来看《畸人十篇》第三篇、第四篇。这两篇对话的对象都是徐光启(1562—1633)。众所周知,徐光启是明末时期具有代表性的中国天主教徒之一,他与利玛窦协力翻译出版了《几何原本》《测量法义》等,此外还是《崇祯历书》的编纂者之一。此后,徐光启任职礼部尚书到内阁大学士的高位,但对话发生的当时(1603—1604年左右),他还是翰林院庶吉士。第三篇从利玛窦提问每个中国人都怕死,甚至谈到死也会害怕,到底是怎么一回事开始,谈及经常考虑死时的事,为死做完全的准备是十分重要的。利玛窦边引用西洋各种各样的故事,边论述对死的思考,即把人从"恶"解放出来并趋向"善",这样对人活在这个世上是非常有益的。第四篇从第二天再次探访利玛窦时徐光启的问话开始。徐光启问道,死时最大的苦难即死后的苦难如何才能避免。对此,利玛窦指出若思考死时就有五大益处,如下进行详细说明。"真的有智慧的君子,会为死做准备,且不畏惧死。从来不曾忘记临死时的问题。"徐光启听了利玛窦的这番话,说:"我明白了从今以后,要为死做准备。"

关于作为第三篇和第四篇对话对象的徐光启,利玛窦在用意大利语记录的面向欧洲的"报告书"中,有如下叙述。①

由于其示范作用、美好的生活方式以及在论述宗教问题时的精彩方法,徐光启成为给中国天主教带来巨大活力的人物。(中略)因为知晓在文人们的宗教(儒教)中,几乎没有关于来世和灵魂救济的论述,所以他师从承诺死后有天国的偶像教或别的宗派的很多大师。但是不论是哪一个大师都无法令其满足。

根据这里的记述,徐光启于认识利玛窦等西洋人以前就对"死后""来世"的问题有强烈兴趣。之后,他和利玛窦等相识,随着对这种问题反复的对话、探讨,渐渐能够把握"为死准备"的意义与内容。如此可见,《畸人十篇》中的第三篇、第四篇可以说是在徐光启与利玛窦之间展开的关于"死与生"的实际对话的重要记录。

如上所示,可以看到在《畸人十篇》中提出了很多围绕死的问题,但为何此书被取名为"畸人"? 不言而喻是取自《庄子·大宗师》的故事中的"畸人者,畸于人而侔于天"。利玛窦自己在"报告书"中说道:"只是令两王都内外的文人们都感叹的,是神父著述的《奇怪

① 本章中被称为利玛窦的"报告书"的书籍,是利玛窦从 1608 年开始执笔并寄向欧洲的,参见川名公平译,矢泽利彦注《中国基督教布教史一、二》《大航海时代丛书》第二期 8、9,岩波书店,1982、1983)。

的思考》(《畸人十篇》)这本书。这是几年后(1608)出版的。这本书起这个名字是因为其中提到的格言对天主教徒来说虽然是耳熟能详的,但是对中国人来说却是从未听说过的奇怪的想法。"①如上所述,利玛窦等的想法中有与中国人常识性的思考方式完全不同的内容,从这个意义上说这就是所谓的"畸人"的想法,但事实上不仅止于此。

《庄子·大宗师》这个故事中的出场人物有子桑户、孟子反、子琴张这三个人,他们的理想是忘记有限的生而活在无穷的世界里。他们认为死和生是一体的。因此,在故事中出现的孔子对门生子贡说,他们是"游方(常识的世界)之外者",与"游方之内"的我们是水火不容的存在,并在论述人应该建立怎样的生死观时,用到"畸人"这个词语。进一步说,在此追问思考的是《庄子·大宗师》整体的主题,亦即"所有事物的根源",换言之,对与"道"为一体的人来说,死和生应该怎样去理解此一问题。从这个意义上来说,利玛窦把这本书起名为"畸人十篇"的理由,不仅是其中多次提到死的问题,且与常识里的生死观完全不同,还是关于生与死的根源的问题也在这里被论及。通过探索如何诠释死,围绕人类根源的问题进行的在利玛窦和中国人之间的问答确实具有"畸于人而侔于天"的内容。"报告书"的末尾处明确写道:"他们吐露了这本书对他们今后的人生来说都是极其有益的东西,无论其他多少册书加起来都不及这一本十章中能学到的东西。"②此文充分表达了实际上与中国人进行对话的利玛窦的真情实感。

第5节 流淌在中西对话深处的思想

综上所述,不难看出在以利玛窦为首的西洋修道士和中国士大夫之间实际发生的对话里,死和死后的问题是流淌在其深处的思想主

---

①② 参见川名公平译,矢泽利彦注《中国基督教布教史一、二》(《大航海时代丛书》第二期 8、9,岩波书店,1982、1983)。

题。当然,这更是对生及其本质的根本性的质问。和在利玛窦的"报告书"中看到的一样,利玛窦说《天主实义》是由中国人"在各种时刻各种场合一定会问我们的问题汇总而成"①。可以说,关于生和死的问题也是作为"中国人肯定会问到的问题"以及重要和切实的问题确实存在的。

关于利玛窦的《天主实义》《畸人十篇》的特征,一直以来出现过各种各样的见解。比如,关于唐代的景教(聂斯托利派基督教)东传以后的中国基督教史的研究先锋佐伯好郎氏对《天主实义》做了如下评论。

> 若要问中国已经出版的基督教神学中最具代表性的书籍,本人首先要推荐的就是在明朝神宗皇帝万历三十二年(西历一六〇四年)十二月出版的耶稣会士利玛窦的著述《天主实义》。因为在明代天主教传教士正式出版的书籍中,没有像《天主实义》一样能够代表天主教神学的资料。(中略)因为它是力求比《公教要理》中所写的内容更深层且理论更强有力的一种天主教神学,或者是天主教教理辩论的书籍。②

另外,佐伯好郎氏还对《畸人十篇》做了如下论述。

> 是书(《畸人十篇》)是根据中国十位贤人和利玛窦就十个题目问答而写成的,主要是反驳佛家学说和主张天主教的内容。③

另外,后藤基巳氏认为《天主实义》是"中国古典"中的一册,在中

---

① 参见川名公平译,矢泽利彦注《中国基督教布教史一、二》(《大航海时代丛书》第二期 8、9,岩波书店,1982、1983)。
② 佐伯好郎《中国基督教的研究 3(第三篇　明时代的中国基督教)》(春秋社松柏馆,1944),"第七章　利玛窦著《天主实义》和其解说",第 217—218 页。
③ 同上书,"第六章　明时代耶稣会士等的汉文著书略说",第 199 页。

国思想史中占有一席之地。他如下说道：

> 此书被称为"教理问答书"，但绝对不只是教理问答这么简单，笔者认为它是通过对中国思想的批判和解释，在使天主教教义给中国人留下印象的同时，尝试将其说服的独特的神学书。①

另外，从东西文化交流史、比较文化史的视角进行研究的平川祐弘氏有如下评论。

> 《天主实义》是利玛窦的主要著作。同时，它作为东西思想史上对决的第一书是最重要的著书。②
>
> （利玛窦）晚年时期，写下了尽管染有基督教色彩，在本质上却是观察人性的书籍《畸人十篇》。这里的"畸人"是"奇特的"意思。③

暂且不论佐伯氏对《畸人十篇》的内容的误解，若读者仅把《天主实义》理解为把教理问答加以理论化的天主教神学书，或者天主教教理辩论书，则无法说完全把握其特色。

如本章所阐述，从利玛窦的这两本著述中能够看到，其中有超出天主教教理和神学书范围的内容，不能单纯地用东西思想对决的形式来衡量或理解。这是因为这里存在着能够使西洋人和中国人之间的对话成立的共通问题意识和论点。

正如在本章中所读到的，在明末的现实社会中，关于在西洋人与接触西洋人的中国人之间，究竟发生过什么样的意识交流这一问题，如果仔细思考资料背后蕴含的内容的话，大概就可以看到一直以来未

---

① 后藤基巳《天主实义》（《中国古典新书》，明德出版社，1971），"解说"，第 24 页。
② 平川祐弘《利玛窦传 2》（《东洋文库》，平凡社，1997），"136 作为中国古典的《天主实义》"，第 148 页。
③ 同上书，"158《畸人十篇》"，第 239 页。

被看到的思想史上的问题了吧！可以说，这也可以成为思考这个时代的思想界中关于生与死的争论，再次认识和探讨与生和死相关的传统思想等问题的一个契机吧。为此，最重要的是我们需要虚心地倾听他们的对话。

第 **2** 章

数学即理学
——关于《几何原本》和克拉乌数理认识论的东传

·

安大玉

序文

"不懂几何学者不得入内"是柏拉图学园入口贴着的标语。欧几里得的《原论》（*Elementa*）所代表的希腊几何学，由于其形式上的自我完结性，一直以来是欧洲诸学问中规范性的存在，从中世纪到近代作为所谓自由七科（自由学艺）的其中之一而受到重视。[①]

欧几里得的《原论》的特征是以被称为第一原理的定义、定理、公理为基础，运用逻辑的以及演绎的方式进行严密推论的论证体系。演绎式的推论可以根据少数的自明性的"真理"（第一原理），适宜地运用思想律（同一律、矛盾律、排中律）、肯定法（modus ponens）、归谬法（reductio ad absurdum）等逻辑的手段，逐渐构建庞大的并且已经证明完毕的命题群，从而形成被称为"真理"的普遍的体系。

我们把从公理乃至"共通观念"这种已知的自明性命题出发，演绎地推论未知结论的这类由几何学所构成的形式性称为公理系。根据公理系推导出的命题，只要不否定其前提，便无法否定其真伪，从这个

[①] 当然，关于欧几里得几何学的公理、定理的不容置疑的性质，尤其是平行线定理，从古代起，普罗克洛就尝试过这个证明，其自明性被多次怀疑过。进入近代以后，随着非欧几里得几何学或数学基础论的出现，公理的"自明性"被完全否定了。从这个方面来说，欧几里得几何学排除了其命题的真伪和物理世界之间的内在关联性，只不过是单纯的"如果……就是主义（if-thenism）"。

角度来说,我们可获得与经验上事实所不同的逻辑性的普遍性。当然
这种普遍性来自通过公理系导出的所有命题是分析命题,而分析命题是
不凭借经验的、纯粹先验(a priori)地形成的,它与从经验归纳而来的综
合命题拥有的一般性以及一般的规则具有本质上的区别。

　　与中国传统的思维方式完全不同,《原论》其演绎的即公理系的思
维体系最初正是通过利玛窦与徐光启一起汉译的《几何原本》传来中
国。①利玛窦认为儒者学问的目的是致知,也就是获取"无谬"的知
识,②主张用《原论》的普遍知识弥补中国传统思维构造中的"虚理性",
即"补儒论"。这些言论给当时的中国思想界带来了不小的冲击,作为
重视证明、追求"所以然"的新的精神象征,《几何原本》被称为西学的
"冠冕"③而被接纳。④

　　《几何原本》以克拉乌的《欧几里得原论注解》(*Commentaria in
Euclidis Elementa Geometria*)为底本所著。同时,克拉乌是利玛窦
在罗马神学院(Collegio Romano)时期的数学教授,作为格里高利改
历的主导者而颇有名声。对克拉乌来说,诸学问的目的在于获取确实
且无谬的知识,他主张应该排除经验知识中的不确定性,只有证明完
毕的、演绎的,即以公理的推论为基础的数学才是真正的、普遍的、真
理的体系。克拉乌自身是耶稣会士,却并非散发着经院哲学的腐朽气
息的亚里士多德主义者。

　　先说一下本章的结论:利玛窦通过《几何原本》的汉译而传进中国
的是,第一,欧洲的、数学的,即演绎的知识所具有的普遍真理性;第
二,这种普遍性只能通过连锁推论得出的严密证明才得以成立;第三,
演绎的思维适用于包括数学在内的诸学问。本章试图探索克拉乌精神

---

① 关于元时期传来的《原论》,参照梅荣照、王渝生、刘钝《欧几里得〈原本〉的传入和对我国明清
　　数学的影响》(梅荣照主编《明清数学史论文集》,江苏教育出版社,1990),第 54 页。

② 利玛窦《译几何原本引》1a。

③ 《四库全书总目提要》子部 17・天文算法类 2,24a。

④ 据利玛窦,中国的官吏中改宗基督教的大多是以数学书(《几何原本》)为契机。川名公平译,
　　矢泽利彦注《中国基督教布教史二》(《大航海时代丛书》第二期 9,岩波书店,1983),第 73 页。
　　不过,对于这些改宗的官吏是否充分理解了《几何原本》,就另当别论了。

是怎样通过利玛窦给明末清初以后的中国士大夫们留下思想痕迹的。

第1节 克拉乌对数理科学的态度

众所周知,数学的证明从数学形式上的特征来看,是由第一原理(公理、定理、定义)演绎推论而来的,并非一定要用三段论才能实现。实际上,欧几里得的《原论》的证明中,据说没有一个是三段论式的证明。[①]然而,正如罗素所指出的,[②]在亚里士多德占据绝对影响力的中世纪,由于亚里士多德对逻辑推论中的三段论的过高评价,由三段论而来的自然哲学推论,比起不使用三段论的数学推论——主要为几何学的证明等,更是得到了无与伦比的重视。对亚里士多德来说,真正的证明其前提必须且只能与结论具有因果关系,而在自然哲学中这样的因果论说明缺乏数学式的推论。此外,由于数学是抽象地研究量的学问,不仅从根本上不把物理的实体作为自己的对象,连因果关联的要素也不具备。因此,数学中由于几乎没有亚里士多德明示的"最佳的证明"(demonstratio potissima)而屡遭批判。[③]

在这样的社会背景下,数学研究者倾向于使用的方法之一是迎合三段论重新演算数学的证明。克拉乌曾经在为欧几里得《原论》注释的时候,在进行第1命题"用现成的线段制作正三角形"的证明时,试图用令人难以理解的三段论给予证明。当然他并未把所有的欧几里得论证都改为三段论,他反驳道,尽管"所有的其他命题——不论是欧几里得的命题抑或他人的命题,都能这样来解",但是"数学家并不十分重视三段论的证明。因为,不用'三段论'来解命题反而更加迅速也

① Peter Engelfriet, *Euclid in China*:*The Genesis of the First Chinese Translation of Euclid's Elements Book I-VI(Jihe Yuanben, Beijing, 1607) and its Reception up to 1723*, Leiden: Brill, 1998, p. 43.

② 罗素指出亚里士多德的理论学缺点之一是对三段论的过高评价。Bertrand Russell, *History of Western Philosophy*, 2nd ed., London: Routledge, 1961, pp. 206-212.

③ James Lattis, *Between Copernicus and Galileo*:*Christoph Clavius and the Collapse of Ptolemaic Cosmology*, Chicago: Univ. of Chicago Press, 1994, p. 33.

更容易解释"。①

克拉乌在 1611 年到 1612 年出版的《数学著作集》(*Opera Mathematica*)的第 1 卷开头,以绪论(prolegomena)的方式整理了他对数学的思考。关于他对数理科学的态度,简洁地整理了一下,有下述几个特征。②

1　数学推论的严密性

在自然科学和哲学(主要是形而上学)等领域,存在各种各样的见解和观点,导致了在科学判断方面消除不一致和不确定性非常困难。然而,"从欧几里得开始,从古至今所有的数学家的定理,都维持了有力的证明……由于数学是力求、尊敬、孕育真实的学问,它不仅纯粹地排斥错误,还理所当然地拒绝盖然性的事物。如果不是基于确实可靠的证明,那么不管什么命题它都绝对不承认。因此,诸多科学中的第一地位当然应该属于数学"③,克拉乌如此说道。也就是说,数学被赋予诸科学之女王的地位,换言之,具有强烈的柏拉图主义倾向。

2　数学和诸科学的关系

数学的推论对严密性有很高的要求,这是为了保证包括数学在内的诸科学中通过推论而得出的结论的准确性。这样,通过准确性,克拉乌所说的数学可以作为亚里士多德定义的基准。因此,克拉乌说:"'数学的证明'是指从已知的原理开始,逐渐推进直到证明结论。这好比是说没有经过数学家证明的东西一个都不能被认可。这便是亚里士多德的《分析论后书》(*Posterior Analytics I*)中叙述的,学问的恰当功能以及最终目的。"④

① James Lattis, *Between Copernicus and Galileo: Christoph Clavius and the Collapse of Ptolemaic Cosmology*, Chicago: Univ. of Chicago Press, 1994, p. 228.
② Ibid., pp. 32-38; Engelfriet, op. cit., pp. 23-46.
③ Clavius, "Prolegomena", *Opera Mathematica*, vol. 1, p. 28.
④ Ibid., vol. 1, p. 5.

然而,正如拉蒂斯所指出的,同时代的耶稣会士也是执教罗马神学院的佩雷拉(B. Pereira)指责数学时说道:"在数学里基本不存在亚里士多德提出的最极致的证明。"①佩雷拉的这一指责并非因为数学原理上的统一性层面中含有的不确定性,而是因为数学和物理世界甚或自然科学不可能产生什么根本上的联系。正是在这种情况下,可以说作为柏拉图主义者的克拉乌发挥了他的本领。

克拉乌对上述的批判做了如下反驳。

从与所有的有形材料是分离的这一点上来看,数学的某一部分确实与除了悟性以外的一切都不相关。可是,从另一部分属于被动、感觉的材料这一点来看,它属于感觉。②

在这里提到的"从属于感觉的部分"是指天文学、音乐、实用算术、地质学、透视法、力学这一点,应该没有什么异议吧。然而,纯粹数学方面依然还有几个棘手的问题。比如几何学,从定量的角度来说,和离散的量有关的算术几乎没有任何不同。可是克拉乌在新柏拉图主义的影响下,认为与其说几何学是纯粹计算量的学问,不如说是对现在我们感觉世界中实际存在的东西进行研究的学问。因此,克拉乌把纯粹数学中实体的点和线等排除在几何学对象以外。③

3 数学的必要性

另外,克拉乌说:"数学不仅是有用的,事实上它还是必要的。"④数学在诸学问中的重要性是因为它能带来毫无疑问且确实有根据的知识,除此以外,比如神学者为了理解《圣经》,还必须懂得算术、音乐、地理学、天文学、几何学。实际上,他时常引用柏拉图,以强调数学对哲

① Lattis, op. cit., p. 34.
② Clavius, "Prolegomena", *Opera Mathematica*, vol. 1, p. 3.
③ Engelfriet, op. cit., p. 42.
④ Lattis, op. cit., p. 36.

学各个方面的必要性。[①]

　　对克拉乌而言,学习数学更意味着它对年轻人的灵魂也好,对贵族、王族、皇帝的灵魂也好,都是向伟大的荣光和愉悦的自由靠近,以及获得精神喜悦和道德启发的唯一途径。[②]因此,对他来说,数学是自由七科中最为特别的,而且数学是名副其实的"心灵之窗"。[③]

第 2 节　利玛窦的补儒论

1　利玛窦的科学传教

　　利玛窦在 1552 年 10 月 6 日出生于意大利的马切拉塔省。他从 1572 年(21 岁)到 1576 年在罗马神学院学习,当时的克拉乌为了在神学院深化数学的学习,与少数几个人主导运营了一个特别的数学研究院(Ordo servandus in addiscendis disciplinis mathematicis)。利玛窦上学期间曾在该研究院听课。[④]此外,因继承利玛窦的传教方针而为人知晓的熊三拔、艾儒略都是毕业于罗马神学院的意大利人,因此需要注意他们都来自克拉乌的数学研究院这一点。[⑤]利玛窦的这一背景,使他重视数学,并为他把强调数学与认识论性质、形而上学和神学的内在相联系的克拉乌精神传播到中国创造了契机。[⑥]

　　通常,人们倾向于认为科学传教是利用中国知识分子对西洋科学的好奇心,为传教提供方便从而产生的实用主义。[⑦]这更应该用当时的

---

①　Engelfriet, op. cit., pp. 30-31.

②　Lattis, op. cit., p. 36.

③　Engelfriet, op. cit., p. 30.

④　Ugo Baldini, "The Academy of Mathematics of the Collegio Romano from 1553 to 1612", *Jesuit Science and the Republic of Letters* (Mordechai Feingold ed.), Cambridge: The MIT Press, 2003, p. 72.

⑤　Ibid., pp. 74-75.

⑥　克拉乌死后,他的研究院急速衰败,罗马神学院的数学学派最迟于 17 世纪 30 年代左右就完全消失了。Ibid., p. 53.

⑦　科学传教并非目的而是捷径的主要证据之一,是利玛窦只翻译了《几何原本》的前 6 卷便草草收场。然而,实际上当时的欧洲一般只教到前 4 卷或前 6 卷为止,这无法成为支持上述论点的有力证明。

耶稣会秉持的人文主义异教徒趣味①和道德判断中的外在主义倾向②，以及追求哲学与神学一体化的托马斯主义学术完整性的结果来解释。

科学传教中的"科学"是指，以西洋的自由七科中的四科（quadrivium）为中心的哲学（philosophia），也就是"格物穷理"之学。然而这里，我们尤其要注意利玛窦传授的克拉乌的数学观。如前所述克拉乌的数学已经不是亚里士多德的数学了。③因此，利玛窦在"补儒论"的框架中，不仅企图在基督教的自我完整性中达到神学和哲学的有机结合，而且在哲学中也将克拉乌的演绎科学尤其是以几何学为中心的数学、天文学视为科学传教的中心。

科学传教的这种特性由当时的天主教三大支柱之一的徐光启明确指出。徐光启在《几何原本》的序文中，如下说明了利玛窦的学问。

> 顾惟先生之学，略有三种。大者修身事天，小者格物穷理。物理之一端，别为象数。一一皆精实典要。④

另外，《泰西水法序》中，如下所述。

> 余尝谓其教必可以补儒易佛，而其绪余更有一种格物穷理之学。……格物穷理之中，又复旁出一种象数之学。象数之学，大者为历法，为律吕。至其他有形有质之物，有度有数之学，无不赖以为用。⑤

---

① 金相根《利玛窦〈天主实义〉对16世纪后半叶耶稣会大学教学及托马斯主义（Jesuit Thomism）的影响》（《韩国基督教神学总论》第40卷，2005），第295页。
② 关于外在主义，一方面基督教（旧教）信仰与"事效论（ex opere operato）"有关，但另一方面，从初期耶稣会采用的决疑论是"安全采用说（tutiorism）"这一点看也很明显。也就是说，他们比起跟随内在的良心，服从外在化的客观法律的倾向更强。
③ 关于这一点，克拉乌被称为亚里士多德的解药。
④ 徐光启《刻几何原本序》。《几何原本》4a。
⑤ 徐光启《泰西水法序》（《泰西水法》）1b—2a。

实际上利玛窦传来的西洋科学，几乎都是汉译的克拉乌的著作。《天学初函》的器编里的科学书除了《泰西水法》以外，都是数学和天文学的著作。熊三拔在利玛窦去世的那年（1610）寄给马什卡雷尼亚什（A. Mascarenhas）的信中，如此描述对演绎数学的特性的重视："我们必须要用两只手工作。右手致力于神的事业，左手献给'数学'。"①

2　利玛窦的格物致知观——宋学批判（1）

利玛窦在《译几何原本引》中如下定义了儒教的本质。

> 夫儒者之学，亟致其知。致其知当由明达物理耳。②

这一段将明晓物理（格物）视为致知的根本，肯定了朱子学的格物致知观，看上去像是用朱子学的方式理解儒学。然而问题在于到底如何实现格物，以及据此得到的知识具有怎样的特征。利玛窦甚至还定义知识如下：

> 知之谓，谓无疑焉。③

也就是说，对利玛窦而言，"知"这个行为，正是获得无谬的知识本身，与孔子所说的根据道德判断的"知"不同，而且和朱熹（1130—1200）所说的形而上学的乃至内省的格物致知观也截然相异。

据他所言，格物穷理的法是"惟尚理之所据，弗取人之所意"④。进而，他称根据"意"而得出的理为"虚理"或者"隐理"。因为，"意"中含有不确定性（疑）。排除了"意"的不确定性而保证无谬、无疑的知的理，利玛窦称之为"实理"或是"明理"。据利玛窦所说，"理之审，乃令我知。若夫人之意，又令我意耳"⑤，此外他还说"物理眇隐，人才顽昏。

---

① Pasquale D' Elia, *Galileo in China*, Cambridge：Harvard Univ. Press, 1960, p. 21.

②③④⑤ 利玛窦《译几何原本引》《几何原本》）1a。

不因既明累推其未明,吾知奚至哉"①。

在此,我们通过利玛窦的笔能够与传来中国的克拉乌知识观相遇。话又说回来,本来就是利玛窦翻译了克拉乌的《欧几里得原论注解》,这样理解也是理所当然的。

根据利玛窦的描述,格物致知是指以演绎的理论所具有的无谬性为基础,从"既知"向"未知"演绎且逻辑地推论。这样的演绎真理观,即在不否定前提的情况下就无法否定结论,正是利玛窦试图向中国人传达的儒教"格物致知"所缺乏的"规则"。裴化行说利玛窦并非形而上学者,而与逻辑学者更为接近,②不过从这一点来看,中国的思维构造和欧几里得《原论》之间所具有的演绎的公理体系的特征之间的差别是一目了然的。

《几何原本》的共同译者徐光启认为学习《几何原本》的好处是"能令学理者祛其浮气,练其精心"③。他把几何学定位为所有人必须学习的基本学问。④此外,他还明确揭示了公理体系具有的演绎思维的特征。具体如下:

> 能精此书者,无一事不可精。好学此书者,无一事不可学。……凡人学问,有解得一半者,有解得十九或十一者。独几何之学,通即全通,蔽即全蔽。……此书有四不必,不必疑,不必揣,不必试,不必改。有四不可得,欲脱之不可得,欲驳之不可得,欲灭之不可得,欲前后更置之不可得。⑤

若只看上述的引用,可以发现徐光启充分理解演绎理论和据此所得到的知识的特征。和利玛窦一样,对徐光启而言,《几何原本》也不是单纯的数学书,而正是掌管所有学问的逻辑学书籍(由公理的体系

---

① 利玛窦《译几何原本引》(《几何原本》)1a。
② 裴化行著,松山厚三译《东西思想交流史》(庆应书房,1943),第138—139页。
③④ 徐光启《几何原本杂议》(《几何原本》)8a。
⑤ 徐光启《几何原本杂议》(《几何原本》)8a—8b。

而建构起来的纯粹真理的天堂）。

另外，同样是三大支柱之一的杨廷筠（1562—1627）在他编辑的《绝徼同文记》中，也记载了上述徐光启的《几何原本杂议》。在原来的《几何原本杂议》的基础上，杨廷筠把徐光启之后又增补的内容也添加在文尾，在此介绍一部分。

> 此书有五不可学，躁心人不可学，粗心人不可学，满心人不可学，妒心人不可学，傲心人不可学。故学此者不止增才，亦德基也。[1]

关于克拉乌的数学观在上文已经描述过，这段引文使得我们想起，对克拉乌而言，数学不是单纯的计算的学问，而是能够看见真理光辉的"心灵之眼"，也是道德启发的手段。笔者认为克拉乌的精神是经由利玛窦而传向徐光启的。

徐光启对演绎理论极度赞美以至于期待"百年之后必人人习之"[2]。对他而言，数理的演绎理论远远超越了单纯的实用价值，因为那是确保无谬的真理和道德的认识论手段。关于这一点，徐光启曾经借用宋学者经常咏诵的诗句"鸳鸯绣出从君看，不把金针度与人"加以阐释。他将上述诗句颠倒，吟出"金针度去从君用，未把鸳鸯绣与人"。"金针"（几何原本＝演绎逻辑）从某种程度上，也是对宋学的批判。

3　利玛窦的理数观——宋学批判（2）

如前所述，利玛窦的格物穷理换言之是以几何学也就是度数的学问为媒介的。李之藻用"缘数寻理，载在几何"[3]形容利玛窦的理数观，实在是一语中的。利玛窦的关于理数的上述立场已经不再止步于作

---

[1]　《徐光启集》（明文书局，1986），第 78 页。
[2]　徐光启《几何原本杂议》（《几何原本》）9a。
[3]　李之藻《同文算指序》（《同文算指》）3b—4a。

为传统六艺之一的数学（艺数）这种宋学的小学分类了。①作为格物穷理即获取普遍知识的客观方法②的数学——徐光启称之为象数的学问，可以说它获得了诸学问中女王的地位。

利玛窦在《天主实义》中，论及太极或理不可能成为天主也就是天地万物的根源，认为太极或理属于亚里士多德理论学的"依赖之类"（属性）（只能依存于他者的存在），由于不是"自立者"（实体），所以不可能创造出其他的事物，当然也不可能成为天地万物的根源。③可是，在此必须要注意的一点是，为了主张这样的太极和理不是天地万物的根源，他否定了宋学提倡的"理在物先"理论，而主张"理在物后"和"物在理先"。

当然这个理论意味着（1）若非天主创造了天地万物，万物便不可能存在；（2）物若不存在，理也不可能存在。也就是说，天地万物是由天主创造，此外这个存在正如"狮子本有，彼不信者能灭狮子之类哉"④一样，是"凡事物有即有，无即无"⑤的客观的对象。从而，此理论将基于客观的事物中隐藏的理归入哲学范畴，"以目睹物，不如以理度之"⑥。另外它还强调，仅限于"由数达理"的几何学也就是数学（mathematica）的条件，得出的理的无谬性才得以保证。

不论如何，必须承认（1）神学的观点和（2）哲学（philosophia）或者说数学（mathematica）通过站在客观主义和外在主义角度的天主教的思维方式，将"天学＝西教＋西学"整合起来。张永堂将上述耶稣会的立场理解为邵雍（1011—1077）和蔡元定（1135—1198）所说的从"立一理以穷物"向"立一上帝以穷物"的转变。甚者，清代（或明末清初）的气论者们一边标榜如王夫之（1619—1692）提出的"即物以穷理"这个典型的气论立场，一边向耶稣会的科学妥协。他们的理由是他们认为

---

① "如弟谓芸数云尔，则非利公九万里来苦心也。"李之藻《同文算指序》（《同文算指》）4a。实际上在《明史》里，数学书被分类在小学中。

② 张永堂《明末清初理学与科学关系再论》（学生书局，1994），第 226—227 页。

③ 详情请参照利玛窦《天主实义》第 4 篇。

④⑤ 同上书，39a。

⑥ 同上书，39b。

格物的意思是"理在气中,理在数中",所以他们做出与耶稣会拥有共通分母的判断。①若从我们的观点再解释,这可能成为说明清代的西学派一边否定西教(天主教),一边吸收西学(西洋科学)的成果的恰到好处的理论。

此外,有一本被认为是熊三拔编纂的《象数论》的书。它是一本被收藏在罗马的耶稣会文书馆的手写本,内容是以问答体的形式记述的。为了批判从"无极而太极"展开的宋学象数论,本书展开了独特的数论,意味深长。熊三拔作为利玛窦其科学传教的忠实随从者而为众人所知晓,所以通过他的理论应该还可以间接地确认利玛窦的想法,在此做简单介绍。

《象数论》这本书的主要内容是基于点、线、面、体的几何学实体定义之上的。此书用由点向线、由线向面、由面向体展开以说明易的变化原理。

比如,对于象数的开端的问题,书中在说明"未始有始"的同时,把象数的开端定义为"一微"。这里的"微"是指具有"无体而无乎不体,无在而无乎不在"特色的"宋儒所谓的太极中心"。②据此,熊三拔用点来替代上述这个太极的概念。不必说,这里引用了欧几里得《原论》的第一定义,即点的几何学的定义——"即使有位置,也不占有空间"这一概念。熊三拔的《象数论》是手抄本,而且还处于未完成的状态,所以论及其影响究竟如何是十分困难的,但它是一本可以用来了解当时的耶稣会传教士如何重视欧几里得《原论》的著作。

此外,从《象数论》中大量引用了《诗经》《礼记》《中庸》《庄子》《尚书》《参同契》《周易》这一点看来,便能够明白这是一本围绕"补儒论"观点写成的书籍。关于《礼记》的部分,书中引用宋学者的大全本而批判朱熹的内容随处可见。再补充一点,利玛窦对《周易》大体上抱有批判的态度,但康熙帝中期以后的清代耶稣会传教士们对《周易》深有好感。《象数论》这本书还可以被看作处在这个过渡期的作品。

---

① 张永堂《明末清初理学与科学关系再论》(学生书局,1994),第 254 页。

② 熊三拔《象数论》(《耶稣会罗马档案馆明清天主教文献》第 6 册),第 8—9 页。

第 3 节　《几何原本》对清代学问的影响

1　重视数学的证明和通解

利玛窦通过《几何原本》的公理系试图向中国传递的,是公理的即演绎的知识所具有的逻辑的严密性,以及这种演绎的知识里含有的普遍"真理"只有经过严密的连锁推论才能被确保(被证明)的事实。同时,这样的数理的认识论能够从补儒论的出发点向所有思想扩张(即克拉乌的精神)。

事实上,徐光启的《几何原本》对公理系的理解中,有误解也有不彻底之处。[①]比如,把演绎命题的普遍特征和作为问题解法的演算法的彻底化(一般化)混同便是其中的一个例子。然而在历史方面更重要的事实是,尽管有误解或不彻底的地方,徐光启以后的中国西学者们显然包容甚至继承了上述的所谓克拉乌精神。[②]比如,清代大名鼎鼎的历算学第一人梅文鼎提出"算学书有例无论,则不知作法根源"[③],明确表示证明的重要性,像这样重视证明(也就是所以然)的清代人物的例子不胜枚举。证明不仅是数学学者还是清代考证学者研究的最大特征之一。

另外,对普遍(一般)性的重视也令中国的数学抽象化程度有了飞跃性的提升。比如乾嘉学派[④]的"谈天三友"中的一人,焦循(1763—

---

① 关于徐光启对公理系的误解,可参照安大玉《利玛窦与普遍主义》(《明清史研究》第 34 卷,2010),第 31—57 页。

② 徐光启的《农政全书》是一本有名的农学书著作,但他的农学理论中最为划时代的是对丰收的风土论,即对所有的农作物被限制在天和地两者的传统思考方式或五行说、分野说等的强烈批判。换言之,他把大地当作地球的"普遍的"存在来看待,主张农业的地域性限制仅依存于天气,他自身尝试了多种多样的农作物的移植。徐光启企图把农业划入"普遍的"学问的范畴。

③ 梅文鼎《方程论发凡》(《梅氏丛书辑要》卷 11),6a。

④ 关于乾嘉学派数学方面的成就,请参照钱宝琮主编《中国数学史》(科学出版社,1981),第 16 章;朱家生《李锐〈开方说〉方程理论初探》(梅荣照主编《明清数学史论文集》,江苏教育出版社,1990),第 295—316 页;洪万生主编《谈天三友》(明文书局,1993)等。

1820)在《加减乘除释》中,主张"论数之理,取于相通,不偏举数而以甲乙明之"①,不用具体的数字,而凭借未知数来证明加减乘除的交换法则、配分法则、结合法则。比如,用"以甲加乙,或乙加甲,其和数等"②说明加法的交换定律"a＋b＝b＋a"。这被评价为中国数学史上具有划时代意义的成果。③这件事正如李锐(1768—1817)在欧几里得传记《欧几里得传》(《畴人传》)中叙述的一样,和《几何原本》"以其不言数,而颇能言数之理也"④的特征也并非毫无关联。

同样是"谈天三友"的另外两人,李锐和汪莱(1768—1813)取得的数学成就之一,是调查方程式系数的符号、符号的正负变化的数和正根个数的相关研究。虽然高次方程式的数值解析号称是宋元数学的最大成果,但那不过是满足其条件而求一个正解而已。然而汪莱一一列举了 24 个二次方程式和 72 个三次方程式,调查系数符号的不同形式是"可知(一个正根)"还是"不可知"的,李锐更是将其扩展到任意的高次方程式。

上述乾嘉学派的数学成就和中国传统算学书的校勘作业具有紧密的关联,所以严密地来说,它们与演绎理论具有的普遍"真理"几乎没有关系。只是,相对于不采用证明、仅寻求特殊的解和其演算法的中国传统数学,乾嘉学派把问题细分,获得了适用于所有情况的一般性,在保持了更高次数学的抽象性的同时,对演算法进行证明。必须说这些是《几何原本》所带来的影响。

2　戴震的客观主义和普遍主义——反宋学和西学

乾嘉学派的人物中,比较正确地吸收了《几何原本》中演绎的等于公理的特征,并以此为基础构建了自身思想体系的人物是戴震。关于戴震,通常认为他与他的老师江永不同,戴震提倡梅文鼎流的"西学中

---

① 焦循《加减乘除释》卷 1, 2b。
② 同上书,8b。
③ 钱宝琮主编《中国数学史》(科学出版社,1981),第 287 页。
④ 《畴人传》(世界书局,1982)卷 43,第 555 页。

源说"——认为西洋科学起源于中国的学说,发掘、校订《算经十书》等,给人以强烈的经学尚古主义倾向的印象。实际上对此焦循说过:"徽士谈天,师弟异辙。江永宗西法,戴震重中法。"①然而,读者从《勾股割圜记》这本书就能明白,事实上戴震的学问若没有西学的影响是不可能成立的。②

对戴震的整体学问的大部分评价倾向于把他的考证学的科学方法论和反朱子学的特征依次与他对西洋近代科学的归纳法和颜李学派对明学的空疏批判联系在一起。③不过,以《几何原本》为代表,明末清初的西学基本上就有西方中世纪演绎科学的特点了,可以说那是与近代科学的归纳法几乎毫无关联的替代品。另外,颜李学派对"空疏"④的厌恶,事实上是对于重视"力行"层面的"空疏无用"进行更强的批判,而并非如戴震所述"空凭胸臆的弊害"即针对"空疏不学"的批判。

有学者谈及戴震与惠栋(1697—1758)的相似点⑤,认为虽然那是以清学的反宋学、汉学的尚古主义为前提的想法,但实际上以惠栋为中心的吴派基本与重视向汉学回归的历史主义接近,甚至可以说与像戴震一样追究事物是非的普遍主义和客观主义正好相反。在戴震的学问体系中史学被完全排挤也能印证这一观点。⑥

最后,由于篇幅的限制,笔者只列举戴震的《孟子字义疏证》(以下简称《疏证》)中被认为受到《几何原本》显著影响的三个概念。

2.1 关于"理"的普遍性 《疏证》中看到的"意见"的概念绝对不是单纯的"意见"或"见解"的意思,其中谬误、偏见等"揣测"的意味反

---

① 焦循《国史儒林文苑传议》(《雕菰集》卷12),3b。
② 关于《勾股割圜记》,请参照本书第5章。
③ 主要由民国时期的胡适和梁启超提倡的论点。
④ 据山井涌,明学的"空疏"有两层意思。一是"空疏不学",另一个是"空疏无用"。山井涌《明清思想史的研究》(东京大学出版会,1980),第242页。
⑤ 根据钱穆的主张。
⑥ 山井涌《明清思想史的研究》(东京大学出版会,1980),第376页。

而更为强烈。与宋学者"理在人心"①相对，戴震认为"理在事情"②，甚而用无谬性来定义③真理的普遍性。也就是说，和"意见"相对的概念是"理"（或"义理"），而"理"是指确凿且无谬的客观真理。他把可疑和错误的事称为"失理"，反之则称为"得理"。④戴震认为含有错误的知识是"还未达到十分的见解"⑤，而将"达到十分的见解"的知识当作"真知"⑥予以重视。这实在酷似《几何原本》的"实理"和"虚理"的概念。

2.2　关于"理"的后天性　　　　戴震通过否认"理"和"物"的先验性而保证了"真知"的可实现性。因为对他而言，相比较于"物"的"自然"，"理"更应该是"则"的"必然"。因此，这里的理与宋学里的"理的不偏性"相矛盾，被重新塑造为对"必然"的认识的方向性。换言之，戴震所说的"必然"必须推论到"禁止替换"为止，但仅能通过"盖就其所知，以证明其所不知"⑦的方法才能达成。这也与利玛窦的"理在物后"的理论和《几何原本》的"因既明累推未明，吾知奚至哉"⑧的演绎知识推论极为相似。

2.3　关于"礼"的不变性　　　　对戴震来说，"礼"是指能够消除"己"和天下这二者间相对立的方式乃至尺度。因为"礼"是"天地之条理"⑨，是

---

① 戴震以"如有物焉，得于天而具于心"总结了宋学者的关于理的言论。戴震《孟子字义疏证》卷上（《戴震全书》修订本，卷 6，黄山书社，2010），第 152 页。

② "以意见为理，自宋以来莫敢致斥者，谓理在人心故也。今谓理在事情。"戴震《孟子字义疏证》卷上（《戴震全书》修订本，卷 6，黄山书社，2010），第 153 页。

③ "故理义非他，所照所察者之不谬也。"戴震《孟子字义疏证》卷上（《戴震全书》修订本，卷 6，黄山书社，2010），第 154 页。

④ "不谬之谓得理。……疑谬之谓失理。"戴震《孟子字义疏证》卷上（《戴震全书》修订本，卷 6，黄山书社，2010），第 154 页。

⑤ "然寻求而获，有十分之见，有未至十分之见。"戴震《与姚孝廉姬传书》（《戴震全书》修订本，卷 6，黄山书社，2010），第 370 页。

⑥ "知十而皆非真知，不若知一之为真知也。"段玉裁《娱亲雅言序》（《经韵楼集》卷 8，凤凰出版社，2010），第 184 页。

⑦ 戴震《孟子字义疏证》卷上（《戴震全书》修订本，卷 6，黄山书社，2010），第 155 页。

⑧ 利玛窦《译几何原本引》（《几何原本》）1a。

⑨ "礼者，天地之条理。"戴震《孟子字义疏证》卷下（《戴震全书》修订本，卷 6，黄山书社，2010），第 204 页。

由"至当不易之则"①的"天下万世法"②所定。然而,这里"求其至当,即先务于知也"③,因此"凡去私不求去蔽,重行不先重知,非圣学也"④。戴震向古学回归的方式正是践行这种主知主义⑤,并贯彻用"理"的普遍性以保证"礼"的不变性这种非历史的和普遍主义的方法论。

综上所述,戴震是通过演绎体系中数理的思维,习得逻辑性、严密性、论证性等,并据此构建自己思维的。可以说经学者中十有八九把历算学也纳入研究范围是戴震之后才出现的情况。⑥在他看来,"数学"就是"理学"。顺带一提,"数学即理学"⑦这个用语或表现,依笔者个人拙见,首次出现在同样出生于安徽的方中通(1634—1698)《数度衍》一书里所附的揭暄(1613—1693)写的序文中。据揭暄所说,把数学的钻研做到极致时,"以至文胜无识之虚文,以实学胜无益之博学"⑧。笔者认为用"数学即理学"这五个字已经能非常准确地概括戴震的精神了。

---

① "礼者,至当不易之则。"戴震《孟子字义疏证》卷下(《戴震全书》修订本,卷 6,黄山书社,2010),第 212 页。

② "定之以为天下万世法。"戴震《孟子字义疏证》卷下(《戴震全书》修订本,卷 6,黄山书社,2010),第 204 页。

③④ 戴震《孟子字义疏证》卷下(《戴震全书》修订本,卷 6,黄山书社,2010),第 213 页。

⑤ 不过,戴震的主知主义并非是实践的而是直观的。山井涌《明清思想史的研究》(东京大学出版会,1980),第 375—376 页。

⑥ 梁启超著,小野和子译注《清代学术概论》(平凡社,1974),第 169 页。

⑦ "数学即理学也。"揭暄"序文"《数度衍》)1b。

⑧ 揭暄"序文"《数度衍》)1b。

第 2 部

第 **3** 章

清代前叶的满文书籍中的西欧科学和宗教
·

渡边纯成

序文

东亚对西欧科学的接纳,大致来看,能分为(1)17 世纪—18 世纪前期(明末清初)从中国本土开始到 18 世纪中叶扩散至东亚全域的第一阶段,和(2)18 世纪末—19 世纪中叶从日本列岛和中国本土开始直到现在的第二阶段。另外,第一阶段又分为明末和清代前半期两部分,后一部分的清代前半期有一个新的特征,即除了从明末开始以西欧耶稣会士和江南的汉人知识分子为活动主体以外,北京的清朝宫廷和旗人官僚也作为新的活动主体登场。这个时期用满文写成的西欧科学书和西欧宗教书都反映了清朝的第一公用文字是满文这个事实。

关于这些满文书籍,根据文本外部的途径即耶稣会士的著书和书简与清朝的档案类资料等进行的历史学研究很多,但可惜的是,从内部的途径即分析文本自身具有的语言学的特征属性,思想的、科学的内容,语言学和思想史、科学史的研究一直以来都不多。近年笔者在满文科学书(不限于西欧科学的主题)、满文天主教书以及顺治到雍正年间清朝政府翻译、刊行的满文儒教书方面,有组织地尝试了从内部途径进行研究。在本章中,关于满文西欧科学书、天主教书至今为止得出的结果,笔者将总结成两点予以介绍:(a)从思想史、科学史的观点来看接纳西欧科学的宏观特征,(b)从语言的微观分析中揭示文化史以及政治史的相关命题。分析方法和详细的分析结果将会在其他地方叙述,这里仅论述分析结果的概要及其包含的思想史、政治史的意义。

第1节　研究素材之文献

清代前半叶写成的满文西欧科学文献、天主教文献且笔者确认过的资料当中[①],主要是下列内容。若要列举关于现存的满文西欧科学书的书名和成书时间、主题、现在所藏地,有:

《满文几何原本》(1690 年左右,数学,圣彼得堡[②]、呼和浩特[③])

《满文算法原本》(1690 年左右,数学,圣彼得堡[④]、东京[⑤])

《满文算法纂要总纲》(1690 年左右,数学,巴黎[⑥])

《钦定格体全录》(1710 年左右,解剖学、临床医疗,巴黎[⑦]、圣彼得堡[⑧]、东京[⑨]、大阪[⑩])

《西洋药书》(康熙年间中期?,投药指南,北京[⑪])

在《钦定格体全录》中,明确提及存在以西欧化学为主题的满文书籍,至今未发现。据推测,世间还存在其他好几本满文西欧科学书,但似乎都遗失了。而且,残存的满文科学书中不以西欧科学为主题的几乎都是以中国医学为主题,从明代后半期到清初完成的医学翻译书占多数。

满文天主教文献中,面向非信徒的书籍有:

《满文天主实义》(康熙初年,康熙年间后半期修订,圣彼得堡[⑫]、

---

① 既存的满文书籍藏书目录中,大多是关于科学书的,将其视为同一类书籍本身有诸多问题,因此只把范围限定在确认过内容的书中。

②④⑫　东洋手抄本研究所。

③　内蒙古自治区图书馆。

⑤⑨　东洋文库。

⑥　法国国立图书馆。

⑦　法国国立图书馆、自然史博物馆。

⑧　东洋手抄本研究所、圣彼得堡大学东洋学部图书馆。

⑩　杏雨书屋。

⑪　故宫博物院图书馆。

巴黎）

《满文万物真原》（康熙前半期?，艾儒略《万物真原》的满文译本，巴黎）

《满文性理真诠提纲》（1757，孙璋《性理真诠》的抄译本，巴黎、天理①）

面向信徒的有：

《满文圣体要理》（康熙年间?，艾儒略《圣体要理》的满文译本，巴黎）

《满文天神会课》（康熙—乾隆初，潘国光《天神会课》的满文译本，巴黎）

《满文盛世刍荛》（雍正—乾隆初，冯秉正《盛世刍荛》的满文译本，巴黎）

《满文圣年广益》（雍正—乾隆初，冯秉正《圣年广益》的满文译本，巴黎）

其中大多数是汉文天主教书籍的满文译本。②满文天主教文献集中在法国国立图书馆（上述书单中藏于巴黎的书籍都是该馆的收藏），借由该馆的 Gallica 计划，大多在互联网上公开，不过需要注意登录书名大多有误。③

第 2 节　满文西欧科学书的政治史意义

进入正题之前，笔者先从政治史上的意义和清朝支配领域中信息流通构造的情况这个宏观视角，整理了关于西欧科学的海外信息的处理方式。

对于西欧科学的接纳，于 17 世纪后半期到 18 世纪前半期，清朝

---

① 天理图书馆。

② 《盛世刍荛》与《天主实义》《性理真诠提纲》不同，多有深入探讨基督论等神学论题之处，所以被分类为针对信徒的书籍。此外，《天神会课》是公教要理，《圣年广益》是圣人传。关于汉文天主教书籍的内容，请参照徐宗泽《明清间耶稣会士译著提要》（上海书店出版社，2006）。

③ 关于登录有误的详细情况和原因，请参照渡边纯成《关于〈满文天主实义〉的语言特征和著成年代》（《水门——词汇和历史》25 号，2013，L107—L156）的 L110—L111 页。满文科学书、小说中也有登录有误的情况。

宫廷与旗人官僚起着主导作用。经历了 18 世纪后半期到 19 世纪前半期的空白时期,19 世纪中叶以后清朝对西欧科学的吸收接纳才重新开始。那时,从洋务运动的登场人物名单就能够一目了然,主导运动的是汉人地方官僚和汉人知识分子。接纳科学的根据地从大局上看,与政治主导权的所在地是联动的。

17 世纪后半期到 18 世纪前半期,宫廷和旗人官僚起主导作用的时候,清朝支配领域内引进的西欧科学有由数学和天文学这两大支柱组成的数理科学,以及另一大分类的医学,中央政府根据这两大类进行信息管理。

关于数理科学,清初的西欧系数理科学的源泉在明末流入中国本土后,在江南的汉人知识分子中扎了根。康熙年间清朝政府将 16 世纪到 17 世纪前半叶的西欧科学知识和清初传来的 17 世纪的西欧科学知识这两种源泉纳入自己的管理之下。关于前者,象征性的体现是他们招聘了江南的汉人知识分子梅文鼎,将他的孙子梅瑴成任命为中央政府的官吏。关于后者,梅瑴成积极地把来到广东一带的具有数理科学素养的西欧传教士和西欧数理科学书带到北京的宫廷,进行信息管理。结果是,数理科学的信息都集中到了首都北京。这与洋务运动中形成的科学技术的据点主要在江南等沿海地区形成了鲜明的对照。通过政府编纂物将集中在北京的信息发送至支配领域的全境时,旗人也起了非常大的作用。比如,浏览与《律历渊源》的编纂有关的清朝官吏名单会发现,与测量等相关的"考测"者名簿中大部分为旗人,检查计算的"校算"者名簿中至少一半的人员为旗人。这与推进洋务运动的所有官吏和协助的知识分子都是汉人(没有一个旗人)的情况形成了极其鲜明的对比。

关于基础医学,解剖学书籍《格体全录》于 18 世纪初从西欧直接移入北京的宫廷。这本书是基于 17 世纪末的西欧解剖学,并用满文著成的。由于情报统一向北京集中,比起信息的地理分布,在这里更希望大家注意的是信息掌控权的民族特点。《格体全录》中有用蒙古文译的部分，广为蒙古学研究者知晓。被译成蒙古文的准确年代尚不明了，但据说是清代中叶。如在中国医学史和天主教布教史中所周知的，《格体全录》没有被汉译，因此对中国医学也未产生任何影响。但是，估计经由旗人，这本书对使用蒙古文的人们产生了影响。关于西欧科学的信息分布状况，不仅在地理上，连在民族上也不均衡。关于西欧解剖学，比起海外和清帝国之间的壁垒，北京的宫廷与民间地区之间的壁垒更高；比起宫廷与蒙古高原之间的壁垒，宫廷与曾经的明朝领地之间的壁垒更高。另外，关于数理天文学，《西洋新法历书》被翻译为蒙古文已广为人知，清代前半期西欧科学对蒙古人的影响还需今后的科学史研究者调查、分析。

　　西欧解剖学由宫廷用满文管理，所以可以想象对曾经明朝领地的民众来说那是看不见的知识。与俄国有关的外交信息由政府用满文管理，从汉人社会看来似乎也是看不见的知识。[①]另外，比起处于国内外之间的信息壁垒，国内的信息壁垒更高。例如，政府管理物资流通的机构——海钞两关的"税务行政制度中，国内交易与国际交易并未清晰地区分开来"[②]，在经济史中也经常有学者指出这一点。不论怎样，在日本江户时期能否通过长崎是海外科学信息能否在国内传播的决定性因素。在此提醒读者留意当时中、日两国信息流通结构上的巨大差异。

第 3 节　思想史和科学史的宏观观察

　　笔者在考察至今为止所使用过的汉文及满文资料后，从科学史和思想史相关的宏观角度观察，将这些资料里的史实或笔者推测出的内容整理为以下四点分别叙述：(i)无根据的"耶稣会士的恶意"说、(ii)伴随西欧科学转型而来的接纳、(iii)礼仪问题的影响、(iv)耶稣会

① 　关于与俄国关系的满文使用的不可见化，请参见柳泽明《清朝与俄国》(冈田英弘编《别册环　清朝是什么》，藤原书店，2009，第 191—200 页)的第 195 页和同论文的参考文献。

② 　岸本美绪《清代中国的物价与经济变动》(研文出版，1997)，第 174 页。

一方记录的可信度。

1 无根据的"耶稣会士的恶意"说

民国时期以后的汉人中间，流传着"耶稣会士从宗教立场出发，刻意歪曲、隐藏西欧科学"的言论。更有甚者，有些科学史专家也主张过相似言论。在此，笔者将通过数理科学方面的汉文资料和基础医学方面的满文资料，论述以上这个言论的根据薄弱之处。

1.1 数理科学（数学、天文学）　　　　关于数学、天文学，来华耶稣会士被谴责的主要理由是，不让清朝政府的天文学采用地动说。

可是地动说在坚持圆形轨道的哥白尼阶段时，并不能说是与其观测结果相同的理论。开普勒采用椭圆轨道后才首次得到了与观测结果相同的理论，但椭圆轨道自身通过坐标变换——坐标原点的移动，与天动说组合也并非不可能。地动说虽然无法还原坐标原点的移动，但其理论上的长处启发并引导了牛顿力学。不过，正如山田庆儿氏指出的一样，在 1700 年时由于光行差还未检测出，因此作为实验科学的牛顿力学还没有通过观测而得以确立。而作为理论意义上的牛顿力学，18 世纪前半期在数学方面还未整备完全，所以把它传授给第一次接触西洋数学的对象，确实有些轻率。当然，传授主体方的人才贫乏也是一个主要问题。

从现代科学的观点看地动说以外的所有天文学理论，也不都是没有价值。在分析观测对象依据的法则性和观测主体坐标变换的规则性时，形成了所有的物理学理论，不过二者从某种程度上来说可以相互独立。从第谷·布拉赫和《历象考成后编》的数理天文学采用天动说来分析观测对象遵循的法则性这一点而言，并不恰当，但作为分析观测主体的坐标变换的规则性是正确的。另外，在地球上各个不同纬度、经度的地点实施天体观测之际，不论是怎样的天文学理论，观测主体的坐标变换的规则性分析都是必要的。

微积分与牛顿力学一样，在 18 世纪初时是只面向一小部分专家的最新理论。即使到了现代,在大学生正规的教育课程中教授最先进的理论也几乎是不可能的。此外,当时的微分学滥用无限小这个在数学上未被公式化的对象,并利用数学角度的直观来掩盖其逻辑上的弱点,因此同时向初学者教授微积分和欧几里得《原论》的论证体系是十分困难的。而且在 18 世纪前半期,把微积分应用于牛顿力学取得丰富成果来事后将其正当化还是不可能的。

关于微积分之前的阶段中出现的各种各样的无限级数,其中一部分经由杜德美(Pierre Jartoux, 1669—1720, 1701 年来华)介绍,被梅毂成和明安图等继承,所以不可能有"耶稣会士对此隐瞒"这回事。

以上主要论述了科学理论的学说之优劣。因此,成立的理由与接纳者是汉人社会还是满洲人或蒙古人社会都无关。在实际的过程中,接纳者是在这些与天文学的西洋传统具有很大隔阂的东亚也就是非西欧社会里,这一点也必须要列入考虑之内。接受第谷·布拉赫的数理天文学这件事本身都意味着在汉人社会中与传统产生了巨大差异。在这样的情况下,主要注意力被限定在如何使人更容易地接受这一技术层面,尽可能地减少接纳者一方发出的反抗是主要的顾虑。这是科学以外的要因,但必须要注意不能把这归咎于耶稣会一方的恶意。

在此,只要想起西欧科学史中的定论和中文资料与满文资料毫无关系,那么关于数理科学的"耶稣会士从宗教立场出发,刻意歪曲、隐藏西欧科学"的言论便不攻自破了。只是,由于传播一方的能力有限,所以传播内容被限制是理所当然会被考虑到的因素。下文中,关于传播一方的能力界限,笔者会列出一个具体的例子。

1.2　基础医学　　　关于数理科学,虽然只需要中文资料就可以论证分析,但为了考察被介绍到清朝的西欧医学的水准,对满文资料的分析也是不可或缺的。

满文西欧医学书《格体全录》的上编,详细介绍了关于西欧 17 世纪末解剖学的最新知识。如下列出其中主要的内容。

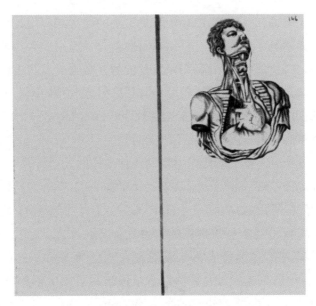

图 3-1 《钦定格体全录》法国国立图书馆所藏本①

血液循环的记述(上编 4-1-5 节"心脏的鼓动"和 4-4-1 节"人体中的血液循环")

肠间膜的淋巴管、胸管、乳糜池、淋巴管瓣的记述(上编 4-1-7 节"肠间膜")

关于胰管和胰液的动物实验的介绍(上编 4-1-6 节"小肠"附录)

涉及脾脏切除的动物实验(上编 3-4-4 节"脾脏")

肾小体(上编 4-2-1 节"肾脏")、大前庭腺(上编 4-2-8 节"子宫")、卵胞(上编 4-2-12 节"受胎")的记述

西欧的 17 世纪后半期,解剖学中根据肉眼观察达到极限,正处于逐渐向使用显微镜观察转移的时代。从书中有关肾小体的记载就能明白,《格体全录》及时反映了同时代解剖学上的发现。《格体全录》这本书中介绍的解剖学内容远远高出明末邓玉函所著述的《泰西人身说

① Gallica 地址是 http://gallica.bnf.fr/ark:/12148/btv1b9002929h/f482.image。图 3-1 展示了被心膜覆盖的心脏和其位置。人物的容貌来源于高加索人。

概》一书的水准。另外，其中也大致解说了动物实验的顺序，比起 18
世纪后半期的《解体新书》《格体全录》的记述更为详细与深刻。

《格体全录》下编虽以临床医疗为主题，但多处说明疾患原理的形
式论及生理学内容，比如 6-4-1 节"发热的机制"中，说明了 17 世纪前
半期由桑克托留斯发现的不感蒸发。

另外，关于医学理论和与医学相关联的哲学理论，《格林全录》仅
关注物质的身体的人体机械论（上编 1-0-2 节"身体形状的说明"），将
松果体当作精神与身体的连接点的笛卡儿学说（上编 1-1-5 节"脑"。
不过，与笛卡儿说过精神在力学上驱动动物精气不同，《格体全录》论
述精神改变动物精气的精粗），以及关于血液循环的笛卡儿学说的回
响（上编 4-1-5 节"心脏的鼓动"。在论述了哈维的血液循环说以后，又
论及"血液的精气被加热后，向心室流入的血液增加，心脏的鼓动也加
急了"）。

这反映了 17 世纪西欧的最新思潮。①另外，需要注意的是笛卡儿
关于松果体的机能的学说的前提是，遵循西洋解剖学的传统，并认为
精神活动发生在脑而非心脏。

从上述名单中，还能看出人体机械论和笛卡儿学说也包含在内。
由此可知，《格体全录》虽然是耶稣会士编译的书籍，但其宗教色彩并
不明显。涉及当时天主教教会的神学说的，只有上编开头的 1-0-1 节
"人的性质与身体"，如果把这一节去掉，那么基督教色彩就一点也不
存在了。19 世纪中叶合信（Benjamin Hobson）的《全体新论》中多处
涉及基督教，更像是一部宗教色彩浓烈的著作。

《格体全录》的局限是无视哈维的血液循环说和桑克托留斯的不
感蒸发研究中的数量的一面，另外，脸部骨头的记载部分有遗漏，关于
肋骨痊愈的部分有一点按照兴趣选择话题等。但是，考虑到假定的第
一读者不是医学专家而是康熙帝，而且作者巴多明（Dominique Parre-

---

① 关于详细的内容，在渡边纯成的《关于满文医学书〈格体全录〉》《满族史研究》4 号，2005），第
22—113 页中有介绍。

nin，1665—1741，1698 年来华）自身并非医学专家，这也是在所难免的。

在基础医学相关方面，根据满文资料，"耶稣会士从宗教立场出发，刻意歪曲、隐藏西欧科学"的言论可以被完全否定。

众所周知，清朝中央政府主办的西欧科学书的公刊，在乾隆二十一年（1756）刊行了《仪象考成》之后，便停止了。清朝中央政府还停止了让西欧传教士翻译在西欧出版了的科学书。许多学者从政治史观点指出，18 世纪中叶清朝政治扩张的结束与支配阶级对外兴趣的钝化是同时发生的。另外，虽然只是平庸的见解，但乾隆时期处于支配阶层的满洲人的汉化——探讨满文的语言资料便能推测①——是在他们对科学技术兴趣淡薄后才出现的。18 世纪的清朝势力范围内的西欧科学传播其决定性因素与其说是在传播者也就是耶稣会一方，不如说是在作为被传播者的清朝政府一方。

2　伴随西欧科学转型而来的接纳

东亚对西欧科学的接纳，在 19 世纪后半期拓展到了自然科学的所有方面，但 17 世纪到 18 世纪前半期的中国本土把范围只限定在数学、数理天文学等数理科学和医学。此外，关于自然科学的各个领域，19 世纪后半期西欧科学的知识体系不经任何修改被直接吸收，但 17 世纪到 18 世纪前半期的中国本土受到以往传统知识体系的影响，把从西欧传来的知识重组后再接受。下面笔者将从数学和基础医学方面，简单观察这个重组的状况。

2.1　数学　　数学方面，由利玛窦、徐光启汉译的欧几里得《原论》开头的 6 卷——万历《几何原本》开始，到由清朝政府编纂、公布的《数理精蕴》流传至东亚全境，共经过 3 个阶段，知识的体系化形成了从西欧式向中国式的转变。

---

① 参照渡边纯成《多语言世界的中国》（中村春作编《驶出东亚海域 5　从训读重新审视东亚》，东京大学出版会，2014，第Ⅱ部第 1 章）的第 89—90 页。

第一阶段是明朝万历年间利玛窦、徐光启翻译的《几何原本》。欧几里得的《原论》中频繁出现的希腊数学论证,也就是由公理以及公设、定理、证明组成的逻辑的、体系化的数学。关于定义的处理或公理及公式的含义,虽然与现代数学不同,但《原论》公理体系目标正好与现代数学公理体系目标相通。

第二阶段是清朝康熙中期的《满文几何原本》《满文算法原本》。由定义、命题和其证明组成的《原论》的体系化逻辑在《满文几何原本》《满文算法原本》中采用了具有教育性的通俗易懂的形式。就像在面向现代数学专业的大学生的多本教科书中看到的那样,《满文几何原本》《满文算法原本》中,每一章分别说明了一个定义、命题或算法,但并不在标题上明示"定理""命题"或"系"。书中的命题一定会伴随具体实例,一般状况下比起论证,《满文几何原本》《满文算法原本》更偏爱根据具体例子的数值和图形来说明。这一阶段与下一阶段相比的特点,是按照优先逻辑的体系化方式论述。比如自然数的乘法作为加法的反复被导入(《满文算法原本》东洋文库本第 6 节),这种情况下乘积的交换性被当作定理明示(《满文算法原本》东洋文库本第 22 节)。在现代,基于皮亚诺公理之上,用归纳性的方法定义乘积,乘积的交换性也被归纳性地证明了,但《满文算法原本》这种 18 世纪的书籍不可能采用这种现代方法定义乘积,证明乘积的交换性。然而,这本书在逻辑上明确地提出这样定义和证明其必要的性质这一点,作为论证精神的体现理应得到认可。此外,《满文几何原本》《满文算法原本》《满文算法纂要总纲》这 3 本书,都会通过明确地标注包含命题的章节号码来明示逻辑上的前提命题,命题间的互相关系和各命题的逻辑必要性变得更容易理解了。

第三阶段是清朝康熙末年的《数理精蕴》。《原论》(即万历《几何原本》)的文体是由定义、命题和对应的证明组成的论证形式构成的。《满文几何原本》《满文算法原本》则在分节的形式中以隐形的方式包含了类似《原论》的体系化文体,而这种形式未被《数理精蕴》采用,换言之,《数理精蕴》成为中项目形式的词典。可能是由于缺乏实用性,书中仅因逻辑上的要求而提出的命题被删除了;从乘法最初被当作可交换 2 项演算,到乘积的可交换性的直接说明消失了;逻辑上领先命题中也有一部分被省略了。其结果是,《数理精蕴》算法原本只论述初步的命题,在 20 世纪的研究者中评价有所下降,但是事实上"初步的命题"在《数理精蕴》下编的应用问题中被默默地当作必要命题,如果回到第二阶段就能明白。笔者认为可以把上述情况归纳为,在这本书中,理论构成中逻辑学上涉及的内容变少,局限于数学对象中内在的一种事物的逻辑逐渐变多。

现在的东亚地区的现代数学中依然在使用万历《几何原本》和《数理精蕴》中采用的几何学用语,如"对数"等,但《数理精蕴》的形式已经被现代学术书遗忘。

从第一阶段到第三阶段,逻辑的体系性慢慢变弱可以被视为东亚传统思维中对体系化逻辑与生俱来的违和感持续存在的一个表现形式。这令人想起了印度佛教的佛教逻辑学最后在东亚消失的过程。基本的思考模式与基本的存在感一样是不容易发生变化的。

如前所述,康熙年间清朝宫廷中,希腊数学体系的逻辑被缓慢否定的事实,令人想到在满洲人中间重视体系化的逻辑这一点上,对与希腊思想和倾向一致的藏传佛教格鲁派的佛教哲学的理解并没有那么深刻。近年,在清代内陆欧亚大陆的政治史研究者(并非佛教学研究者)中间,藏传佛教对满洲人的影响方面有被强调的倾向,但应该不至于具有超越对外关系中对外发言的水准,改变满洲人的基本思考样式,让创造性思考成为可能的影响吧。

2.2 基础医学 　　介绍 17 世纪西欧解剖学的《格体全录》被译为蒙古文却并未被译成汉语,可以理解为此书并未对中国本土的医学产生任何影响。其结果是,如前面观察到的关于接纳数学的经过,虽无法追踪整个过程,但从巴多明以西欧医学书为基础编纂的草稿,到被宫廷收藏的多部手抄本,都可以证实知识体系确实被重组的事实。

　　第一阶段是在康熙帝逝世后被送到法国，现在被保管在巴黎自然史博物馆里的《格体全录》最初的草稿。康熙帝对这份草稿修改的位置和内容的清单，虽然由斯塔里氏介绍过，①但使用这份清单的《格体全录》的巴黎自然史博物馆本和法国国立图书馆本等其他几个版本相比较，可以看出巴黎自然史博物馆本中的排列与其他版本中的排列具有巨大差异。一般，解剖学书籍中器官的排列方法主要分成根据身体部位归纳的局部解剖学和根据器官功能归纳的系统解剖学两大类。《格体全录》的所有版本在采用局部解剖学这一点上是共通的，只有巴黎自然史博物馆本采用了从腹部开始的局部解剖学。这是 17 世纪后半期的局部解剖学中普通的排列方法，②可以想象这应该是在解剖实习的场合使用的，因为在当时的技术水准条件下会从最容易腐败的腹部着手。③

　　第二阶段是《格体全录》的成稿。分析《格体全录》中所反映的增减部分和乱页状况等，能够发现法国国立图书馆本是从巴黎自然史博物馆本而来，根据法国国立图书馆本又（很可能在后来）制成了杏雨书屋本和东洋文库本 2 部，而订正了法国国立图书馆本乱页的，以仍未被发现的版本为基础写成的是圣彼得堡东洋手抄本研究所本。④除巴黎自然史博物馆本以外的这些版本中，除存在乱页的下肢各器官部分以外，排列是共通的，按照以下顺序排列。

　　　　上编第一卷　　　总论，头部和颈部
　　　　　　第二卷　　　上肢，胸部和腹部（外壁和骨骼、筋）
　　　　　　第三卷　　　背部和腰部（骨骼、筋、神经），下肢，肺和大肠，胃
　　　　　　　　　　　　和脾脏

---

① 　Giovanni Stary, "The Kangxi emperor's linguistic corrections Dominique Parrenin's translation of the *Manchu Anatomy*", *Altai Hakupo*（*Journal of Altaic Society of Korea*）13（2003），pp. 41-60.

② 　请参照坂井建雄《人体观的历史》（岩波书店，2008）第 4 章。

③ 　同上书，第 48 页。

④ 　关于诸本书籍与其关系的推测证据，请参照渡边纯成《满文医学文献杂考》（《满族史研究》6 号，2007）第 96—122 页的第 1 章。

第四卷　　心脏和小肠，肾脏和膀胱，肝脏和胆囊，血液循环和各种精气

按照身体部位论述这一点可以说是局部解剖学，但从身体上部向下部的排列与巴黎自然史博物馆本有巨大出入。另外，肢体的脏器是由肺和大肠、胃和脾脏、心脏和小肠组合这一点，从近代观点来看尤其异样，但这是沿袭了《黄帝内经》中典型的中国医学传统的排列。最初，是以胃、小肠、大肠的顺序排列归纳消化系统，这由粗糙的编排能看出。小肠和大肠的总论不在开头大肠的解说部分，而在后面小肠解说部分的开头。随着朝廷的介入，《格体全录》中器官的排列顺序被变更了。如此，在19世纪后半期以后的东亚西欧医学教育课程中，以中国医学为基础的记述器官顺序的再排列再未被适用于西欧解剖学。

3　礼仪问题的影响

《满文算法原本》东洋文库本的序文中，有如下宣言：

> ……理解"数"是真正通达的贤者首先需要解决的问题。格物致知的发端必定存在于此。……

接着，关于理解"数"的内容，分为"理的微妙之处"和"实用的伟大之处"进行说明。前者列举了天体现象、地理学定量的部分、"人事的计算与育成"、"万物的消长"4个项目，断定"世上存在永恒不变的理与数"。"万物的消长"中具有强烈的术数意义，关于天体现象、地理学的定量部分，应该可以想象其内容便是之后被收集在《律历渊源》里的康熙朝数理科学。后者列举了行政实务、商业活动、手工业产品的设计，指的正是日常生活中实际应用的算术和几何学。换言之，此篇序文把具有近代意义的数字而非术数定位为"格物致知的发端"。视"理"和"用"为对立的这一点也是与传统朱子学相违背的，倒不如以"理论"和

"应用"的近代二项对立为背景来解释更为通达。

一方面，如白晋（Joachim Bouvet，1656—1730，1687 年来华）的《康熙帝传》中所述的"亲切执笔序文"（平凡社东洋文库本，第 101—102 页），这篇序文由康熙帝自己执笔的可能性很高，耶稣会士的参与也是一目了然，而且，在耶稣会士明白该书籍有公布计划后，还附上这样的序文，可见当事者们认为"格物致知"与耶稣会的宗教哲学立场不矛盾。

另一方面，以教皇特使来华为契机，在清朝政府与教皇厅之间以外交问题形式爆发的礼仪问题的 1705—1706 年以后著成的《格体全录》中，相当于书籍的序文的上编 1-0-1 节"人的性质与身体"中，有如下记述：

> 人之所以比天地之间的所有存在物更聪明、高贵、有德行，是因为有形的身体与无形的灵魂相互结合成一个实体，与有形的天、创造天的无形的主共同联结在一起。与有形的天联结在一起的，即依存于天之精气而保持生命力的鲜活肉身。与创造天的无形的主相结合的，也就是所有天使的灵之智慧的基本与根本，依存于超越一切的伟大天主，保持明智与知性的灵魂。

把人当作身体与灵魂的复合实体来把握，是阿奎那神学的说教。严格区分"有形的天"与"创造天的无形的主"这一点如实反映了关于礼仪问题之争的教皇厅的决定。巴多明作为耶稣会士只能这样写。于是，不难想象，清朝也只能不公开含有这篇序文的《格体全录》。

其实，前一节也提到过，《格体全录》中仅在上编 1-0-1 节体现宗教色彩，恐怕这是巴多明的顾虑吧。所以，只要把上编 1-0-1 节归为清朝的责任删除，礼仪问题就不再会有了，据此可以认为清朝对此也不确信。关于数理科学，清政府能够独自验证书上的记述正确与否，但是关于解剖学，在当时的清朝支配领域中，人体解剖完全没有进行过，要确定《格体全录》的记述在医学上是正确的,并且要确定上编 1-0-1 节以外不含有冒犯到清政府关于礼仪问题的立场的文字是不可能的。

礼仪问题影响了满文西欧科学书的内容,可见这是它是否可以公开的要因之一。

4 耶稣会一方记录的可信度

一方面,关于满文西欧科学书文本之外的途径,大多依存于耶稣会士的著书和书简中的记述。因此,检验这些著书和书简的记述真实与否,在理论上是困难的。另一方面,专注于满文西欧科学书的文本自身的分析方法,由于与耶稣会士的著书和书简中的记述相对独立,因此能够检验它们的记述真实与否。在此,笔者在《满文算法原本》《满文算法纂要总纲》《格体全录》等基础上,考察白晋的《康熙帝传》和巴多明书简(矢泽利彦编译《中国的医学与技术 耶稣会士书简集》第4、第5书简)的记述的正当性。结论是,(a)白晋的记述中细节有问题,如要引用,有必要与其他资料一起对照并检讨,(b)如果巴多明的记述正确,那么《格体全录》的内容虽被证实,但并未全部被涉及的可能性很高。

4.1 白晋记录的可信度 白晋《康熙帝传》中,关于康熙帝的西欧数学学习,有如下记录。

……时常复习欧几里得的最重要的命题……经过五六个月就能精通几何学的原理了……(后藤末雄译,平凡社东洋文库本,第 85 页)

我们把这些原理用鞑靼语写下。另外我们还在稿本中添写了欧几里得、阿基米德书中记载的必要且有益的命题以及它们的图形。(后藤末雄译,平凡社东洋文库本,第 85 页)

皇帝对几何学的原理了如指掌,因此起草了用鞑靼语写下全部理论的实习几何学集,以及用原理说明同样的方法,提出了进一步讲解实习几何学的希望。同时,皇帝还对安多师父,下达了

在涉及算术和几何学计算的洋书和汉书中,用汉语起草包含最为
珍贵的内容的两种数学的计算问题集的命令。(后藤末雄译,平
凡社东洋文库本,第 86—87 页)

据此,除欧几里得《原论》中几何学的满文讲义录之外,"涵盖全部
理论的实习几何学集"的满文书籍被编纂,还有由安多(Antoine
Thomas,1644—1709,1682 年来华)编纂的"算术和几何学的计算问
题集",即《算法纂要总纲》。问题是《满文算法纂要总纲》以外现存的
满文数学书,后来又经过加工编纂,作为《数理精蕴》的一部分而公开
刊出的内容,只有《满文几何原本》《满文算法原本》这两种。这两本书
虽然部数相同,但内容不一致。《满文几何原本》虽涉及几何学,实质
上却不是欧几里得的《原论》。《满文算法原本》包含了欧几里得《原
论》卷 7 的内容,但《原论》卷 7 的主题是初等整数论而非几何学。《满
文算法原本》确实是在那个年代写成的,却很难在《康熙帝传》中找到
完全一致的记录。另外,《满文几何原本》是《数理精蕴》几何原本的源
头,但不是以欧几里得的《原论》,而是以耶稣会士巴蒂(Ignace
Pardies)的教科书(*Élémens de Géométrie*)为底本广为人知。[①]
另外,在《康熙帝传》中,关于数学讲义录的印刷有如下记载:

我们循着以前在说明几何学原理时同样的顺序,说明了全部
理论上的和实际的几何学。……若要说明这两个草案如何受到
重视,那么必须指出皇帝命令将其从鞑靼语翻译为汉语的事实。
皇帝亲自执笔序文,加在了两书的卷头。接着,皇帝为了在皇城
内印刷两个草案,在全国范围内用双语[②]发放,还下了校阅两书的
命令。皇帝从很久以前就确立了把西欧的全部科学移植到中国,

[①] 请参照任继愈主编《中国科学技术典籍通汇》数学卷第 3 册(河南教育出版社,1993),第 1—10
页中韩琦《数理精蕴提要》与其中的引用文献。
[②] 指满文和汉语。

使它们流通到国内所有地方的计划，所以公开刊出这些讲义草案，首先想到的是要实施这个计划。……（后藤末雄译，平凡社东洋文库本，第 101—102 页）

《满文算法原本》包含了可能是康熙帝写的序文，所以据此推测"两个草案"的其中之一是《满文算法原本》，但正如先前所言，《满义算法原本》并非几何学书籍。不过，在此笔者试图提出的问题点是，《满文几何原本》和《满文算法原本》的流通状况。

《满文几何原本》从其内容来看，与上述引文中"两个草案"的任意一个都相符，却似乎未被公布。附于《格体全录》上编 3-1-1 节"脊柱与椎骨"中，巴多明对康熙帝提出了下述问题。

> 尖的角和钝的角
>
> 西洋书中所说的锐角和钝角，奴才我根本找不到适当的译文，所以只能按照字面书写。能否向皇上请教其译法。

不仅是巴多明，连给予巴多明协助的官吏们也不知道对应"锐角"和"钝角"的满文单词。《满文几何原本》当然在平面角的几处解说中提到了锐角、钝角的定义用语，可参见内蒙古自治区图书馆本的第 1 章第 16 节。如果《满文几何原本》被公开刊出，或者至少在宫廷内被派发流通的话，那么巴多明便没有必要向康熙帝提出那样的问题了。此外，世人普遍认为《格体全录》是在 1710 年前后 5 年的时间内被编纂，所以张诚（Jean-Francois Gerbillon，1654—1707，1687 年来华）已经去世的可能性很高，但白晋还活着。所以要么是巴多明处于难以与白晋取得联系的状况，要么是白晋也不懂《满文几何原本》的数学用语。

从《满文大学衍义》（康熙十一年刊）到《满文性理精义》（康熙五十年代刊）为止的康熙年间官修儒教书中，满文的某种表达方式极少出现，因此可以推测这样的表达方式并不被推荐使用。这类不被推荐的表达方式在《满文算法原本》东洋文库本中未遭增减，保持原样留存了下来。如果说草稿的话，这种表达方式被留存也不是什么稀奇的事。然而，《满文算法原本》东洋文库本是精写本，而非草稿。关于残留在《满文算法原本》中未被推荐使用的这种表达方式的具体实例，笔者将在下一节论述。比如，以终助词 inu 结尾的独立句子变为知觉或是认识动词 sa- 的目的语句时，仍有多处保留这个终助词。[①]康熙年间的官修儒教书，尤其是《满文日讲》系列和《满文性理精义》中的语言保持着优秀的平均水平，令人联想到当时满洲人语言意识的高度，但是《满文算法原本》中的满文完全没有达到如此令人满意的高度的语言意识水准。这也让人不禁怀疑《满文算法原本》是否作为官修书被公开刊出。

　　结果，白晋《康熙帝传》的记述没能成为满文数学书实际上被公开刊出的证据。公开刊出的计划可能是存在过，但有可能只是康熙帝对从事编纂的白晋和张诚随口一提。

　　另外，虽然白晋的记述给人以白晋和张诚的数学能力没有问题的印象，但实际上他们缺乏正确对初等整数论的命题进行定式化的能力，研究《满文算法原本》就明白了。《满文算法原本》第 37 节的命题如下：

　　　　存在互相不能整除的两个数，如果一个小的数能被这两个数中的一个数整除，那么它就必定不能与另一个数互相整除。

但对最初的这两个数设下的条件是"互相不能整除"，必须是"没有 1 以外的公约数"（现代的说法即"互为质数"），命题后面附上的例子也是如此。这个命题，在《满文算法原本》东洋文库本中没有被增减的痕迹。《数理精蕴》算法原本中，这个命题未经过修正即被删除了。

---

① 从杂乱的笔记和反复的删除、插入等可以确定这是草稿，《满文算法纂要总纲》（法国国立图书馆本）中的这个用法要比《满文算法原本》东洋文库本多很多。

在阅读白晋《康熙帝传》的记载时，读者有仔细甄别剔除部分内容的必要。

4.2 巴多明记录的可信度　　编译《格体全录》的巴多明在其书简①内，回想了《格体全录》的编纂和与宫廷内医学活动相关的往事，巴多明的记述由《格体全录》一书被确证。

巴多明对关于满文中解剖学用语的丰富性做了如下叙述：

> 如能实行这样的翻译，说明鞑靼语中具有足够多的词汇吧。而我的回答是不仅有足够多，甚至有过多的词汇。（矢泽利彦编译《中国的医学与技术　耶稣会士书简集》，平凡社东洋文库本，第55页）
> ……关于不借助于鞑靼人所没有的显微镜而能看到的所有部分，我轻易地发现了其特有的语言。我必须排除那些只在活着的动物身上显现，死后便消失的部分（同样还有只能用显微镜看到的部分）。他们的语言中用来正确叙述人体的必要用语一个也不缺。（矢泽利彦编译，平凡社东洋文库本，第67页）

关于这一点，《格体全录》的半个世纪以后，在日本把《解体新书》翻译成汉语时，凡遇到必须造词的解剖学用语，都会使用《格体全录》中已经存在的满文单词来翻译，满文中解剖学用语的丰富性可见一斑。

胰脏用《格体全录》中已经存在的固有词 amu 来翻译。由于 amu 是乾隆年间官修满文辞典《增订清文鉴》中被分类为饭肉类的用语，所以可以推测译者可能在比较解剖学的知识中借用了关于哺乳类家畜的用语。腺——由于是 17 世纪西欧医学中的概念，与现代医学中"腺"的概念有些许差异，它也依然用现成的单词 cilcin 来翻译。软骨也是用现存的单词 buge 来翻译的。而"神经"的译文，是用满文中代

---

① 矢泽利彦编译《中国的医学与技术　耶稣会士书简集》（《东洋文库》，平凡社，1977）第4、第5书简。

表"腱"的 sube 来充当的，可以猜想这是因为拉丁语 nervus 是腱的意思。《格体全录》中，关于解剖学用语，汉语的影响几乎不存在。满文中解剖学用语丰富性的原因，可能是满洲人受到蒙古畜牧文化的影响，不论如何他们词汇的丰富是事实。

关于巴多明编译解剖学和临床医疗以外的相关书籍，有如下的记载。

> 陛下提出了许多关于化学及其原理，比如毒物的速效性和决定药物效果的快慢等的问题。……由于涉及如此多层面的这些问题，我们为陛下另行制作了一卷的资料，它与不包含关于解剖学的题目诸卷分别开来。（矢泽利彦编译，平凡社东洋文库本，第72页）

此外，涉及临床医疗的《格体全录》下编 6-4-1 节"发热的机制"中，提及巴多明编纂的以化学为主题的文献。下编的这一节中关于破坏物质、蒸馏后得到的 3 种盐类，巴多明引用"以前，经调查后奉上的书籍"的说明，这里是指上述巴多明书简里"关于解剖学诸卷以外的一卷"。

巴多明回想晚年的康熙帝受心悸的病痛之苦，喜欢把胭脂红酒当作治疗药剂服用：

> ……陛下在当地，正如在欧洲一样，考虑调制胭脂红酒（用红蚧染成红色的酒精饮料）。由张诚送至我们之处的药剂立即治愈了陛下所患的心脏悸动症。……（矢泽利彦编译，平凡社东洋文库本，第96页）

康熙帝的这个病例与另一个病例疟疾都在有关临床医疗的《格体全录》的记述中有所反映。《格体全录》下编中关于疟疾和心脏疾患有比较长的解说，5-3-1 节"心脏的疾病"中，病症型悸动被详细归类为10

种以上内因和 3 种外因。包括病症型悸动在内的心脏疾患治疗法,介绍了许多调配胭脂红酒的方法或德里鸦噶(含阿片复方药剂)等制成的药剂。《格体全录》关于心脏疾患或胭脂红酒的解说中,确实具有在康熙帝仙逝后能令编译者巴多明回想当年往事的密度。

笔者认为巴多明关于医学活动的回忆不管是从内容还是着眼点看,都在《格体全录》中得到了印证,从中还能窥见巴多明脚踏实地的人品。

不过,巴多明的回忆虽然被公认为没有错误或者谬误,但这并不意味着他毫不隐藏地说明了一切。正如前一节所写,礼仪问题确实是决定《格体全录》不幸的要因之一,但巴多明仅仅暗示了康熙帝对《格体全录》可能引起汉人社会对人体解剖意识形态的反感的忧虑,而丝毫没有触及礼仪问题本身。巴多明甚至没能在立场上暗示礼仪问题成为公布《格体全录》的障碍。巴多明的回忆可靠性极高,但关于他没有谈及的事情有哪些,必须参照其他资料。

第 4 节　满文西欧科学书、西欧宗教书的语言分析及其结论

到前一节为止,关于科学史、思想史上的论点可以说是从宏观的视角,阐述了满文西欧科学书的概况。关于满文西欧科学以及宗教书,本节从语言学的立场分析与文本密切相关的微观性质,从而论述这些性质在文化史以及政治史上的意义。

1　满文西欧宗教书的语言特征

首先,在论及满文天主教书籍的语言特征之前,笔者想说明一下作为比较、对照基准的官修满文儒教系书籍。笔者在这几年,将顺治至雍正年间制成的满文儒教书和满文科学技术文献转换成电子文本,在统计意义上分析了语言特征的作业。《洪武要训》全文(顺治三年序),《满文大学衍义》1—22 卷(康熙十一年序),《满文日讲书经解义》

全文(康熙十九年序),《满文日讲易经解义》全文(康熙二十三年进呈疏),《满文古文渊鉴》43—64 卷(康熙二十年代),《满文性理精义》1—4卷、6—10 卷(康熙五十年代),《满文孝经合解》全文(雍正五年序),《满文庭训格言》全文(雍正八年序)等已经录入完毕,文本档案大约达到了 8MB。在满学研究者间也众所周知,与早田辉洋氏制成的《满文三国志演义》《满文金瓶梅》的电子文本(文本档案约 7MB)一起分析,便拥有了可能在统计意义上论证不存在特定语句的数据量,甚而,研究者根据种类、作者的不同能够观察同一时间里的变化。只要能分解20—30 年的时间,那么追踪不同时间的变化也成为可能了。关于官修的满文儒教系书籍中儒教用语和一般词汇以及语法变化,笔者曾在几篇出版物中论述了概况。[①]

其次,笔者将论述在比较这些满文儒教书、满文白话小说的电子文本时发现的满文天主教书籍的语言特征的概况。详细请参照《水门——词汇和历史》25 号所收的笔者的论文(本书第 137 页注 3)。另外,关于满文天主教书籍,在法国国立图书馆网站上公开的文献中,《满文圣年广益》以外的所有文献都被输入为电子版,文本档案轻松超过了 1MB。

满文天主教书籍中最为显眼的特征是,(a)终助词 inu 的问题的某个用法,即出现在表现关系节内部和认识动词的认识内容的目的语节内部的终助词 inu 的存在,和(b)代表"有意地"意思的副词"gelhun-i"的存在。

关于(a),笔者制成的官修儒教书电子文本中,关系节内部没有出现过终助词 inu。认识动词的目的语节的内部出现终助词 inu 也是极为罕见的,仅限于在《满文古文渊鉴》中看到的两例。根据早田氏,他制成的白话小说电子文本中,终助词 inu 没有出现于修饰名词 ba("地

---

① 关于儒教用语请参照渡边纯成《从满文思想、科学文献看训读论》(中村春作等编《续训读论》,勉诚出版,2010,第 220—259 页)。包含一般词汇及语法的概观,请参照中村春作编《驶出东亚海域 5 从训读重新审视东亚》第Ⅱ部第 1 章。

方")的关系节内部。但是,《满文天主实义》圣彼得堡版本和法国国立图书馆 Gallica 公开版本以及《满文性理真诠提纲》中,有终助词 inu 这样的用法。关于(b),一方面,在笔者与早田氏双方的电子文本中不存在"gelhun-i"的文字排列。代表"有意地"意思的是"gelhun akū"。另一方面,《满文圣体要理·满文圣体答疑》《满文天神会课》《满文盛世刍荛》中,"gelhun-i"频繁出现。

另外,在《满文三国志演义》和顺治至雍正年间的官修满文儒教书中,由近称指示代名词表达句子的主题之际,仅用 ere(直译为"这")即可,《满文金瓶梅》中还有用 ere serengge(直译为"正是这个")的地方。笔者称这个现象为"主题提示的 ere serengge"。满文天主教书籍《满文天主实义》法国国立图书馆 Gallica 公开版本以及《满文万物真原》《满文天主正教约征》《满文圣体要理·满文圣体答疑》《满文天神会课》《满文盛世刍荛》中,发现了"主题提示的 ere serengge"。它由于在《满文金瓶梅》中也出现了,所以不算作误用。不过,《满文金瓶梅》的文体对汉语范围内更偏好文言文讲道的天主教传教士而言,并非合适的工具。这作为西欧耶稣会士的满文运用能力没有达到能够选择适当文体水准的实例,值得深思。

在《满文圣体要理·满文圣体答疑》《满文天神会课》中有几处与主题提示相关联的问题点,比如多处误读及误译汉文原文里的主题提示"若"为假定"若"。

满文天主教书籍中,与主题提示关联的问题点和与终助词的用法关联的问题点根本上在于西欧耶稣会士的母语与具有阿尔泰语系的,甚至东亚特征的满文之间语法上的差异。西欧耶稣会士的母语的语法学为主语加谓语的结构,而分析东亚大多数语言得出的语法结构是主题加陈述,这二者可谓大相径庭。所以,无法适当地用汉语文言文、满文解释或者运用主题提示本身,可以被阐释为由母语产生的强烈干涉。此外,西欧耶稣会士使用的母语其文体结构中必定含有系动词。如果考虑到这个事实,那么西欧耶稣会士把满文中作为终助词解释更为贴切的单词理解成系动词的运用就不足为奇了。这样，终助词 inu 被频繁误用的原因也就清晰了。

几乎所有的满文天主教书籍都犯下了至少一项的错误，如汉文原文的误读、满文的误用、不贴切的文体选择等。除了这些错误以外，读者还时常能在满文天主教书籍中观察到译文选择不贴切的情况。只有《满文天主圣教约言》避免了上述缺点，不过很有可能是因为它字数少的关系。另外，译者在翻译十诫的第七诫时出现了致命的弱点。《满文天主实义》《满文性理真诠提纲》等面向非信徒的书籍与公教要理等面向信徒的书籍具有不同的倾向，笔者记得后者，尤其是被认为与冯秉正（Joseph Marie Anne de Moyriac de Mailla，1703 年左右来华）有关的书中，有很多不正确的满文。

满文天主教书籍的译者们，大多没有研读过官修满文儒教书。翻译了《满文性理真诠提纲》的孙璋（Alexandre de la Charme，1695—1767，1728 年左右来华）在引用儒教书之际，仔细参照了政府提供的满文译文，却并未达到完全没有语法问题的水准。当然也不难推测出，研读官修满文儒教书的满洲知识分子没有协助编纂满文天主教书。如果用标语来总结的话，那就是"满洲人中没有出现徐光启"。

2　满文西欧科学书的语言特征

前一小节的概况中讨论的满文天主教书籍语言上的问题点，是如何体现在满文西欧科学书上的呢？满文西欧科学书是由以满文为母语的康熙帝校阅的。除了白晋、巴多明的证词以外，《满文算法原本》东洋文库本和《格体全录》的多个版本中都被确证有康熙帝改动过的痕迹——至于那是康熙帝本人的笔记或是抄写者复写的初印本中的修改，则另当别论。因此，学界普遍期待能获得证明满文西欧科学书具有康熙年间官修满文儒教书和天主教书的语言特征的证据，或者，与其中某一种相符的证据。

2.1　数学　　　　关于《满文几何原本》，由于缺乏足以经得起统计学考察的文献数量，在此笔者将考察目标限定于《满文算法原本》和《满文算法纂要总纲》。《满文算法原本》采用东洋文库本全文，而《满文算法纂要总纲》则采用法国国立图书馆本的前半部分。前者是精写本，几乎已经完稿。后者是草稿，增减处极多。因为数学用语不同，比如"比值"的译文，还有《满文算法纂要总纲》句子长度更短的倾向，所以从这些语言方面的特征来看，几乎能够推定这两部著作的作者是不同的人或团体。《满文算法原本》应该是由张诚或白晋所作，《满文算法纂要总纲》则大概经安多之手而著成。

前一小节中论述的终助词 inu 的某个有问题的用法同时在《满文算法原本》和《满文算法纂要总纲》中被发现。康熙年间成立的官修满文儒教书籍中几乎未曾见到过的终助词"inu＋ombi"的组合频频出现，十分显眼。《满文算法原本》虽然几乎是成稿，但这些用例没有被删除，多数残存了下来。

上述二者的格助词使用不稳定，尤其在《满文算法纂要总纲》中误用很多。

另外，双方都有不用形容词或副词而使用代名词处理全称的倾向，换言之，直译为日语便是"……的全体"这种说法的倾向。这是具有阿尔泰特征的语言中不自然的西欧语言的行文风格，理所当然在清代前期的满文、官修的满文儒教书或《满文三国志演义》《满文金瓶梅》中都没出现。这个措辞在《满文算法原本》《满文算法纂要总纲》中的用例，无一例外都被删除，被变更为"所有的……"或"……是全体"。因为这个语法没有在满文天主教书中出现过，所以得以判断这是在习得满文时间不长的西欧人的著作中特有的现象。

《满文算法原本》东洋文库本尽管几乎是成稿，但不知为何，说是误用也不为过的不恰当的满文表现依然残存。作为笔者的臆测，有三种能解释得通的可能性。

第一，《满文算法原本》是在 1689 年或 1690 年著成的。这个时期，正是清朝对准噶尔汗国战争激化，安全保障面临蒙古高原重大危机的时刻。康熙帝没能在时间上和精神上得闲，无法严密地修改数学书以及校正，西欧耶稣会士根深蒂固的误用也在情理之中。第二，迫于对俄国以及对西欧的外交，早早地确保有精通满文的西欧人助手成为当时清朝政府的当务之急。虽然有必要让西欧耶稣会士学习满文，不过当时为了不打击他们的学习欲望，清朝政府多少对他们学习上的缺点睁一只眼闭一只眼。第三，还有一种可能性是类似近代日本发生的，容许进口学问在语言上的差错，但考虑到康熙年间满洲人的语言意识之高，这种可能性就很低了。

2.2　基础医学　　现存的《格体全录》有完成稿以及完成稿复制的诸版本。法国国立图书馆本是宫廷用的精写本，关于它遣词造句的细节值得详细讨论。东洋文库和圣彼得堡东洋手抄本研究所所藏的不包含插图的诸版本，被认为是后人以营利为目的而制作的复制本。虽然有排除拷贝失误的必要性，但如果只是像上一节一样讨论满文天主教书籍中是否有问题点的话，笔者认为就没必要那么神经质了。

将满文天主教书籍从官修满文儒教书中区别开的语言特征并未出现在《格体全录》的诸版本中。词性分类与官修满文儒教书相一致，惯用句里也未发现与官修满文儒教书相左的用法。巴多明的回忆录中时常提到《格体全录》由于得到了许多满洲官吏的协助得以编纂完成（矢泽利彦编译《中国的医学与技术　耶稣会士书简集》，第52、54、73—78页），《格体全录》语言质量之高，也印证了巴多明的回忆是准确的。

3　满汉数学书问世的先后

与《满文几何原本》《满文算法原本》《满文算法纂要总纲》这3种满文数学书相对应，世上还留存汉语数学书《汉文几何原本》《汉文算法原本》《汉文算法纂要总纲》。据白晋《康熙帝传》推测，《满文几何原本》《满文算法原本》比《汉文几何原本》《汉文算法原本》更早编辑而成。但正如前文所论述的，至于是否能相信白晋的记述，笔者认为其真实性还存有疑问。在这一小节中,笔者将从语言层面着手,试图分析关于各种数学书的满文版与汉语版哪一个先问世的问题。

首先,本节基于官修满文儒教书籍的语言分析结果,对清朝政府负责翻译的机构在将汉语翻译为满文时的翻译原则做一个整理。康熙帝向白晋等人调派多位官吏作为语言层面的协助者(《康熙帝传》平凡社东洋文库本,第85页)。关于这些官吏的满文水平,由于他们理所当然了解《满文日讲解义》系列和《满文古文渊鉴》等翻译成果,所以如果他们参与把汉语文献翻译为满文的工作,那么他们极可能采用这些翻译成果中确立的原则。

从译词方面而言,汉语中的专门用语是通过转换已经存在的单词而来的,满文也同样如此。汉语中的专门用语如果由多个词素组合而成,满文也采用与之相对应的词素,组合出满文的专门用语。不过,笔者觉得与乾隆中期之后这两种语言之间的词素的严格对应不同,康熙年间只有部分单词的意思被复原,也不要求具备能够严格对应词素的倾向。此外,顺治、康熙年间,用满文标注、用汉语发音的汉语文言文中的专门用语,被当作满文中的专门用语采用的例子也有很多。这里的"汉语发音"到底是以哪种方言的哪种发音为标准,暂且不论。像这种使用满洲文字表记汉语发音而创造满文专门用语的方法,众所周知,从《翻译四书》(乾隆二十年刊)开始直到乾隆中期完全被抛弃。取而代之的新方法是在临摹汉语中意义论上的相互关系的同时,从业已存在的固定词汇中造词,用看上去像固定词汇的新造词汇来代替。

关于译文,官修满文儒教书中经常出现逐语译,能将原本的汉语复原的定型化译文也很多。只不过,这里的"逐语译"的实质内容在康熙年间和乾隆中期以后是有差别的。前者的意思是"每字每句都翻译到",而后者在词性、名词词组和动词词组等构成上,具有追求严格对应的倾向。

接着,笔者将对满文西欧数学书进行讨论。与问世顺序相反,在此笔者先论述《满文算法纂要总纲》。

如在前一小节中指出的,在《满文算法纂要总纲》法国国立图书馆本中,最初使用了"……的全体"这一西欧的语法,后来这一用法立刻被修改了。像这样的语法即使在汉语文言文中也显得很不自然,所以笔者推测《汉文算法纂要总纲》的决定稿首先问世,之后才被译成满文。先汉语再满文的顺序才使得上述语法出现的可能性变小。另外,如果汉语版本先出现的话,满洲人或汉人官吏协助者即使不懂数学含义也能在文字层面上得以理解。因此,他们应该不难阻止汉语文言文或满文中这种不自然的语法出现。

另外,《满文算法纂要总纲》(法国国立图书馆本)第 2 册第 6 页中,关于分母与分子,起初被译为 ubu be gebulere ton("被译为分的数")、ubu be toloro ton("数分的数"),之后这两个译法被删除,它们又被分别译为 dendere ton("分割的数")、dendebuhe ton("被分割的数")。ubu be gebulere ton 是 dénominateur 的直译,ubu be toloro ton 是 numérateur 的直译。二者在西欧语言中都起源于数学用语。再提一句,中国数学中的分数从《九章算术》开始就已经成为研究对象,专门用语也被确立。为了使得用汉语写成的数学书通用于中国本土,有必要沿用这些被确立下来的专门用语。如果清朝政府把汉语写成的数学书译成满文的话,那么他们使用的译文应该是根据官修满文儒教书中译文的原则而完成的吧。如果是这样的话,在西欧的语言中寻求数学用语起源的理由便不存在了。

从上述两个观点出发,《满文算法纂要总纲》比《汉文算法纂要总纲》更早问世的结论更为妥当。

接下来,笔者将探讨《满文算法原本》。笔者曾经提出过,欧几里得《原论》中的 metior("被测量")最初在《满文算法原本》东洋文库本中,被译为 lak seme kemne-("恰好地测量"),后来变更为 wacihiyame kemne-("毫无剩余地测量"),最后定为 kemneme wacihiya-("测量完全")。kemneme wacihiya-从词素层面对应了《数理精蕴》算法原本中的译文"度尽"。如果《汉文算法原本》比《满文算法原本》更早完成,汉译词

"度尽"更早被使用的话,那么从官修的满文儒教书中的译文原则来看,立刻过渡到满文译文 kemneme wacihiya-是很自然的。lak seme kemne-或者 wacihiyame kemne-等多次尝试失败的理由是不存在的。

因此,从上述论点来看,自然能得出《满文算法原本》比《汉语算法原本》更早完成的结论。这与白晋《康熙帝传》中的证言也相符合。

以上是假定精通满文的清朝官吏介入了满文西欧数学书编纂而得出的结论。接下来,笔者试着假定西欧耶稣会士自食其力把汉语数学书翻译成满文。前文已经提及,满文天主教书中具有满文能力可能较低的西欧耶稣会士直译汉语语句的倾向。除固定名词以外,还在《十字的标志》中的"十字"和《天使祝词》中的"恩宠"①等少数地方,出现了拉丁语等单词的满洲文字表记。结果,就算是西欧耶稣会士自食其力把汉语数学书翻译为满文,汉译词"度尽"先被创造出来的话,之后立刻过渡到满文译文 kemneme wacihiya-的可能性非常高。因此,认为《满文算法原本》比《汉文算法原本》更早问世也更合乎情理。

4 编辑满文科学书的意义

在此,笔者试图在康熙中叶时期的清朝宫廷这个大背景下的文化和政治语境中,思考编辑满文科学书的意义以及使用满文讲授西欧数学的意义,比起证实或叙述史实,根本目的在于提出假说。

第一,虽然是极为平庸的解释,但笔者认为理由之一是康熙帝的第一语言是满文。一般情况下,以最惯用的语言进行的思考是具有创造性和生产性的。康熙帝的第一语言是满文的证据,首先不言而喻的是康熙帝留下的满文文献的数量之多,其次从康熙帝校阅的官修满文儒教书中也可略窥一二。这些儒教书虽然是逐语译的著作,但与乾隆中期以后的"四书五经"翻译不同,它们明确了不可能做到逐字逐句对应翻译的倾向,另外,如果用一个满文单词对应多个汉语单词的话,则通过前

---

① "恩宠"(gratia)基于南方音定下的汉字表记而用北方音来读,这一点从开头的子音/g/是否发音就可以知道。

后文来辨别而非另造新词,尝试在满文单词间维持汉语单词间的差异。这个事实说明了在康熙年间,满文是与汉语差别极大的别种语言,同时表明了翻译者与校阅者的语言意识的原点处于满文而非汉语上。

第二,耶稣会士向康熙帝侍讲对康熙帝而言,是自身习得西欧科学的机会,也是让西欧耶稣会士学习满文的机会。以让西欧耶稣会士服务清朝、从事外交为目的而实施满文教育是满文作为侍讲语言的另一个理由。在 1687 年来华的耶稣会士洪若翰(Jean de Fontaney,1643—1710)、张诚、李明(Louis-Daniel le Comte,1655—1728)、白晋、刘应(Claude de Visdelou,1656—1737)中,在数学、天文学相关领域最为突出的是洪若翰,如费赖之所言,洪若翰于法国国内已经具有多年教学经验了。[1]不过,被选为侍奉康熙帝的宫廷数学家的是比较缺乏学术成果的张诚和白晋。这件事在科学史研究者中是一个长期的未解之谜,但如果理解向康熙帝侍讲的目的之一是使侍讲者学习满文的话,那么这件事自然是十分合理的了。张诚和白晋当时来华的年龄都在 30 多岁,而洪若翰已经 44 岁了。因此张诚和白晋对新的语言记忆力更强,而且他们被寄予工作年数的期望也比洪若翰长 10 年。康熙帝自己修改了西欧科学的讲义录。如巴多明的回忆中所提到的(《中国的医学与技术　耶稣会士书简集》平凡社东洋文库本,第 78 页),康熙帝出于教育上的考虑选择了等待,直到西欧耶稣会士自食其力找出适当的表现方式。这样的负担通过选择更容易接受新语言的比较年轻的西欧耶稣会士作为教育对象而有所减轻,这对康熙帝本人而言,是极为合理的举措。

根据费赖之的记载,雍正年间任职钦天监监正的西欧耶稣会士戴进贤(Ignatius Kögler,1680—1746,1716 年来华)并无太高东亚语言相关的语言能力。[2]晚年康熙帝费尽心力让巴多明学习满文,巴多明奠

---

[1]　参照 Louis Pfister, *Notices Biographiques et Bibliographiques sur les Jésuites de L'ancienne Mission de Chine 1552-1773*, Imprimerie de la Mission Catholique, Shanghai, 1932-1934 中第 170 条 Jean de Fontaney。

[2]　同上书,参照第 297 条 Ignace Kögler。

定了宋君荣（Antoine Gaubil，1689—1759，1722 年来华）等后来的西欧耶稣会士学习满文的基础。由此，雍正年间翻译外交材料的工作才从翻译科学材料的工作中分离出来，并且使得科学工作只需要考虑科学上的能力成为可能。

5 西欧化、近代化和"汉语脉络"

近年，斋藤希史氏等命名的"汉语脉络"研究中论述到日本幕府末期之后的近代化、西欧化进程中汉语文言文所起到的作用。在此，笔者想从满文西欧科学以及宗教书的观点出发，回顾"汉语脉络"的意义。

如前文所述，满文西欧科学书不论是以数学还是基础医学为主题，都是从西欧的语言直接翻译而来。解剖学书籍《格体全录》虽然受到了强烈的蒙古文化的影响，但几乎丝毫未受到汉语文言文的文化影响。这一点在翻译西欧解剖学的时候，起了有利的作用。汉语脉络在接纳西欧科学时，并非必不可缺。

不过满文天主教书几乎都是从汉语天主教书翻译的。汉语天主教书中有一部分受到公文文体或白话文影响，但不管怎样，满文天主教书都是经由汉语而完成的。在个别语言表现中，不时可以看到直译自汉语的具有违和感的康熙年间的满文。满文天主教书籍与满文西欧科学书不同，在汉语脉络中占有一席之地。科学与宗教在是否具有汉语脉络这一点上具有巨大差异。

汉语脉络的影响在西欧天主教书中比西欧科学书更强，不仅有文化上的理由，更重要的则是冷酷的经济原则导致的结果。对于康熙年间的满洲人来说，满文是第一位的，清帝国的第一公用文字不是汉语而是满文，儒教书也是被有组织地译成满文。对满洲人传教时，用汉语写成的天主教书不可能比用满文写成的更有利。但是，从天主教各传教团来看，有充分的理由必须优先使用汉语版而非满文版。与清朝政府在背后支持的西欧科学书不同，天主教书籍必须由各传教团自己负担翻译活动与出版活动的经费。包括系统性创作在内的译文的翻译活动要求不菲的经济负担。结果,不难想象,出于费用与效果的双重考量,针对读者人口占有压倒性多数的汉语天主教书,传教团自己负担经济上的成本,实现利益最大化,而从汉语向满文的翻译,只需要按照清朝政府制定的翻译规则就能尽可能地节约劳动力,这一选项比从头开始著成满文天主教书更为经济实惠。

"汉语脉络"的现象中,有些地方与其用特定语言具有的文化威信和造词能力,不如用经济原则进行说明。

结语:满文资料的意义

本章最后将考察东亚科学史、思想史中满文资料的意义。

清朝政治史研究中,满文资料从 20 世纪开始就被借鉴了。借鉴的方法可以分为两类:一种是用满文资料考证汉语资料里的推测,另一种则是从满文资料中获取汉语资料里完全没有的信息。

在本章中论述的关于西欧科学的满文书籍里的信息也体现了这两类方法。关于数理科学,更多的是考证汉语资料里的推测。而关于基础医学,则是获得了汉语资料中得不到的信息。满文资料在科学史方面本质上与在政治史中具有同样的意义。

笔者希望本章中使用的自然语言的统计性分析,能在一定程度上为政治史研究者在采用满文资料时,提供有用的工具。满文语言学还未在文体分析上发明必要的方法论以及构建数据库,难以被称为语言学家的笔者必须实行生疏的作业,所以本章中还留有很多不充分的部分。希望语言学研究者能更多地参与这项研究。

另外,本章最后触及了与"汉语脉络"相关联的问题,根据满文儒教书说明满洲人的儒教理解的内核,依然是今后的一大课题。由于是与西欧科学以及宗教完全无关的话题,在此并无涉及,但满文儒教书的思想史是以满文语言学的意义论的深化为先导的,是必须要研究的重要主题。

第 **4** 章

西洋乐典的东渐
——关于《律吕正义》续编
·
川原秀城

第 1 节　《律历渊源》与《律吕正义》续编

《律吕正义》5 卷是清朝康熙帝钦定的音乐理论书籍,与天文学书《历象考成》42 卷、数学书《数理精蕴》53 卷一样,是科学宝典《律历渊源》中的一部分。

《律历渊源》的编纂工作可简单整理为如下的发展情况。(1)康熙五十一年(1712),陈厚耀"请定步算诸书,以惠天下"。(2)康熙五十二年九月,圣祖命令和硕诚亲王胤祉等修编"律吕算法诸书"。(3)康熙五十三年十一月,胤祉等奉上《律吕正义》。(4)康熙六十一年六月,《数理精蕴》与《历象考成》告成。(5)雍正二年(1724),世宗合编并刊行此三书。

《御制律历渊源》100 卷由 3 部构成,具体如下。

Ⅰ　《历象考成》42 卷

上编"揆天察纪"16 卷,下编"明时正度"10 卷,表 16 卷

Ⅱ　《律吕正义》5 卷

上编"正律审音"2 卷,下编"和声定乐"2 卷,续编"协均度曲"1 卷

Ⅲ　《数理精蕴》53 卷

上编"立纲明体"5 卷,下编"分条致用"40 卷,表 8 卷

上编说明了历律算各学问的渊源,下编记述了其致用之术。

　　《律历渊源》的"纂修编校诸臣职名"表中，记载了从事该书纂修官员的姓氏。其中有"承旨纂修"的和硕庄亲王胤禄与和硕诚亲王胤祉，"汇编"的何国宗和梅瑴成，"分校"的魏廷珍、王兰生、方苞等。此外，"考测"由钦天监正的明安图负责。

　　《御制律吕正义》5 卷是"古今乐律之大成"之书（文渊阁本书前提要）。作为名副其实的集大成者，上编 2 卷讲述以最新理论为基础的清朝十四律制（正律审音），下编 2 卷叙述相对应的乐器制作理论（和声定乐）。然而本书不只是对建立于经学传统上的音响物理学加以古典学历史学考察，以建立清朝 200 年乐律的正统理论。续编 1 卷记载了从根本体系上相异的欧洲音乐记谱规则（协均度曲），并用这个外国乐律理论佐证"经史所载律吕宫调"，通过"分配于阴阳二均高低字谱"（《续编总说》），使清朝乐律的规则规范统一。若从这一点来看，此书与《历象考成》《数理精蕴》一样，不仅是古今律历学之集大成者，还必须作为"中西会通"的思维成果加以把握。

　　据说，《律吕正义》主要是由于王兰生、魏廷珍、梅瑴成的努力得以完成。但对于续编的完成，精通音乐的欧洲传教士的存在不可或缺。因为康熙年间，根本不存在用汉语写成的西洋音乐书等。葡萄牙人耶稣会士徐日昇（Tomás Pereira，1645—1708，1672 年来华）与意大利人遣使会（拉匝禄会）士德理格（Teodorico Pedrini，1671—1746，1710年来华）都是参与续编编纂的传教士。

　　《律吕正义》续编的框架虽然与徐日昇和德理格都有关，但他们并不是在同一时期内一同协力完成此书的。根据白晋的《康熙帝传》、续编的"总说"和结构、《德理格马国贤上教皇书》等的记载，便得以明白最初续编之原本是徐日昇编的汉语音乐教科书，后来德理格对其修补，才最终定下续编的基本形式。

　　最终完成《律吕正义》续编 1 卷的当然是蒙养斋的词臣们，但关于本书浑然一体的结构，必须归功于徐日昇和德理格。本书第 1 项是"续编总说"，第 2 到第 9 项记述了关于乐音高低的五线谱和阶名唱法

(solmisation)，第 10 到第 17 项阐述了关于乐音长短的音符休止符等记谱法，第 18 项的"乐图总例"回顾总结了本卷，其结构正与西洋乐典(musical grammar)的结构相一致。

《律吕正义》续编中写的记谱规则虽然最重视正确表示乐音的高低与长短，但它与近现代的记谱法并不完全相同。以前的音乐史研究并未明了地分析过续编的系统是因为它与近代记谱法不同，而笔者之所以研究欧洲 17 世纪记谱法的历史发展，并与续编的规则互相对比，也是因为这两种法则的异质性。

第 2 节 五线谱与阶名唱法

《律吕正义》续编对西洋音乐的记谱规则的说明从呈现赋予乐音高低的五线谱开始。也就是说，第 2 项"五线界声"作为第一规则，用图示的方式展现了五线谱，做出"凡度曲之声字(阶名)不过七音，至第八而仍合于首音。因用五线以界声音之序"等说明。在西洋音乐史中，以 10、11 世纪左右开始在显示旋律向上向下的纽姆(neuma)中画出作为音高的标准水平线为开端，到了 15、16 世纪水平线的数量变成了 5 条，这种五线谱的形式最终得以确定。

第 3 项"二记纪音"是变音记号(accidentals)的说明。"凡乐不出刚柔二端，故用刚柔二记以纪清浊互易为用之号"，赋予(1)柔记的♭降号(flat)和(2)刚记的♯升号(sharp)。这一项中记述了"♭记"是指比基本音低半度的浊声或是柔音，用于柔乐；"♯记"是指高半度的清声或刚音，用于刚乐(临时记号)，这两种记号同时是表示调的记号(调号)。

第 4 项"六字定位"论述了表示乐音相对高低的阶名唱法(solmisation)。其要点在于用 6 个音节(1)乌(ut)、(2)勒(re)、(3)鸣(mi)、(4)乏(fa)、(5)朔(sol)、(6)拉(la)命名了阶名，据此确定"声音之位"——表示半音音程的位置的地方(图 4-1)。续编用这 6 个字标记阶名，虽说第七音的音节在续编里不存在，但这里的"六字定位"与之后西洋中世纪的六音音阶（hexachord）并非一回事。续编中有记载"夫弦音七声之度，有五全分二半分。今止用六字纪之"，续编的音阶（声）是在中古音乐的六音音阶上加上第七音（无名），无法否认它已经形成了七音音阶（heptachord）。阶名唱法的直接起源据说与中世纪意大利的音乐理论家圭多·阿雷佐（Guido d'Arezzo，990 年左右—1050年左右）的发明有关。

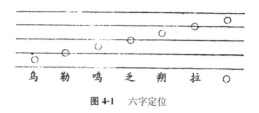

图 4-1　六字定位

第 5 项"三品明调"是谱号、音部记号（clef）的说明。为了规定五线谱上音的绝对高低"明调之等差"，"三品明调"导入了（1）上品的形号即高音谱号、高音部记号，（2）中品的形号即中音谱号、中音部记号，（3）下品的形号即低音谱号、低音部记号。三品的形号与现行的记号仅在形状上有一些小差别。此外，它还记载了上品画于首线或是二线之上，中品画于二线、三线、四线，下品在四线、五线上。

第 6 项"七级名乐"说明了关于音名（pitch name）的唱法，"用乐名之七级（七干音的音名）以明弦度之七音"。图 4-2 正是此说明图。它说明了（1）首线的"朔勒乌"显示了 g 音以及 g 线，（2）"拉鸣勒"是 a 音

图 4-2　七级名乐

以及 a 线,(3)"乏鸣"表示 h 音以及 h 线,(4)"朔乏乌"是 c 音以及 c 线,(5)"拉朔勒"则为 d 音和 d 线,(6)"拉鸣"是 e 音和 e 线,(7)"乏乌"则表示 f 音和 f 线。

不过"乐名七级,止列一图,不足以明声字属何品调,故又列一图"。另一张图是"上中下三品纪乐名七级图"(图 4-3),其解说是第 7 项的"上中下三品纪乐名七级"。图 4-3 的音域从声乐等的实际开始说明,即从 G 到 f^2 的 3 个八度(octave)。不过乐名七级和三品的关系对于其干音而言,"第一乐名朔勒乌之乌,第二乐名拉鸣勒之勒,第三乐名乏鸣之鸣,第四乐名朔乏乌之乏,第五乐名拉朔勒之朔,第六乐名拉鸣之拉,皆属上品",第 4 干音的乌、第 5 干音的勒、第 6 干音的鸣、第 7 干音的乏、第 1 干音的朔、第 2 干音的拉属于中品,第 7 干音的乌、第 1 干音的勒、第 2 干音的鸣、第 3 干音的乏、第 4 干音的朔、第 5 干音的拉属于下品。这是指(1)从 G 或 g、g^1 开始的音列属于上品,(2)从 c 或 c^1 开始的音列属于中品,(3)从 f 或 f^1 开始的音列属于下品。然而仅根据给定的 7 个干音,不可能在上品的音列里加上把第 6 音和全音分隔开的第 7 音,所以只能认为上中下三品的规则并非七音音阶,而是中古音乐的六音音阶。因此笔者必须推定,这一规则是以欧洲中世纪的音阶理论为基础,对应六音音阶的组织。

据说这一西洋六音音阶的组成是由圭多·阿雷佐于 11 世纪确定了体系,13 世纪杰罗姆·摩拉维亚(Hieronymus de Moravia)详细说明其体系而在 G~e^2 之上又创造了 7 个音列(图 4-4),到了 17 世纪随着调性音乐的进展,它自然而然地消失了。这 7 个六音音阶能被分为 3 类,即(1)硬六音音阶(hexachordum durum)、(2)自然六音音阶(hexachordum naturale)、(3)柔六音音阶(hexachordum molle)。图 4-4 的第 1、第 4、第 7 音列是硬六音音阶,第 2、第 5 音列则是自然六音音阶,第 3、第 6 音列是柔六音音阶。六音音阶中的"硬""柔"称呼来自音列的第 3 音中有硬的口音(b durum)即现在的 h 音,以及柔的口音

（b molle）即现在的 b 音。但若论及其内部的音构成，3 种六音音阶都有半音置于中央，前后两个排列着全音，形式几乎完全相同。

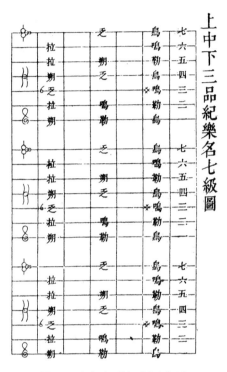

图 4-3　上中下三品纪乐名七级图

	Γ	A	B	C	D	E	F	G	a	b♭	b♮	c		d	e	f	g	a	b♭ b♮		c d		e
1.	ut	re	mi	fa	sol	la																	
2.		ut	re	mi	fa	sol	la																
3.				ut	re	mi	fa		sol			la											
4.					ut	re		mi	fa			sol	la										
5.						ut			re	mi		fa	sol	la									
6.									ut	re	mi	fa			sol	la							
7.											ut	re			mi	fa	sol	la					

图 4-4　六音音阶的组织

上中下三品的规则虽然不具有简洁的音标式音名表示法,却能被认为相当于杰罗姆体系中的一种变形。因为(1)二者音域相一致;(2)上品相当于硬六音音阶,中品等于自然六音音阶,下品等于柔六音音阶;(3)第三乐名的刚记是硬六音音阶的硬口音,柔记是柔六音音阶的软口音;(4)第8项的"半分易字"(下述)对应了产生于六音音阶阶名唱法中的变换法(mutatio),所以这两种规则的纲领性理论一一对应是再明显不过的了。

实际的旋律有时超越六音音阶而发展开去,但在六音音阶阶名唱法中,如果不用别的六音音阶置换就无法唱出阶名。这就是阶名的置换即变换法存在的意义。第8项"半分易字"记载了这个变换法的原则,"若(声字)上起出拉,下落过乌,则以七乐名之第二乐名拉鸣勒、第五乐名拉朔勒这两乐名内之一字易之",等等。图4-5正显示了拉朔勒等于 d^2 音的勒被上品的朔替换。

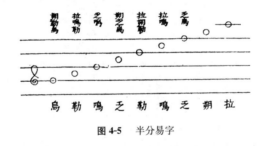

图4-5 半分易字

第9项"新法七字明半音互用"正如其名,是对新法的说明,其规则采用了与记载于第7、第8项的中世纪六音音阶系统完全不同的系统。这一新的规则就是,(一)"以七字配七乐名"——在六音音阶的阶名(1)乌、(2)勒、(3)鸣、(4)乏、(5)朔、(6)拉上增加了第7项的犀(si),这七字代表了7个干音的音名(1)c、(2)d、(3)e、(4)f、(5)g、(6)a、(7)h(固定 do 唱法);(二)七乐名的各调——(1)C调、(2)D调、(3)降E调、(4)F调、(5)G调、(6)A调、(7)降H调的长音阶,用变音记号表示七音音阶是主要的改革点,这与现行系统基本一样。不过在各调长音

阶的说明中，不使用五线谱，而用以"一弦全度"为首音的七声的度
（图 4-6）。

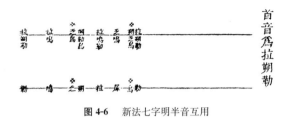

图 4-6　新法七字明半音互用

　　关于第 7、第 8 项和第 9 项之间内容上的矛盾，能直接归因于来自
17 世纪欧洲音乐发达国家意大利的传教士德理格对最新理论的增补
吧。但必须从更根本上来理解，即 17 世纪是从中世纪教会旋法音乐
向近代和声调性音乐转型的匆忙过渡期。欧洲 17 世纪的音乐由于过
渡期的存在，所以有教会旋法的深厚影响，而且在过渡期，六音音阶教
会旋法的和声与七音音阶全音阶的和声混合并用。关于上述中世纪
特点与近代特点并存这一点，可以在续编记述的音符休止符的定量记
谱法中再次看到。

第 3 节　音符休止符的定量记谱法

　　《律吕正义》续编的第 10 项之后，转而记载了关于乐音长短的记
谱法的说明。因为无韵律（rhythm）的标识，正确地标记音乐等是不可
能的。

　　首先第 10 项"乐音长短之度"是关于音之长短表记的总论。标记
乐音的长短必（1）对于长短采用一定的标准，（2）由此决定一定的形
号，所以以手势的抑扬为其基准音价，原文写道"取手之一扬为半度，
一抑为半度，合一抑一扬而为全度"。

　　第 11 项"八形号纪乐音之度"以及第 12 项"用八形号之规"图示
了八形号即 8 个音符（note）的形象，还加上关于其名称和音价的说

明。音符分别被称为（1）倍长分（八倍全音符）、（2）长分（四倍全音符）、（3）缓分（倍全音符）、（4）中分（全音符）、（5）半分（二分音符）、（6）小分（四分音符）、（7）速分（八分音符）、（8）最速分（十六分音符），其形号如图4-7所示。音符显示的音长是把"手势的一抑一扬"作为全度乃至中分的音价，将其基准音价按次序翻倍或减半以决定各音价。音符的形象或二进（二价）的原则虽与现行的记谱法相同，但音符的音价是固定的，与现行法相异。

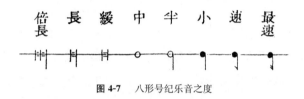

图 4-7　八形号纪乐音之度

必须说，上述相关系统与欧洲的白符定量记谱法（white mensural notation）的系统相类似。白符定量记谱法是定量地表示乐音长短的记谱法的一种。作为基本符的白符（white note）被频繁使用成为这个名字的由来。白符定量记谱法常用于15世纪中叶到17世纪初。音符的名称从慢符到快符依次为（1）maxima、（2）longa、（3）brevis、（4）semibrevis、（5）minima、（6）semiminima、（7）fusa、（8）semifusa，除了 semibrevis 之后的5个音符符头的形状是菱形以外，几乎与续编的八形号相等。基准音价采用一抑一扬的手势（tactus），由 semibrevis 表示。各音符的音价通过递增或递减基准音价定位，增法（加法）和减法中有完全 perfectum＝三价法和不完全 imperfectum＝二价法两种，8个音符的7个间隔中，brevis 和 semibrevis 之间即 tempus（原义：时间），semibrevis 与 minima 之间即 prolatio（原义：扩展）使用了二价法或三价法。除此以外的皆采用二价法。由此产生了四种拍子——（1）不完全 tempus 不完全 prolatio 节拍（tempus imperfectum cum prolatione imperfecta）、（2）不完全 tempus 完全 prolatio 节拍（tempus imperfectum cum prolatione perfecta）、（3）完全 tempus 不完全

prolatio 节拍(tempus perfectum cum prolatione imperfecta)、(4)完全 tempus 完全 prolatio 节拍(tempus perfectum cum prolatione perfecta)。节拍记号用圆代表 tempus 的完全,用半圆代表其不完全,用点代表 prolatio 的完全(图 4-8)。这一节拍记号规则毋庸置疑与续编的音乐系统相对应,它完全依据二价法的不完全 tempus 不完全 prolatio 节拍,比如乐谱的开头,谱号、变音记号以外用C(半圆)记谱。

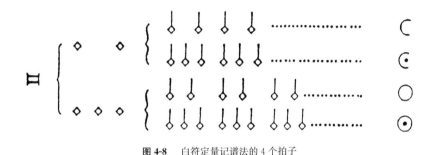

图 4-8   白符定量记谱法的 4 个拍子

第 13 项"八形号定为三准"是指作为"节奏之缓急""曲奏之迟速"(速度)基准的三准。此三准为(1)全准、(2)大半准、(3)小半准。三准的八形号以手势的一抑一扬为 1 度,如表 4-1 有各自的音价。大半准与小半准包括记号在内,等于白符定量记谱法的不完全 tempus 不完全 prolatio 节拍与它缩小了二分之一的 proportio dupla,但全准并非如此。所谓 proportio(原义:比例)是指能够按照一定的比率缩小以及放大音符的基本价 integer valor(大半准的音价)。

表 4-1   八形号定为三准

	倍 长	长	缓	中	半	小	速	最 速
全 准〇	12	6	3	3/2	3/4	3/8	3/16	3/32
大半准C	8	4	2	1	1/2	1/4	1/8	1/16
小半准C	4	2	1	1/2	1/4	1/8	1/16	1/32

第 14 项"八形号配合音节"是对依照大半准的八形号"迟速长短之节"的说明。只要读者瞥一眼对四声(最高声、高声、中声、下声)总

谱的记载，便知道其外并无任何新颖之处。

第 15 项"八形号准三分度"是 proportio 的再次说明。只不过与第 13 项三准（平分度）以音符基本价（C 的音价）的平分（缩小二分之一）为基础不同，第 15 项里所有的三分度是以基本价的三分（缩小四分之三）为基础。三分度的音价（手势的一抑一扬为 1 度）如表 4-2 所示。表中，括弧外的数字表示真正的音价，括弧内的数字表示歌奏时代用的假定音价。另，据说在白符定量记谱法中，"大半准的三分度"的 proportio 记号被用于缩小三分之一。

表 4-2　八形号准三分度

	倍　长	长	缓	中	半	小	速	最　速
大半准Ⅽ	6	3	3/2	3/4 (2/3)	3/8 (1/3)	3/16 (1/6)	3/32 (1/24)	3/64 (1/24)
小半准Ⅽ	3	3/2	3/4 (2/3)	3/8 (1/3)	3/16 (1/6)	3/32 (1/24)	3/64 (1/24)	3/128 (1/48)

第 16 项"平分度三分度互易为用"最初以平分度与三分度的连用为例，叙述了变通"乐音之迟速"的方法；其次介绍了与其关联的改变音符音价的方法等，诸如形号旁加一点等。形号旁加一点相当于现行记谱法的附点（dot），附加在音符旁的点代表了在原来音符的音价上又加了二分之一。此项又论及白符定量记谱法的 color（用中形号的涂黑来表示差速）和分割点 punctus divisionis（于各形号旁缀各顶点式，以别度分）等古法，即被遗弃的方法。

第 17 项"乐音间歇度分"是关于休止符（rest）的说明。休止符与音符相同，被称为（1）倍长分（八倍全休符）、（2）长分（四倍全休符）、（3）缓分（倍全休符）、（4）中分（全休符）、（5）半分（二分休符）、（6）小分（四分休符）、（7）速分（八分休符）、（8）最速分（十六分休符）。其形号如图 4-9 所示。休止的时价以音符的系统为标准，采用二价法，但根据三准或二分度、三分度又有一定的变化。相关的休止符制度与音符制度相同，虽然与白符定量记谱法的系统类似，但差异点也有很多。比如，休止符的记号在半分（二分休止符）以下都不相同。

图 4-9 乐音间歇度分

　　总而言之，一方面，《律吕正义》续编的音符休止符的记谱系统与欧洲 15 世纪以来的白符定量记谱法的系统极其相似，但另一方面又不能否认分割以及增减音符和休止符之际，在完全使用二分割二价法等方面，与近现代的记谱法非常接近。关于上述该乐制的新旧并存的特性的原因，在于 17 世纪欧洲音乐通过旧乐理规则的合理化等来尝试完善和声调性音乐，其变革期间固有乐理上的混乱确实是当时欧洲音乐的实情，续编的系统只不过直接地反映了当时乐理上的混乱而已。

※ 本章在大阪大学中国哲学研究室编《中国研究集刊》日号（1990）所收的《关于〈律吕正义〉续编——西洋乐典的东渐》的基础上完稿。

参考文献

陳万鼐『清史楽志之研究』，台北：台北"故宮博物院"，1978.

楊蔭瀏『中国古代音楽史稿』上下，北京：人民音楽出版社，1981.

矢沢利彦「律呂正義と徳理格」，『東洋音楽研究』1の3.

皆川達夫「記譜法の歴史」，『音楽芸術』1957.1-1958.3.

皆川達夫「中世後期から現代までの記譜法の変遷」，『音楽芸術』1959.2-1961.2.

皆川達夫監修『楽譜の本質と歴史』，日本放送協会，1974.

アインシュタイン『音楽史』（大宮・寺西・平島・皆川訳），ダヴィド社，1956.

マックス・ウェーバー『音楽社会學』（安藤・池宮・角倉訳解），創文社,1967.

岸辺成雄『音楽の西流』,音楽之友社,1952.

山根銀二編『岩波小辞典　音楽』2 版,岩波書店,1965.

浅香淳編『標準音楽辞典』,音楽之友社,1966.

Oliver Strunk，*Sourse Readings in Music History*，New York：Norton，1950.

第 **5** 章

戴震和西洋历算学
·

川原秀城

　　说起"乾嘉之学",中国学的研究者大概会立刻联想起考证学以及古典主义,进而连锁反应地也会想起关于戴震和钱大昕的学术吧。实际上并无多少研究者想起在同一时期,与考证学同样风靡一时的天文算法的研究在中国历史上达到了空前繁荣。借用梁启超的话来说,"自尔(戴震)而后,经学家十九兼治天算""兹学(天文、数学)中国发源甚古,而光大之实在清代"(《清代学术概论》十五)。[①]通过梁启超的记载便能完全领略,乾嘉期迎来了能与考证学比肩的历算学的盛况。

　　关于清朝历算学研究,第一点需要注意的是,将古典研究作为自己毕生目标的经学者无一例外都对此项研究注入了学术上的热情。理所当然地,这一自然学研究里不可避免地展现了古典主义的影响,反之必须要承认的是,考证学中也受到了历算学方法的影响。事实上,前人的研究已经论证了这两种学问是互相影响作用的。[②]那么,这两种学问又是怎样互相影响以及影响到何种程度? 下面,笔者将以被视为清代考证学的集大成者戴震的历算学最高峰学术著作《勾股割圜记》为主要材料,尝试对上述问题进行一些简单的分析考察。[③]

---

① 日语译文摘自小野和子译注《清代学术概论》(平凡社,1974)。以下相同。
② 尤其具有启示性的是近藤光男的《清朝经师的科学意识》《关于戴震的〈考工记图〉》《关于〈屈原赋注〉》《戴震的经学》《清朝考证学的研究》,研文出版,1987)。
③ 关于《勾股割圜记》的研究论文,有薮内清《戴震的历算学》(《明清时代的科学技术史》,京都大学人文科学研究所,1970),钱宝琮《戴震算学天文著作考》(《钱宝琮科学史论文选集》,科学出版社,1983)。

第 1 节 《勾股割圜记》

"盖自有戴氏,天下学者乃不敢轻言算数,而其道始尊。"(阮元《畴人传》卷 42·戴震)

1 版本等

乾隆二十年(1755),戴震 33 岁。他寄居于纪昀的家里,写成了《勾股割圜记》3 篇。乾隆二十三年(1758),歙县人吴思孝撰序,出版此书(段玉裁《戴东原先生年谱》)。

《勾股割圜记》中,上述的(1)吴思孝刊本以外的现存版本中,有相当一部分文本里的构成和字句具有差异。这一事实不仅表明这本书在不同时期被多次修正,也说明它拥有广泛的读者。根据钱宝琮的整理,改订大致分为四次,有四种改订本。

(2)秦蕙田《五礼通考》"观象授时"所附刊本

(3)经韵楼《戴东原集》卷七所收本

(4)《戴氏遗书》"原象"所收本

(5)微波榭《算经十书》所附刊本

其中,(2)《五礼通考》3 篇与吴思孝刊本具有相同的格式,由正文与图注、吴思孝的补充注释组成。正文从 2 414 字增加到 2 417 字,没有大幅改订。(3)经韵楼本 3 篇没有图注和补充注释,只由正文构成。总字数有 2 268 字。(4)《戴氏遗书》的"原象"由 8 篇组成,其中后 4 篇组成《勾股割圜记》。第五、六、七篇基本与经韵楼本字句相同,第八篇是其补记。这 4 篇的总字数是 2 785 字,不包括算图与注释。(5)微波榭本 3 卷合并了"原象"的第五和第八两篇为上卷,第六篇为中卷,第七篇为下卷。总字数为 2 735 字。正文中虽然配有图注与补注,但经常有前后矛盾的现象,有时也与正文不相符。[1]

---

[1] 请参照钱宝琮《戴震算学天文著作考》(《钱宝琮科学史论文选集》,科学出版社,1983),第 157—158 页。

2 内容分析

《勾股割圜记》(1)不仅是一本解释西方传来的"三角八线"法的高级历算书,(2)还是一本"因周髀首章之言,衍而极之,以备步算之大全,补六艺之逸简"(终篇的自注)的书。

接下来以微波榭本为底本,稍许分析一下戴震的理论构成以及思维形式。微波榭本由 3 卷构成,上卷论述平面的三角法(平三角法),中卷论述球面的直角三角法(正弧三角法),下卷论述球面的一般三角法(斜弧三角法)。

2.1 平三角法 首先是上卷的平三角法,戴震从分割圆所成的弧、矢、弦开始论述。"割圜之法,中其圜而觚(中心角 θ)分之,截圜周为弧背(arc)。缅弧背之两端曰弦(chord),值弧与弦之半曰矢(sagitta)。"这里"觚"指角,但除了本书以外,古今上下从未记载过这个用法。在正文后面,戴震又加上了对术语等的说明与注释,最后引用了郭守敬《授时历草》的文章结束自己的注释。另外,戴震画了算图(图 5-1)以帮助读者理解。该书如上所述,以正文与图注为基本单位展开论证。

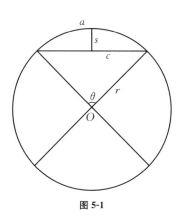

图 5-1

继弧、矢、弦之后,戴震阐释了勾与股的定义,之后又在"圜内函方""方内函圜"中明确了几个数,还涉及了毕达哥拉斯定理。这个从圆方到毕达哥拉斯定理的构成,不必引用自注也可知,主要建立在《周髀算经》首章"数之法,出于圆方,圆出于方,方出于矩,矩出于九九八十一。故折矩,以为勾广三,股修四,径隅五"的基础上。根据戴震的解释,毕达哥拉斯定理——"句股弦三矩方之,合句与股二方,适如弦之大方",来源于《周髀算经》中取矩十二折之为勾三、股四、弦五。"矩"虽然是几何学意义上的边的概念,但若没有自注或补注的记载,就算是当时的学者应该也不明白它的意思吧。除了勾股定理,戴震还写了其应用公式。它们被称为勾股第一术、第二术、第三术。对于勾 a、股 b、弦 c,分别等于 $c=\sqrt{a^2+b^2}$,$b=\sqrt{c^2-a^2}$,$a=\sqrt{c^2-b^2}$。

戴震还顺便论述了(1)半弧弦($\sin\theta$)、矢($\mathrm{vers}\,\theta=1-\cos\theta$)、圆径(diameter=2)的相互关系,(2)三角形的内角总和等于 π 等,接着还说明了关于三角八线的自己的用语。比如,内矩分($\sin\theta$)、(外)矩分($\tan\theta$)、径引数($\sec\theta$)、次内矩分($\cos\theta$)、次矩分($\cot\theta$)、次引数($\csc\theta$)等。他故意使用与当时的用语——正弦、正切、正割、余弦、余切、余割不同的用语,因为要说服同时代的人必须提供足够的理论根据,据戴震而言,这是《周髀算经》的记述:"平矩以正绳,偃矩以望高,覆矩以测深,卧矩以知远。环矩以为圆,合矩以为方。方属地,圆属天,天圆地方,方数为典,以方出圆。"不难想象,他认为古代圣贤真的制作了"准望之矩"——用于测量三角的仪器,如戴震自己所引的图(图 5-2)。古代圣贤将准望之矩的一边称为矩分,把"引径隅为弦"(延长径隅便成了新弦)的部分命名为径引数等,他的理论可以像这样被复原。

接着,戴震呈现了推导三角八线相互关系的基本原理:(1)直角三角形的相似、(2)相似所产生的比例(勾股比例)。"圆周之外内所成勾股弦,皆方数也。随径隅所指割圆周,成弧背,皆规限也。限同则外内相应,勾股弦三矩通一为率。外内相应,勾股弦三矩通一为率,斯可以小大互权矣。"另外,加上对圆的四分之一的分析,他画了"同限之勾股三"——圆限 θ 相等的 3 个直角相似三角形(图 5-3),推导出下述相

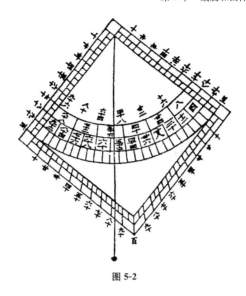

图 5-2

似比：

　　内矩分 sin θ　　　：　　次内矩分 cos θ　　：　　径隅 1
　＝矩分 tan θ　　　　：　　圆半径 1　　　　　：　　径引数 sec θ
　＝圆半径 1　　　　　：　　次矩分 cot θ　　　：　　次引数 cosec θ

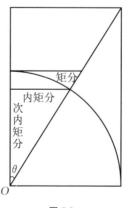

图 5-3

同样在半圆中，得出相似比：

上式

=倍内矩分 $2\sin\theta$ ：倍次内矩分 $2\cos\theta$ ：圆径 2

=倍弧内矩分 $\sin 2\theta$ ：倍弧之大矢 $1+\cos 2\theta$：倍次内矩分 $2\cos\theta$

=倍弧之矢 $1-\cos 2\theta$：倍弧内矩分 $\sin 2\theta$ ：倍内矩分 $2\sin\theta$

戴震在上述相似比基础上，说明了 $\tan\theta=\sin\theta/\cos\theta$ 等三角八线互换式，另外他还推导出了倍角公式和半角公式等。

12 术　$\sin 2\theta=2\sin\theta\cos\theta$　　　　$\cos 2\theta=1-2\sin^2\theta$

11 术　$\sin\dfrac{\theta}{2}=\sqrt{\dfrac{1-\cos\theta}{2}}$　　　$\cos\dfrac{\theta}{2}=\dfrac{\sin\theta\sin\dfrac{\theta}{2}}{1-\cos\theta}$

根据勾股比例，不仅能得出上述种种公式，而且有勾股第 13 术的加法定理等（$\theta>\theta'>0$）。

$$\begin{cases}\sin(\theta\pm\theta')=\sin\theta\cos\theta'\pm\cos\theta\sin\theta'\\ \cos(\theta\pm\theta')=\cos\theta\cos\theta'\mp\sin\theta\sin\theta'\end{cases}$$

再画出有点复杂的二图，归纳此二系列的勾股比例为：

$\sin\theta:\cos\theta:1$

$=\dfrac{1}{2}\{\sin(\theta+\theta')+\sin(\theta-\theta')\}:\dfrac{1}{2}\{\cos(\theta-\theta')+\cos(\theta+\theta')\}:\cos\theta'$

$=\dfrac{1}{2}\{\cos(\theta-\theta')-\cos(\theta+\theta')\}:\dfrac{1}{2}\{\sin(\theta+\theta')-\sin(\theta+\theta')\}:\sin\theta'$

$\sin\theta':\cos\theta':1$

$=\dfrac{1}{2}\{\sin(\theta+\theta')-\sin(\theta-\theta')\}:\dfrac{1}{2}\{\cos(\theta-\theta')+\cos(\theta+\theta')\}:\cos\theta$

$=\dfrac{1}{2}\{\cos(\theta-\theta')-\cos(\theta+\theta')\}:\dfrac{1}{2}\{\sin(\theta+\theta')+\sin(\theta-\theta')\}:\sin\theta$

从而戴震说明了根据上述定理等成立条件。

然而一旦牵扯到一般三角形，虽说"凡同限互权之率，勾股之大恒也"，但根本无法照搬勾股比例。因此戴震对于一般的三角形，从各顶点向对边画垂线"变成勾股六"，用这新的勾股形实施"展转互权"。也就是说，首先截取正弧（A）与右觚（C）为"同限者"（与左觚 B 共享相

似勾股形)二者(图 5-4),从其勾股形 $AA'B \backsim$ 勾股形 $CC'B$,可得:

$$b\sin A : a = b\sin C : c$$

同样地,可推导出:

$$c\sin A : a = c\sin B : b$$
$$a\sin C : c = a\sin B : b$$

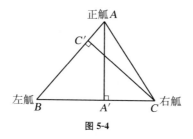

正觚 A

C'

左觚 B A' 右觚 C

图 5-4

整理上述三个式子,即可获得正弦定理。

$$\frac{a}{\sin A} = \frac{b}{\sin B} = \frac{c}{\sin C}$$

上卷以梅文鼎所谓"切线分外角法"的记载告终。戴震推导出:

$$\frac{b+c}{b-c} = \frac{\dfrac{1}{2}(2b\sin B + 2b\sin C)}{\dfrac{1}{2}(2b\sin B - 2b\sin C)} = \frac{\tan\dfrac{B+C}{2}}{\tan\dfrac{B-C}{2}}$$

前一个等号是用正弦定理,后一个等号是用算图说明了定理。当然,此说明也是以勾股比例为前提展开的。

2.2　正弧三角法　　　《勾股割圜记》中讲到球面的直角三角形的解法。内容本身不外乎关于展示太阳在天球上位置的黄道坐标(黄经 λ,黄纬 $\beta=0$)和赤道坐标(赤经 α,赤纬 δ)的变换。

戴震在卷首针对天球的模型论述道:"浑圆,中其图而规之。二规(赤道与黄道)之交,循圆半周而得再交。"接着又说明了自己创造的关于赤道度与黄道度的用语。其基于《大戴礼·易本命》中的"东西为纬,南北为经",以为"古历皆以黄赤道之度为纬度,二道二极相距之度为经度",从而改变当时的通用法则。纬度、经度、纬弧、经弧正是如此,它们在现代天文学、当时作为通法的欧罗巴法、中国传统的授时历法中分别对应如下表。

表 5-1

戴　　震	现代天文学	欧罗巴法	授时历法
纬　　度	赤经 $\pi/2-\alpha$	赤经,赤道余弧	赤道半弧背
经　　度	黄赤道的倾斜角 ε	黄赤大距	二至内外半弧背
纬　　弧	黄经 $\pi/2-\lambda$	黄经,黄道余弧	黄道半弧背
经　　弧	赤纬 δ	赤纬,黄赤距纬	黄赤道内外半弧背

如表所示,他以经书上的记载为根据,完全颠倒了经与纬的意义。

戴震确定了用语以后,又着眼图 5-5 的球面 *BCTS* 而求定各种勾股比例。这是弧三角法的"本法"。"经纬之限界其外,经纬之弧截其内。是为半弧背者四。以勾股御之。半弧背之外内矩分,平行相应,得同限之勾股弦各四。古弧矢术之方直仪也。"方直仪是四角锥的一种,四侧面是勾股形,底面是长方形。因为 $\angle BCT = \angle CTS = \angle BST$ =直角,所以底面可作长方形。戴震对相关的方直仪确定了以面为单位的勾股比例。比如,包含扇形 *OST* 这一侧面(图 5-6),相互比较面上的相似勾股形,求得"互求率一"。[1]

(1) 经度矩分 $\tan\varepsilon$ ：圆半径 1 ：经度径引数 $\sec\varepsilon$

$=$ 经度内矩分 $\sin\varepsilon$ ：$\dfrac{\text{经度次内矩分}}{\cos\varepsilon}$ ：径隅 1

$=$ 圆半径 1 ：$\dfrac{\text{经度次矩分}}{\cot\varepsilon}$ ：经度次引数 $\csc\varepsilon$

$=$ 经弧矩分 $\tan\delta$ ：$\dfrac{\text{纬度次内矩分}}{\cos\left(\dfrac{\pi}{2}-\alpha\right)}$ ：虚

$=$ 经弧内矩分 $\sin\delta$ ：虚 ：$\dfrac{\text{纬弧次内矩分}}{\cos\left(\dfrac{\pi}{2}-\lambda\right)}$

---

[1] 关于之前的三比例和之后的二比例所具有的不同的特征,戴震用"参其体,两其用"来表现。相关表现植根于中国古来的体用论和参天两地论,读者不必大感意外。

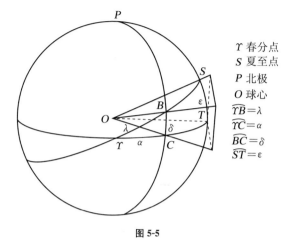

ϒ 春分点
S 夏至点
P 北极
O 球心
$\overset{\frown}{\mathit{ϒB}}=\lambda$
$\overset{\frown}{\mathit{ϒC}}=\alpha$
$\overset{\frown}{\mathit{BC}}=\delta$
$\overset{\frown}{\mathit{ST}}=\varepsilon$

图 5-5

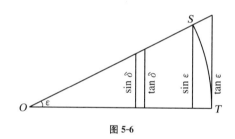

图 5-6

此外对于别的面也是一样。

$$(2)\ \tan\left(\frac{\pi}{2}-\alpha\right) \quad : \quad 1 \quad : \quad \sec\left(\frac{\pi}{2}-\alpha\right)$$

$$=\sin\left(\frac{\pi}{2}-\alpha\right) \quad : \quad \cos\left(\frac{\pi}{2}-\alpha\right) \quad : \quad 1$$

$$=1 \quad : \quad \cot\left(\frac{\pi}{2}-\alpha\right) \quad : \quad \operatorname{cosec}\left(\frac{\pi}{2}-\alpha\right)$$

$$=\tan\left(\frac{\pi}{2}-\lambda\right) \quad : \quad \cos\varepsilon \quad : \quad 虚$$

$$=\sin\left(\frac{\pi}{2}-\lambda\right) \quad : \quad 虚 \quad : \quad \cos\delta$$

(3) $\tan\delta$ $\quad:\quad$ 1 $\quad:\quad$ $\sec\delta$

$\quad=\sin\delta$ $\quad:\quad$ $\cos\delta$ $\quad:\quad$ 1

$\quad=1$ $\quad:\quad$ $\cot\delta$ $\quad:\quad$ $\operatorname{cosec}\delta$

$\quad=\tan\varepsilon$ $\quad:\quad$ $\sec\left(\dfrac{\pi}{2}-\alpha\right)$ $\quad:\quad$ 虚

$\quad=\sin\varepsilon$ $\quad:\quad$ 虚 $\quad:\quad$ $\sec\left(\dfrac{\pi}{2}-\lambda\right)$

(4) $\tan\left(\dfrac{\pi}{2}-\lambda\right)$ $\quad:\quad$ 1 $\quad:\quad$ $\sec\left(\dfrac{\pi}{2}-\lambda\right)$

$\quad=\sin\left(\dfrac{\pi}{2}-\lambda\right)$ $\quad:\quad$ $\cos\left(\dfrac{\pi}{2}-\lambda\right)$ $\quad:\quad$ 1

$\quad=1$ $\quad:\quad$ $\cot\left(\dfrac{\pi}{2}-\lambda\right)$ $\quad:\quad$ $\operatorname{cosec}\left(\dfrac{\pi}{2}-\lambda\right)$

$\quad=\tan\left(\dfrac{\pi}{2}-\alpha\right)$ $\quad:\quad$ $\sec\varepsilon$ $\quad:\quad$ 虚

$\quad=\sin\left(\dfrac{\pi}{2}-\alpha\right)$ $\quad:\quad$ 虚 $\quad:\quad$ $\sec\delta$

(5) $\tan\varepsilon$ $\quad:\quad$ $\tan\left(\dfrac{\pi}{2}-\alpha\right)$

$\quad=\sin\varepsilon$ $\quad:\quad$ $\tan\left(\dfrac{\pi}{2}-\lambda\right)$

$\quad=\tan\delta$ $\quad:\quad$ $\sin\left(\dfrac{\pi}{2}-\alpha\right)$

$\quad=\sin\delta$ $\quad:\quad$ $\sin\left(\dfrac{\pi}{2}-\lambda\right)$

戴震如此以求得"凡勾股二十有四,为互求之率五"——5 种 24 个相似勾股形,从其勾股比例算出 $\beta=0$ 时赤道坐标与黄道坐标的变换公式:

15 术　$\sin\delta=\sin\varepsilon\cos\left(\dfrac{\pi}{2}-\lambda\right)$

16 术　$\tan\left(\dfrac{\pi}{2}-\alpha\right)=\tan\left(\dfrac{\pi}{2}-\lambda\right)\sec\varepsilon$

17 术　$\cos\left(\dfrac{\pi}{2}-\lambda\right)=\operatorname{cosec}\varepsilon\sin\delta$

18 术　$\cos\left(\dfrac{\pi}{2}-\alpha\right)=\cot\varepsilon\tan\delta$

19 术　$\sin\left(\dfrac{\pi}{2}-\lambda\right)=\sin\left(\dfrac{\pi}{2}-\alpha\right)\cos\delta$

20 术　$\tan\varepsilon=\tan\delta\sec\left(\dfrac{\pi}{2}-\alpha\right)$

21 术　$\tan\left(\dfrac{\pi}{2}-\lambda\right)=\tan\left(\dfrac{\pi}{2}-\alpha\right)\cos\varepsilon$

22 术　$\tan\delta=\tan\varepsilon\cos\left(\dfrac{\pi}{2}-\alpha\right)$

23 术　$\cos\delta=\operatorname{cosec}\left(\dfrac{\pi}{2}-\alpha\right)\sin\left(\dfrac{\pi}{2}-\lambda\right)$

24 术　$\cos\varepsilon=\cot\left(\dfrac{\pi}{2}-\alpha\right)\tan\left(\dfrac{\pi}{2}-\lambda\right)$

25 术　$\sin\left(\dfrac{\pi}{2}-\alpha\right)=\sin\left(\dfrac{\pi}{2}-\lambda\right)\sec\delta$

26 术　$\sin\varepsilon=\sin\delta\sec\left(\dfrac{\pi}{2}-\lambda\right)$

如上所述，戴震分析完毕"本法"之后，立刻扩张到"引而伸之"。可以说这种引申法，把球面 ΥBC 等一般的球面直角三角形即"规限勾股径隅"变换为"方数勾股径隅"——平面的直角三角形。这比本法更为简洁，因此也更富于普遍性。若要总结这一引申方法的要点，那么首先是向球外延长直线 OB、OC，成为三角锥。这三个侧面由以 $O\Upsilon C$、$O\Upsilon B$、OBC 为构成要素的面构成，底面是三边 $\tan\lambda$、$\tan\alpha$、$\tan\delta\sec\alpha$ 的勾股形。接着其把这个三角锥起名为次纬仪，把纬度 $\alpha=\angle\Upsilon OC$ 改名为股限或股度，经弧 $\delta=\angle BOC$ 改名为句限或句度，纬弧的次半弧背 $\lambda=\angle\Upsilon OB$ 改名为隅限或弦度。我们也学习戴震改正表记法，以下记 $\delta\to a$、$\alpha\to b$、$\lambda\to c$，另外，表记 a 的对角为 $A(=\varepsilon)$，b 的

对角为 B，c 的对角为 $C(=90°)$（图 5-7）。戴震使用新的术语解析次纬仪,也就是说,着眼于平面 OBC 上的勾股形。

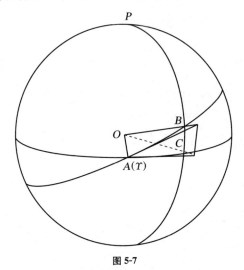

图 5-7

（1）句度矩分 $\tan a$ ： 圆半径 1 ： 句度径引数 $\sec a$

  =句度内矩分 $\sin a$ ： 句度次内矩分 $\cos a$ ： 径隅 1

  =圆半径 1 ： 句度次矩分 $\cot a$ ： 句度次引数 $\mathrm{cosec}\, a$

  =虚 ： 股度径引数 $\sec b$ ： 弦度径引数 $\sec c$

同样：

（2）$\tan b$	:	1	:	$\sec b$
=$\sin b$	:	$\cos b$	:	1
=1	:	$\cot b$	:	$\mathrm{cosec}\, b$
=虚	:	$\cos c$	:	$\cos a$
（3）$\tan c$	:	1	:	$\sec c$
=$\sin c$	:	$\cos c$	:	1
=1	:	$\cot c$	:	$\mathrm{cosec}\, c$
=虚	:	$\cos b$	:	$\sec a$

另外从底面的勾股形和与其平行的两个勾股形的相似中,戴震如此分析：

（4）$\tan A$: 1 : $\sec A$

$=\sin A$: $\cos A$: 1

$=1$: $\cot A$: $\operatorname{cosec} A$

$=$虚 : $\tan b$: $\tan c$

$=\tan a$: $\sin b$: 虚

$=\sin a$: 虚 : $\sin c$

戴震依此确定了从合计 4 种 18 个勾股形中产生的比例。他还利用此勾股比例导出了球面直角三角形的基本公式。对于上述的次纬仪的考察，吴思孝认为"兼备正弧三角之理与法"，还做出"就此七十有八字，神而明之，可以尽推步之能事矣"的评论，指出其重要之处。

然而，仅根据上述勾股比例，虽然能够得到"三距互求"和"一弧一距和余距的互求"术，但无法推导出"两弧和距的互求"。戴震对此"距经纬之弧四分圆周之一规之"——以点 B 为极而画大圆（图 5-8）。这就是所谓"外规"。这时对于(1)纬度之规（赤道规）、(2)纬弧之规（黄道规）、(3)经度之规、(4)经弧之规、(5)大圆——外规之圆弧而言，新的球面直角三角形与新的球面四角形产生了。对于其次形，与前述同样，画出三角锥与四角锥，使其锥体形状分别和次纬仪与方直仪的基本形状相同，边角的值相异。不过次形其边角的值，与在直角三角形中的值相似：

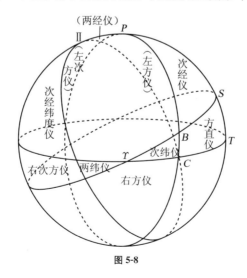

图 5-8

表 5-2

	句 度	股 度	弦 度	句度对角	股度对角	弦度对角
次纬仪	a	b	c	A	B	$\frac{\pi}{2}$
次经仪	$\frac{\pi}{2}-A$	$\frac{\pi}{2}-c$	$\frac{\pi}{2}-a$	B	$\frac{\pi}{2}-b$	$\frac{\pi}{2}$
两纬仪	$\frac{\pi}{2}-B$	$\frac{\pi}{2}-c$	$\frac{\pi}{2}-b$	A	$\frac{\pi}{2}-a$	$\frac{\pi}{2}$
两经仪	a	$\frac{\pi}{2}-B$	A	c	$\frac{\pi}{2}-b$	$\frac{\pi}{2}$
次经纬度仪	$\frac{\pi}{2}-A$	b	B	$\frac{\pi}{2}-a$	c	$\frac{\pi}{2}$

边角的值具有相关性。如果无视余角的关系,那么次形的边角就只不过是单纯的代替次纬仪的值而已。因此用已知的次纬仪的公式,能够简单地延伸到球面直角三角形的边角关系式。戴震几乎也出于同样的考虑,利用了边角互易的关系,再针对新的数值开展了对次纬仪的考察。其结果是——

27 术　$\sec c = \sec a \sec b$　　　28 术　$\cos b = \cos c \sec a$

29 术　$\cos a = \sec b \cos c$　　　30 术　$\sin c = \mathrm{cosec}\, A \sin a$

31 术　$\sin b = \cot A \tan a$　　　32 术　$\tan c = \sec A \tan b$

33 术　$\tan a = \tan A \sin b$　　　34 术　$\sin a = \sin A \sin c$

35 术　$\tan b = \cos A \tan c$　　　36 术　$\tan A = \tan a / \sin b$

37 术　$\sin A = \sin a / \sin c$　　　38 术　$\sec A = \tan c / \tan b$

39 术　$\sin B = \sec a \cos A$　　　40 术　$\cos B = \sin A \cos b$

41 术　$\tan B = \sec c \cot A$　　　42 术　$\cos c = \cot A \cot B$

43 术　$\cos a = \mathrm{cosec}\, B \cos A$　　　44 术　$\cos b = \mathrm{cosec}\, A \cos B$

不必赘言,上述式子几乎涵盖了关于球面直角三角形的基本公式。

2.3　斜弧三角法　　　《勾股割圜记》的下卷,论述了一般的球面三角形的解法。"以勾股弧矢御之"也是下卷中基本的解析方法。

戴震首先对大圆弧的图示法的几何性质做了简洁的说明(图 5-9)。

换言之，"浑圆之规限，正视之，中绳（=OA），侧视之，随其高下而羡（=OB），惟平视之，中规（=OC）"。外周无羡，因此由"外周之限分"$OC(=\theta)$便可知弧 OA 和 OB 的角距离，其正矩分 $\sin\theta$、矢 $\mathrm{vers}\,\theta$ 可分别在 AC、OA 中看到。

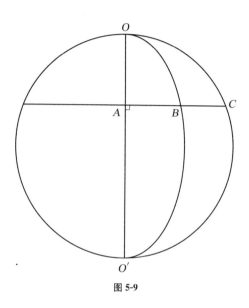

图 5-9

　　戴震接着介绍了不同样式的两种次形法。第一种次形法可以说是作为本形 ABC（角 A、B、C，边 a、b、c）的替代，解析次形 $A'BC$（角 A、$\pi-B$、$\pi-C$，边 a、$\pi-b$、$\pi-c$）（图 5-10）。根据这种方法，"易大边为小边，易钝角为锐角"，能在简单的次形中分析本形的边角关系。第二种次形法的精髓是使用极三角形。尽管这是极为艰深的理论，但戴震并不加以原理的说明注释，如下说明了此方法。"若三瓠各以为浑圆之一极，距瓠四分圆周之一规之"——以球面三角形的各顶点为极而画大圆的弧。由此在这三个圆弧里产生了次形，"瓠同其距之规限，距同其瓠之规限"。这个次形法与现代数学的方法大体上相一致，次形相当于极三角形，边角互易关系相当于双对原理（Principle of duality）。不过若能更准确地解释双对原理，则三角形要素间的关系用对要素的补角置换也能成立($A\leftrightarrow\pi-a$、$B\leftrightarrow\pi-b$、$C\leftrightarrow$ $\pi-c$、$a\leftrightarrow\pi-A$、$b\leftrightarrow\pi-B$、$c\leftrightarrow\pi-C$)。

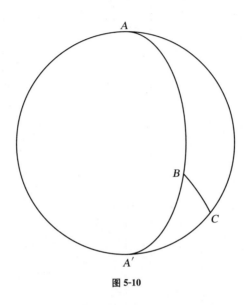

图 5-10

总而言之,戴震的球面斜三角形的解法,最初由上述的次形法等整理得出,并简化了原本的球面三角形,接着对此三角形用(1)边角互求法、(2)垂弧法、(3)矢较法中任意一种方法求解。第一,边角互求法,这正是我们一般所说的正弦定理。

$$\frac{\sin a}{\sin A}=\frac{\sin b}{\sin B}=\frac{\sin c}{\sin C}$$

他对这个定理做了如下说明,"三距为浑圆之规限,则觚之内矩分与对距之内矩分相应"。可惜的是关于正弦定理成立的理由,丝毫不见半点说明。第二,垂弧法,从一个顶点向对边画垂线,将斜三角形分为两个直角三角形,属于"视次纬仪式之率通之"的方法。方法本身很简单,但不可置疑,它确实是极为有效的技巧。

第三,矢较法以勾股比例为基础。用现代的式子还原戴震的说明——如图 5-11 所示:

$$IJ = GH = \frac{1}{2}GF = \frac{1}{2}(CF - CG) = \frac{1}{2}\{\text{vers}(b+c) - \text{vers}(b-c)\},$$

$$IE = \sin c,$$

$$BM = LG = CL - CG = \text{vers } a - \text{vers}(b-c),$$

$$BE = \sin c \text{ vers } A.$$

勾股形 $EMB \backsim$ 勾股形 EJI,所以

$$IJ : IE = BM : BE$$

$$\frac{1}{2}\{\text{vers}(b+c) - \text{vers}(b-c)\}\text{vers } A = \text{vers } a - \text{vers}(b-c)$$

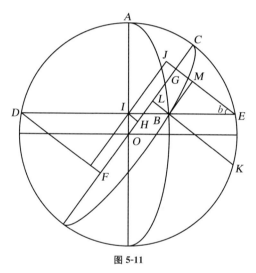

图 5-11

戴震如上论述,导出了矢较法的公式,若对上面的公式变一下形,便是:

$$\cos a = \cos b \, \cos c + \sin b \, \sin c \, \cos A$$

现在这个式子被称为余弦定理或余弦公式,是球面三角法最重要的基本公式之一。

3 特征

以上是戴震《勾股割圜记》的概略,在本节临近尾声之际,笔者希

望就本书的若干总体特征进行论述。

第一，《勾股割圜记》是所谓"西学之书"，而且必须指出它是一本高等数学书。这一点从三角法不是中国固有理论，但这本书却展开了艰涩的球面三角法论述来说是毫无疑问的。被视为奠定了中国近代数学基础的清代大数学家李善兰（1811—1882）在《则古昔斋算学》自序中，怀想自己二十岁的时候"应试武林，得测圆海镜、勾股割圜记以归，其学始进"，也佐证了这一点。当时，要说学习三角法最全面的书籍，非《勾股割圜记》莫属了。原本西洋的三角法于明末由耶稣会传来中国，虽然其中介绍的内容广泛且具有高难度，但欠缺清晰的说明和严格的证明，耶稣会也未带来系统的专业性书籍或是全面的教科书。清初，梅文鼎积累了对三角法的相关研究，用平易近人的文体在理论上展现出其精华，如《平三角举要》5卷（1683）、《弧三角举要》5卷（1683）、《环中黍尺》5卷（1700）、《堑堵测量》2卷（1703）等。然而，由于执笔时期不同，它们未被整理在同一册中，结构也不统一。戴震的理论依据不用吴思孝补注的指摘就可知，他是在梅文鼎的相关研究上拓展自己的研究，构建自己的数理体系。另外，从段玉裁《戴东原先生年谱》乾隆十七年的一段文字"勾股割圜记以西法为之。注亦先生所自为，假名吴君思孝"来看，此补注的确出自戴震自己之手。

第二，《勾股割圜记》的基本构想几乎全部依存于梅文鼎，完全没有添加新的数学知识，只用一个原理——"勾股比例"，便在构造和系统方面解释了全部内容，也说明了平面与球面的三角法。具体而言，上卷的内容和手法大体上根据《平三角举要》，中卷基于《堑堵测量》《弧三角举要》，下卷基于《弧三角举要》《环中黍尺》而成。只是，不仅复杂的方法——加法定理、切线分外角法、方直仪次纬仪法、次形法、矢较法等，连奠定本书形式的用勾股比例解释的三角法也是梅文鼎相关的发明。然而戴震为了解三角形，必须分解勾股形，再使用从中衍生出的"同限互权之率"来推导各种理论。其中展现了梅文鼎所不具备的统一、坚决与彻底。确实，用逐一分解为勾股形的方法解析三角形，在数学上虽然是退步，[1]但戴震并不满足于缺乏论证性的中国传统记述法，他循着梅文鼎的思考解释用勾股比例给三角法整体定性，并在一本书中理论性、系统性地对其彻底分析，因此我们至少在坚持思考方法和著述方法的革新意义上应给予高度评价。

第三，《勾股割圜记》由正文与图注构成，宛如经与注的样式，但必须指出其正文模仿古文，并尽其可能地使用复古术语。关于这一点的记载，有吴思孝《勾股割圜记序》的"读其文辞，始非秦汉已后书"，还有刘世仲《则古昔斋算学序》的"勿庵（梅文鼎）之书，唯恐人不解，东原之书，唯恐人能解"[2]等。今天站在我们的角度，就算能够理解戴震强烈主张不同于当时用法的词句，将正切称为矩分、正弦称为内矩分等，也不认为他将记载于经书的经度和纬度颠倒使用是正常的判断。笔者不敢相信在逻辑上无上尊崇术语正确性的数学家，居然做了这样的事。

第四点与第二、第三点相交叉，就是他把中国传统的数学理论作为各种三角八线法的"本法"提出，并据此安排整体的逻辑构成，完成了逻辑严密且看起来具有中国风格的高等数学书。其中最显著的、贯穿全卷的例子，是用勾股比例来解析三角八线法。由于戴震从《周髀算经》首章的几句推出其勾股比例的原则，他高调地在书中写道："因周髀首章之言，衍而极之，以备步算之大全，补六艺之逸简。"然而实际上，《周髀算经》首章之言只不过说了边长为 3、4、5 的三角形为勾股形而已。除此以外还有其他尚古主义的例子，比如中卷的方直仪法与下卷的弧三角形的图示法。下卷的弧三角形的图示法，它在技法上能够直接追溯到郭守敬的授时历，[3]是完美地将数理上的必要性与尚古的必要性结合起来的例子。然而，方直仪法则并非如此。戴震认为方直仪法是球面正三角法的本法，将其放置于次纬仪的分析之前，这样

---

① 薮内清《戴震的历算学》（《明清时代的科学技术史》，京都大学人文科学研究所，1970），第 30—31 页。

② 对于"东原之书，唯恐人能解"，笔者也深表赞同。

③ 关于这一点，请参照刘钝《郭守敬的〈授时历草〉和天球投影二视图》（《自然科学史研究》第 1 卷第 4 期，1982）。

安排的原因是他想事先论述这是授时历涉及的问题。在数学逻辑层面上,不仅戴震的勾股比例法与郭守敬的会圆术有出入,而且根据次纬仪的分析推出的诸公式包含了所有方直仪推导出的公式,[①]因此方直仪的探讨本来是不必要的,尽管如此戴震还是坚持这样做了。只要注意到这一点,那么笔者就能认为戴震的处理方式不仅具有数理上的必要性,同时显然具有尚古主义的要素。正因如此,《勾股割圜记》才被称为奇书。[②]

第 2 节　戴震的学术

"苟无戴震,则清学能否卓然自树立,盖未可知也。"这是梁启超之言(《清代学术概论》十),这样的评价可能已经成为中国研究者的常识乃至一种基本认知了。那么笔者要进一步问,为什么戴震后清学自立? 若从学术内部的要因而言,这是因为(1)戴震确立了古典研究的方法,[③](2)他是狂热的经至上主义者。

1　考证学与西洋学

戴震在执笔《勾股割圜记》的约两年前写下的《与是仲明论学书》(1753)中,回顾自身的学问,简洁地概括了其关于古典研究的方法。根据他的思考,"事经学者"在方法论上,不可疏忽下面三点。

第一,经典的研究以小学为基础,必须从"字"的研究到"词"的研究再到对"道"的把握,循序渐进。"经之至者道也,所以明道者其词也,所以成词者字也。由字以通其词,由词以通其道,必有渐。"戴震如是论及作为古典学应该具有的最低限度的解读技能,成功地大幅提高了基础学科小学的价值。

---

① 戴震对此逐一注记。
② 吴思孝序中写有"读其文辞,……尽可谓奇矣"。
③ 关于这一点,多处参考木下铁矢《戴震与皖派的学术》(《东洋史研究》第 45 卷第 3 期,1986)。

第二,戴震认为学者当为的是,尽可能地广泛学习天文数学、古韵学、考古文物、历史地理、博物学等,因为并不是不通晓典章制度就不能明白经义。①他通过这样的研究探究古代制作的"本始",因为只有这样才能明白"圣人之道"目标的真正含义。《题惠定宇先生授经图》的"贤人圣人之理义非它,存乎典章制度者是也",《郑学斋记》的"不求诸前古贤圣之言与事,则无从探其心于千载下",以及《古经解钩沉序》的"求道于典章制度"等言,比《与是仲明论学书》更具体地说明了这种精神。对戴震而言,精通典章制度即精通天地圣人的心。

第三,戴震提到,在学问研究中"淹博"(博览)、"识断"(见识)、"精审"(致密)三者是必需的。虽然戴震认为自己具备了以上三大学问研究的要素,但如果与同样博学的郑樵与杨慎比较,他认为自己还未达到"致密"的标准。如此看来,戴学中最为看重的也恰好是中国理念中最为缺乏的"致密",即知识的体系性和理论性、论证性。②钱大昕也在《戴先生震传》中写道,"其学长于考辨,每立一义,初若创获,及参互考之,果不可易",指出戴学善于论证。

总而言之,戴震贯彻了经学方法论的变革,(1)以小学为基础,(2)针对广泛的领域,(3)用论证的形式,完成了古典研究。上述描述不仅仅指涉戴学,也包含了清学尤其是整个乾嘉之学。

此外,清朝考证学的学问方法中,认识到西学(西洋学)的深刻影响的中国学研究者绝对不少。比如胡适认为,当时多数人科学且精密、细致的考证是由 17 世纪西洋天主教、耶稣会教士带来中国的(《考证学方法之来历》)。虽说考证学的方法受到西学的影响,与"科学的研究法"十分接近,但究竟是哪一点在何种程度上受到影响? 真的接近"科学"吗? 又是谁把西方方法论带进考证学内的? 以前的专门研究在这方面有欠缺,详细内容并未明朗。因此我们首先必须从确定受到影响的部分开始论述。

---

① 参照徐复观《清代汉学衡论》(《两汉思想史》卷 3,台湾学生书局,1979)。

② 段玉裁《戴东原先生年谱》也记录了"先生言,学贵精不贵博,吾之学不务博也"。

梁启超似乎认为清朝考证学受到西学影响的是"纯粹地使用归纳法"这一点,①从清学的"实事求是"的口号而言,这样的见解似乎颇为妥当,但事实上这可能只是浮于表面的理解。因为,(1)归纳法和类型性联想不仅是推动中国传统历算学的原动力,还构成一般思维的根基,对中国人而言不过是日常再普通不过的思考方式;(2)西洋的天文数学与此相反,具有彻底地追求数理的思辨性和成体系的论证性的特征,与中国式的思维在根本上不一样。不过反过来从这两点出发来思考的话,推测西学产生的影响并非难事。笔者的推测如下。清学的考证中常见的论证的犀利——构成戴震的方法论第三点的论证性、体系性和演绎性,是西洋学产生的深刻影响的核心。②另外清学中显著的学问专门化、分类化应该也能被视为从西洋学中学问总体的体系性而来。

接着,西学对清学产生的影响到了何种程度? 关于其广泛性和深刻性,(1)清朝的考据学把宋明经世学中罕见的论证性当作自身的特征,(2)这是因为受到西学的影响,而西学的论证性对于从经世到考据范式的变革产生了强大的作用,除了空前便无法用其他词来形容了。然而关于影响和论证性的质量,可以说明得再具体一些。西学传来以前和以后的思考法、记述法根本不同,一般而言,在此以前的考证以正确把握对社会道德实践有益的人的作为与历史事实为至上的绝对命令。之后的考证则首要避讳思考论证的空洞,将注意力集中于在理论上实证思考的前因后果。上述的考证方法主要着眼于以理论来证实所思考的"前因后果",而这样的论述乃至在论证上产生的质变在数学书中体现得最为显著。比如戴震的《勾股割圜记》从结构到理论都与西学传来以前的传统数学书完全不同,二者的目的也不尽相同。中国传统的记述法自始至终逐一说明"术"(演算法),其论考也以个别的

---

① 梁启超在《清代学术概论》十七中写道:"清儒之治学,纯用归纳法,纯用科学精神。"另外在《清代学术概论》九中论述:"自明之末叶,利玛窦等输入当时所谓西学者于中国,而学问研究方法上,生一种外来的变化。其初惟治天算者宗之,后则渐应用于他学。"
② 换言之,清学优于归纳,正是学习西洋历算学贯彻始终的论证性的结果。

"术"告终。如前文所述,《勾股割圜记》全篇解释前后统一的数理,用同一个原理解释全篇正是此书的目的。从某个方面来说,对戴震而言,补充数学上的新的洞见等并不十分重要。[①]最重要的是仅根据理论构建的原理为基础,有组织地解释整体。包含笔者在内的众多学者普遍认为,戴震的这种思考方法确实体现了对西学论证法的研习。

接下来笔者想思考的是被认为是清学根基的考证学中,是谁导入了西学的方法论。关于这一点现在只能做一个暂时的推测,但最初有意识地并且大规模地实践了这个方法论的,恐怕要数戴震了吧。因为,(1)理论上,考证学和历算学隶属于同一学术范畴,或者说即使不算是同一纬度的学术,也几乎不太可能有意识且全面地在不同学问中采用不同的方法;(2)实际上,戴震认为考证学是"儒林的小学",历算学是"儒林的实学",他显然视二者为同一范畴的学问。确实,梅文鼎对考证学产生的影响不可估量,不过他对历算学以外的学问几乎没有显示出任何兴趣。另外戴震的老师江永也在考证学、历算学上出类拔萃,但西洋学问的影响还"未波及构筑此人学问的理论结构"[②]。因此,笔者只能以是戴震首先大范围地在朴学采用了西学方法论来解释。

2 西学中源说

前面已经论述过,构成戴震学术根基的第一要素是崭新的研究方法,笔者想就第二个要素即狂热的经至上主义,探讨其在思想史上的意义。

戴震在执笔《勾股割圜记》时最重视的一件事是"立法称名,一用古义"(吴思孝序)——把当时已经不再使用的古代用语当作天文数学的用语,用古法的勾股比例解明整个三角八线法。我们不能忽略在思想史意义上,他宁愿破坏推论的正确性与严密性,也尽可能这样做的事实。因为对戴震而言,那里存在着比论证性更重要的东西,那就是

---

① 事实上,戴震连一个新的洞见都未补充。
② 近藤光男《清朝考证学的研究》(研文出版,1987),第288页。

中国文化中固有的尚古主义、经至上主义。

戴震的尚古主义当然很复杂,根据《勾股割圜记》中勾股术对西洋三角法的解释,可以被认为是对西学的中国起源——若追踪西洋科学的源头必须回到中国古代的思考样式。这种西学中源说滥觞于明末,梅文鼎完成基础理论,戴震继承并发展。

梅文鼎在《历学疑问》和《历学疑问补》中,如下论及西学中源说的内容:(1)上古时代,尧帝命令羲和,观测四方天文,"敬授人时"(《尚书·尧典》),于是开始了中法的西传。(2)周朝末期,"畴人子弟,分散"(《史记·历书》)。有人带着历算书和天文仪器远征西方。(3)其成果于阿拉伯显现,即伊斯兰历。(4)接着受到阿拉伯天文学影响的极西欧洲之地建立了"西洋新法"。梅文鼎以科学的发展史观——"古疏今密"为前提论述西学中源说,这并不是从缺乏证据的片面遐想中做出的判断。他举出两点自圆其说的根据,(1)伊斯兰历与西洋新法在学术理论上,属同源异派(实际上,两者都以托勒密体系为理论基础);(2)西法的理论多数在中国古典中看得到。关于第一点,他举出伊斯兰历曾被当作"西洋旧法"使用,而第二点有如下例证:(1)西法的"寒暖五带"之说等于《周髀算经》的"七衡六间",(2)"地圆"说是《黄帝内经素问》的"地之为下"说等。另外关于数学方面他也同样主张勾股术是西洋几何学的源流。

梅文鼎讲述西学中源说,震撼了当时的社会,作为"不传之秘"受到尊重。这秘中之秘是认为《周髀算经》学说的基本部分在唐虞以前业已存在,论定羲和的奥秘不分中西,是天文算法的源流,把西学中源说立足于《周髀算经》的存在。换言之,"西历源流,本出中土,即周髀之学"(《历学疑问补》第一"论"的标题)就是学说的精髓。虽然西学中源说与今天我们的历史认识相差悬殊,不过我们不可简单认为这一学说缺乏历史意识。相反,其中充满了历史意识。因为(1)今天,伊斯兰历与西洋新法是同源异派已然被当作确实的历史事实得到认可,但当时的学者若不具有优秀的历史天分,是不可能仅从天文学的内容推测出这样的结论的。(2)《周髀算经》实际上包含了公元前 1000 年左右的天象记录,着眼于这一点即证明了他具有优秀历史学家的视角。我们无法以西学中源说在理论上有误为根据,否定梅文鼎拥有优秀历史学家的资质。

之后,戴震在继承梅文鼎西学中源说的同时,将其发扬光大,其中一个具体的表现就是《勾股割圜记》。笔者推测,如果真如梅文鼎所指出的,勾股术为西洋几何学的源流,那么反过来通过《周髀算经》中论及的勾股术便可彻底解释西洋的全部三角八线法,戴震为了西学中源说的补充证明而下决心执笔此书。戴震在上卷的自注中挖苦西法家,"讳言立法之本,出于勾股弧矢,转谓勾股不能御三角,三角能御勾股",戴震执笔的动机以及精神在这一评论中已经充分显示。此外一般情况下,笔者认为戴震的天文数学书也与《勾股割圜记》相同,都在某一程度上企图补充证明西学中源说。比如天文学方面戴震个人的见解——(1)视《周髀算经》的"北极璇玑"为黄道极,"月建"可由与赤道极相对的黄道极的位置解释,(2)"岁差"说在虞夏的时代曾经广为人知,但到了汉初失传,东晋由虞喜再度发现。因为二者都是依据理论正确的西学而建构起来的学说,若要找出这里特别引用的原因,不可否认应该是作者的西学中源说。

众所周知,这种西学中源说在当时,被认为是读书人的常识而风靡一时。《御制数理精蕴》(1723)于上编的"立纲明体"中详细叙述此说,《明史·历志》(1739)中也有此说的展开。另外被认为在史学上出类拔萃的吴派领袖的钱大昕(1728—1804)也论述了西学中源说:"祖冲之《缀术》,中土失其传,而契丹得之,大石林牙之西,其法流转天方(阿拉伯),欧逻巴(欧洲)最后得之,因以其术夸中土而踞乎其上。"(《潜研堂文集·23·赠谈阶平序》)。然而即使在当时,像戴震一样狂热地鼓吹此说的人也并不多。

戴震在《勾股割圜记》等中,与当时"脍炙人口"的西法术语唱反调,使用古代的"死语",更有甚者颠倒使用当时的习惯用语。他这样做的理论根据,不是因为当时的习惯用语无法正确传达历算上的内容,而只是因为中国的古典著作里也有类似内容。古籍中曾经正确的内容之后失传也是没有办法的事。他在"简单"的经书记述里,牵强地塞进自己的主观思想和自身学说的论据。在这种经至上主义的态度中看不到冷静而透彻的学者风貌。应该说那里存在着狂热的思想家以及为主义献身的教条主义者。钱大昕对戴震的人物评论恰当地注意到了这一点,"性介特,多与物忤,落落不自得。年三十余,策蹇至京师,困于逆旅,馕粥几不继,人皆目为狂生。一日,携其所著书过予斋,谈论竟日。既去,予目送之,叹曰:'天下奇才也。'"(《戴先生震传》)。戴震用赶超时代的崭新方法,加上确实有据的言辞,凭着掩盖不住的热情,陈述时代共通的意识问题,对这些共通的问题点准备新的回答,而听到这些回答的人无不产生强烈的印象。比如对于像钱大昕那样在大方向上拥有思想共通性、度量很大、感性敏锐的人,由于感性的婉转作用,其影响到达了心灵深处吧。笔者不由想,当时戴震的崇拜者很多,很大一部分原因是他在思想上的狂热。

戴震的学术被证明是狂热的经至上主义,并带着对中国古典过多的迷恋,但笔者认为不可一概认为其狂热主义阻碍了学问的客观性。相反,用狂热主义推进了相当大部分的学问研究来进行总结更为贴切。因为,戴震时常执着于体系论证的思辨基础,正是因为他的论证是在极度的客观性中展开的。所以时有人指出,西学中源说等的历史谬误是由于缺乏客观性的态度,甚至认为戴学以及清学中缺乏历史意识,笔者认为这些批评需要被重新考察评价。

首先,梅文鼎的西学中源说中丰富的历史意识已经如前所述。接着看戴震的学说,因为他的学说是以梅说为基础并加以补充完善的,所以如无特别情况,笔者推定它在理论上与梅说具有相同的基本特征。换言之,推测戴震的西学中源说与梅说一样,具有特殊的历史观也并非不可能。如果评价的可靠性与包含了多少事实有关,那么为了做出判断,只能逐一查看相关事实即文献上的记载。以戴震的西学中源说为例,他陈述岁差的理论时,严格区分了《尧典》《夏小正》与《诗》《国语》《左氏春秋》《月令》的天象,并由此说明了岁差,在分析方法上与今天的天文年代学没有太大差别。唯有对于"虞夏与周(天象)先后一月,不闻古人以为疑",论定"岁差之故,古人明知之"之处有巨大差别(《续天文略·卷上·星见伏昏旦中》)。然而其中的历史意识,即试图在历史维度上整理把握事物的想法极为强烈。戴震还分析了中国天文学中自古以来黄道系受重视,以黄道为基准确定二十八宿,在此基础上他把《周髀算经》的"北极璇玑"解释为黄道极(《续天文略·卷中·七衡六间》)。虽然这样的解释有误,但其中蕴含着优秀的历史意识。除了《勾股割圜记》,关于戴学的一般特征"立法称名,一用古义",比起以缺乏历史意识评价,不如以反映了特殊的历史观来解释更为自然。还有其他的旁证,如被认为出自戴震之手的《四库全书总目提要》的"天文算法类"的总序中写道"三代上之制作,类非后世所及,惟天文算法则愈阐愈精",阐述了科学发展史观的特点。从以上的各点出发,把西学中源说当作经至上主义的一个历史观来看十分妥当,笔者认为对戴学以及清学缺乏历史意识的论述几乎没有根据。

3　经学与历算学

前文已经从各个侧面分析了戴震学术中历算学与经学的复杂交叉。尽管如此,笔者再次考察这二者的关系是为了能从总体上把握戴震的学术,并强调它难以忽略的"前科学"特征。

《畴人传·戴震传》的"论"里,如下总结了他的历算学。

　　"九数"为"六艺之一",古之小学也。自暴秦焚书,六经道湮,后世言数者,或杂以太一、三式、占候、卦气之说,由是儒林之实学,下与方技同科,是可慨已。

　　庶常(戴震)以天文、舆地、声音、训诂数大端,为"治经之本",故所为步算诸书,类皆"以经义润色",缜密简要,准古作者,而又网罗算氏,缀辑遗经,以绍前哲,用遗来学。

　　盖自有戴氏,天下学者,乃不敢轻言算数,而其道始尊。然则戴氏之功,又岂在宣城(梅文鼎)下哉?

《畴人传》将戴震历算学上的功绩与清代历算学第一人梅文鼎相比较,其评价恰如其分。虽然戴震在数学上的贡献并不算多,但必须承认(1)他从历算学中抛弃术数的思维、(2)其学问价值的显著提高需要等到戴震对该学问产生巨大影响后才有可能。

戴震严格区分历算学与术数学,从历算学中去除了学术的掺杂物,但那并非当时的教条——对经学理念的怀疑使然。他反而出于原理主义地以历算学为"治经之本",即经学的核心,完成了谁都未完成过的伟业。让我们听一听师从戴震的段玉裁的评价。他对于戴震将经学分为五类,以此框架执笔经学教科书《七经小记》这样评价:"七经小记者,先生朝夕常言之。……(先生云)治经必分数大端以从事,各究洞原委,始于六书九数,故有训诂篇,有原象篇,继以学礼篇,继以水地篇,约之于原善篇。圣人之学,如是而已矣。"(《戴东原先生年谱》)根据戴震的观点,经学是指(古典学的)(1)语言学、(2)历算学、(3)社会制度学、(4)地理学、(5)伦理哲学的总体。也就是说,正如今天我们把所有的学问都归纳在"科学"里一样,戴震认为所有的学问都是"经学",学问总体都包含在古典学里。历算学对戴震而言是经学最为重要的部分,所以不仅应该对其进行研究,更有"以经义润色"的必要。

那么,戴震认为所有学问总体都包含在古典学里又是怎么一回事呢?正如大家通常对戴学抱有的疑问,难道戴学是在古典里探求一般的法则和一般性的原理吗?恐怕并非如此。根据笔者的理解,对戴震而言,他试图在古典里找到支撑自身先验的真理与义务的证据,据此令自己的理论具有权威性并正当化。确实,戴震在研究古典时,多用归纳法,"实事求是,不偏主一家"(钱大昕《戴先生震传》),因此他留下了很多"尖锐"的古典解释,但最终不过是个别具体的以及非本质的解释和理论。比如,他哲学上的代表作《孟子字义疏证》。但是否可以说,在其中展开的肯定欲望的主题是从《孟子》直接归纳而来的命题,在此书中他企图体系化地解释孟子的思想? 是否他不从哲学上思考,而是从字义的疏证自身来认同最精华的知识探索的存在? 结论是否定的。[①]不论如何,客观地讲而非从心理感受出发,戴震不过是借用完全否定自身的孟子的理论和言辞,在解说字义的著述形式中,展开与孟子截然不同的自己的哲理。此中充满着与古典学者的实证主义和归纳主义不同的精神——应时代要求的哲学家的一腔热血。王鸣盛评论戴震,"吉士为人,信心自是,眼空千古"(《蛾术编·卷 4·光被》),这个评价实际上正切中戴学本质的要害。

如笔者的推测,戴震的基本思维样式如果是在古典里寻找支撑自己论点的证据,那么反过来对于自己认为正确而古典中没有记载的新知识究竟应该怎样应对,实际上又是如何处理的呢? 尤其是日新月异的历算学理论。最后,笔者将就这一点进行分析。正如前文所述,作为经学的关键理论,西学中源说有其存在的必要性。若没有西学中源说,帝王的礼教主义核心的观象授时之学——历算学不被包含于经学内,若如此,那么必然地在经学理论上会带来深刻的自我冲撞。前文已经详细叙述了关于戴震尽力回避这个问题,并广泛展开西学中源说的内容。不过需要补充一点,戴震在经书中寻求证据时,有时明显显露出不应隐藏起来的前近代性格。

尽管凌廷堪衷心敬仰戴震,然而 1976 年他在给焦循的信中批判了《勾股割圜记》的术语。"夫古有是言而云今曰某某,可也;今戴氏所立之名皆后于西法,是西法古而戴氏今矣,而反以西法为今,何也?"(焦循《释弧》附录)有时候对我们而言,戴震学问上的优点看起来不过是一些似是而非的赝品,是不经自身努力的借鉴之物。[②]《勾股割圜记》等正是其典型中的典型。

---

① 　徐复观《清代汉学衡论》(《两汉思想史》卷 3,台湾学生书局,1979)中参考部分较多。

② 　众所周知,关于戴震的《水经注》的校订,流传着盗窃等诸多流言蜚语。

关于戴学真正意义上的理论和思想中不该有的特征，比起将其归于戴震的为人卑劣，倒不如归于他的精神与近代精神之间的差距悬殊。戴震的方法与近代科学和近代思想一样尊崇数学的确实性，但是不论方法怎样崭新，它却不倾力于探索挖掘新的知识和知识体系，而仅回归到古典研究，毕竟它一点也不具有带着近代意味的怀疑主义——将对教条的怀疑作为理念。另外，戴震批评宋学也不过是顺应了时代的要求。不论他本意有多么想赶超时代，事实上这些批判归根结底不过旨在催生教条苏醒，因此不应对他抱有超出其时代环境的期待。

我们作为历史学家，高度评价戴学在清代思想史、科学史上的地位，并发自内心地尊敬他，然而我们却无法让他身负向近代过渡等超越时代限制的使命。就算内心"充满血泪"，也必须表面上假装冷静地指出其严酷的时代局限——不论如何也无法否认的前科学的、前近代的特点。

※ 本章改编自京都大学中国哲学史研究室编《中国思想史研究》第12号(1989)所收的同名论文。

第 **6** 章

清朝中期的学术和历算学

·

川原秀城

问及清朝中期即乾隆、嘉庆、道光时期(1736—1850)的学术时,中国学者一定会立刻联想起考证学。关于清朝中期的学术与考证学的关系,梁启超在《清代学术概论》十中这样写道:"(清代学术的)启蒙期(康熙、雍正时期)的考证学,只不过由一小部分的势力构成,但全盛时期(乾隆、嘉庆、道光时期)却制霸了整个学界。因此研究全盛期学术史的学者普遍认为除了考证学以外几乎没有论证其他内容的必要。"①这样的评价已经被当成中国思想研究者的"常识"而众所周知了,然而清朝中期的学术整体是否真的只能以这样一种方式来解释呢? 同一时期,考证学全面发展,学术界确实呈现出朴学——清一色的古典主义样式。然而,事实上朴学在当时并没有完全"制霸"别的学术。相反,与古典主义本质上理念不同的学问,即使没有采取与考证学对立抗争的形式,也通过与其齐头并进的方式迎来空前的学术发展期,产生了令许多研究者瞩目的优秀学术成果,这是不争的事实。本章将焦点置于这些以前未被重视过的诸方面的学术成果,通过分析,再次尝试定位清朝中期的学术特征(characterization)。

梁启超说:"戴震以后,经学家十之有九将天文数学一起研究。"②(《清代学术概论》十五)其史学上的评价即使与现代学问观不相容,但我们不可将清朝中期历算学研究热的异常沸腾理解为超越事实的夸

---

① "启蒙期之考证学,不过居一部分势力,全盛期则占领全学界;故治全盛期学史者,考证学以外,殆不必置论。"(梁启超《清代学术概论》十)日语译本大多借用小野和子译注的《清代学术概论》(平凡社,1974)。以下相同。

② "自尔而后,经学家十九兼治天算。"(《清代学术概论》十五)

张或是谣言等。戴震、钱大昕、焦循、阮元当然不用说了，就连没有写过历算学著作的段玉裁也对此学问深度钻研，关于这件事的记录还留存至今。据《经韵楼集·卷九·十经斋记》，段玉裁把《九章算术》与《周髀算经》当作"二十一经"的一部分而倍加尊敬，常常将此二书"手披口读"。

总而言之，清朝中期经学者或者说读书人向历算学的研究倾注了大量精力，而这种研究又可以大致整理为两大方向。第一个方向是中法研究，即对中国传统天文算法的史学研究，以收辑、注译为中心。《算经十书》和宋元算书的复原、《畴人传》的编集等是其具有代表性的成果。第二个方向是纯粹的理论研究。当时的历算学分为，(1)"西法"——明末清初由耶稣会士传来的西欧天文数学，(2)"中法"——学习在中国的古典书中发掘传统历算学的各种理论与技法，以此为基础发展与原来性质相异的新形式的研究，并创造极富普遍性的高度理论，从而引导中国历算学一举超越原来维度达到新的水平。

上述第一类的科学史研究由于是史学方面的，所以理所当然成为古典主义的重要支柱之一，那么应该如何评价第二类的理论研究呢？因为这类研究诞生于古典主义时代，由经学者实践，所以我们是否应该认为它即使是高度的历算学理论研究，也最终不过是古典学的补注以及补充学科而已呢？还是说因为其秉持着与古典考证在本质上不同的理念与方法，所以即使是经学者的研究，也应该被视为与古典主义和尚古主义毫无联系的另一个学术领域呢？这样完全相反的两种评价，若按事实而论，哪一个都有真实的地方。下面，笔者以第 5 章的戴震分析为基础，对清朝中期繁荣一时的各个具有特点的主要史料和分析对象——(1)汪莱与李锐的方程式论、(2)明安图等的三角函数的无限小解析——进行些许考察。①

---

① 提前提示本章结论的一部分，如下所示。

　　清朝中期古典学(考证学)与历算学在学术中出类拔萃，形成了巨大的潮流。这两者作为经学不可欠缺的类别与它紧密相连，并具备独自的领域与社会的功能，在自己尚古的传统里形成持续发展的历史。（转下页）

第 1 节　汪莱与李锐的方程式论

清朝到了嘉庆期间,学术研究与乾隆时期相比有了很大的变化,新类别的研究登上了历史的舞台。尚古主义以及古典主义摈弃了戴震学、乾隆学的狂热主义,开始展现出了理性的样貌。清楚展现出这一点的莫过于在历算学领域中的汪莱与李锐的方程式论。[①]

汪莱(1768—1813),字孝婴,号衡斋,安徽歙县人,嘉庆中期,以优贡生身份进入史馆,持续进修天文志与时宪志。他精通中西双方的历算学,同时经史百家之学的造诣很高,尤其是对《十三经注疏》倒背如流。著书有《衡斋算学》7 册和《十三经注疏正误》《说文声类》等。

关于中国方程式的理论研究,到了汪莱才有了新的发展。分析方程式的正根有无是其代表。本来,方程式的数值解析是中国传统数学的核心之一,其发展的历史可以简单地归纳为:最晚是在汉代以平方、立方的开方术为基础获得一般二次方程式的解法,宋元时期完成了解任意次数的高次方程式的普遍算法——增乘开方法。[②]然而由于实用主义以及务实思想根植于数学的理念与方法,在数值解析中考量,这个解法局限是只能求算正根而且是唯一的正根。只有汪莱的《衡斋算学》第五册中收录的"一乘方二乘方形,根方多少糅杂,每根之数知不知条目"果敢地超越这样的局限,在方程式的代数性质方面开辟了新的类型的研究。

(接上页)戴震是清朝经学的第一人。他在确立古典学研究方法的同时,把历算学定位为儒林的实学,开展尚古的数理研究。汪莱和李锐一边从事古典考证,一边批判性地继承古来的历算学,并将其引导到超越性的新维度。明安图和董祐诚、李善兰等作为历算学的专家,研究西传来的数学公式,并用中国式的方法解析这些公式。这些研究显示了各个领域的高峰,同时展示了清朝历算学的理论研究的全貌等。

① 关于汪莱的方程式论,多参考钱宝琮《汪莱〈衡斋算学〉评述》(《钱宝琮科学史论文选集》,科学出版社,1983。原载《浙江大学科学报告》第 2 卷第 1 期,1936)。关于李锐的方程式论,参照刘钝《李锐与笛卡儿符号法则》(《自然科学史研究》第 8 卷第 2 期,1989)。

② 川原《中国的数学》(伊东俊太郎编《中世的数学》,共立出版,1987),第 549—566 页。

嘉庆六年(1801),汪莱从焦循(1763—1820)处借得李治的《测圆海镜》(1248)、《益古演段》(1259)和秦九韶的《数书九章》(1247)(《第五册算书焦记》),还与江藩一同"察秦九韶开方术及李治天元一术"[1]。同年冬天,汪莱寄信于焦循(《第五册算书跋·汪记》),"甚言秦李两家之(方程术之)非,而剖析其可知不可知"[2]。"秦李两家之非"具体指涉焦循在《汪莱别传》(《雕菰集》卷21)中列举的例子:(1)《测圆海镜》边股第五问中,尽管答案有 240 与 576 两种可能性,但李治的答案只有 240 步;(2)《数学九章》田域类第二题"尖田求积"正根有 240 与 840 两个数,但秦九韶"只以八百四十为答"等。[3]在汪莱看来,真正的"知"指正确地认识什么是不可知的,而李治和秦九韶的方程术与"知"的本义相反,"多以不可知为知"(上述二例便为实例),因此断不可容忍。汪莱这样考虑——"多以不可知为知者,遂就二乘方(三次方程)以下简且易者,略为条目以正之"(《第五册算书汪序》)。[4]

汪莱接着又对解二次乃至三次方程式,分条件逐一考察了怎样确定系数和定数项的正负来确定唯一的正根——答数。此考察首先需要注意的就是其独特的专业术语,用"可知"与"不可知"表示答数的有无。也就是说,"可知"意味着唯一确定方程式的正根的值——"每根之数"。反过来,"不可知"是指不可能确定答数,不可知方程式是指不存在正根或者存在多个正根的方程式。其次需要注意的是以二次的 $ax^2-bx-c=0(a,b,c>0)$ 为起点,判别合计 96 种方程式的可知与不可知,但这样的考察完全不按照顺序进行,重复遗漏也不少。如果把重复去掉,那么最多不超过下面的 16 种($a,b,c,d>0$)。[5]各个式子的左边数字有记载的顺序。关于二次方程式(一乘方形)汪莱解析如下:

---

[1][4]　汪莱《衡斋算学·卷5·自序》。

[2]　《衡斋算学·卷6·第五册算书焦记》。

[3]　《钱宝琮科学史论文选集》(科学出版社,1983),第 248 页。

[5]　汪莱自己这样想。

1. $ax^2 - bx - c = 0$ 可知①

2. $ax^2 + bx - c = 0$ 可知

5. $ax^2 - bx + c = 0$ 不可知

关于三次方程式(二乘方形),解析如下:

3. $ax^3 - cx - d = 0$ 可知

4. $ax^3 + cx - d = 0$ 可知

7. $ax^3 - bx^2 - d = 0$ 可知

8. $ax^3 + bx^2 - d = 0$ 可知

49. $ax^3 - bx^2 - cx - d = 0$ 可知

50. $ax^3 + bx^2 - cx - d = 0$ 可知

52. $ax^3 + bx^2 + cx - d = 0$ 可知

9. $ax^3 - cx + d = 0$ 不可知

11. $ax^3 - bx^2 + d = 0$ 不可知

53. $ax^3 - bx^2 + cx + d = 0$ 不可知

55. $ax^3 - bx^2 - cx + d = 0$ 不可知

57. $ax^3 + bx^2 - cx + d = 0$ 不可知

51. $ax^3 - bx^2 + cx - d = 0$ $bc/a < d$ 可知

$bc/a > d$ 不可知

一目了然,除去第 51 例其他的结论都是正确的。

嘉庆七年(1802)秋,焦循拜访李锐,"与相参核"汪莱的 96 条"可知不可知条目"。"是秋予复在浙,尚之寓于孤山。买舟访之,以孝婴之书与相参核。尚之深叹为精善,复以两日之力作开方三例,以明孝婴之书之所以然。"②"开方三例"后来收录在汪莱自己的著作《衡斋算学》第六册里,即《第五册算书跋》。

李锐(1768—1817),字尚之,号四香,江苏元和人。他是钱大昕的

---

① 示例汪莱的表记法,"一有几真数多几根积,与几一乘方积相等。以几根数为带纵平方长阔较,以几一乘方数乘几真数为带纵平方积,带纵平方法开之,得长根。以几一乘方数除之,每根之数可知"。

② 《衡斋算学・卷 6・第五册算书焦记》。

得意门生。阮元任浙江巡抚之时,李锐在其幕府从事《礼记正义》的校订与《畴人传》的编辑。著书有《周易虞氏略例》18 卷、《弧矢算术》1 卷和《开方说》3 卷等。

李锐对汪莱上述的 96 条,提到"以正负开方为说,括为三例"。此开方三例记录如下(《第五册算书跋》):

> 其一,凡隅实异名,正在上,负在下,或负在上,正在下,中间正负不相间者,可知。
>
> 其二,凡隅实异名,中间正负相间,开方时其与隅异名之从廉,皆翻而与隅同名者,可知。不者不可知。
>
> 其三,凡隅实同名者,不可知。①

以上三例使用开方术的用语,论述一般的高次方程式中系数的符号和正根个数的关系。第一例,如果系数列符号的变化只有一次,那么方程式只有一个正根。第三例,其变化次数如果是偶数次,那么正根不会只有一个。第二例,方程式得一个正根降一个次方。得正根后的新方程式里,如果系数都为同种符号,那么原方程式为可知;如果系数为不同符号,那么正根则不止一个。在汪莱的指摘和批判之前,"尚之之第二例,亦稍有未当处"②。根据该例,方程式 $x^3-12x^2+100x-800=(x-10)(x^2-2x+80)=0$ 一定得到多个正根,然而实际上只能得出唯一的正根 $x=10$(《第五册算书跋·汪论》)。

李锐一边与汪莱争辩,一边改善自己的开方三例,终于在《开方说》中,展开论述酷似笛卡儿符号律的命题。笛卡儿的符号律是估计实系数多项式正根个数的一种方法,设:

$$f(x)=a_0x^n+a_1x^{n-1}+\cdots+a_n$$

---

① 《衡斋算学·卷 6·第五册算书跋》。
② 《衡斋算学·卷 6·第五册算书跋·论》。

它论述了系数列 a_0、a_1、$\cdots a_n$ 的符号变化数为 μ 的时候，$f(x)=0$ 的正根数为 μ 或比它少偶数个。李锐的符号律在《开方说》卷上的开头继续论述了开方术专业术语的定义，记载如下：

> 凡(1)上负下正，可开一数。除一，平方三，立方八，三乘方二十。(2)上负中正下负，可开二数。平方一，立方五，三乘方一十八。(3)上负次正次负下正，可开三数或一数。立方一，三乘方七。(4)上负次正次负次正下负，可开四数或二数。三乘方一。

第一命题的“上负下正，可开一数”是指系数列的符号变一次，方程式通常得到一个正根。另外“除一，平方三，立方八，三乘方二十”对拥有“上负下正”形式的一次、二次、三次、四次方程式，以系数的符号分类，便成了各次方 1、3、8、20 种的类型(图 6-1)。

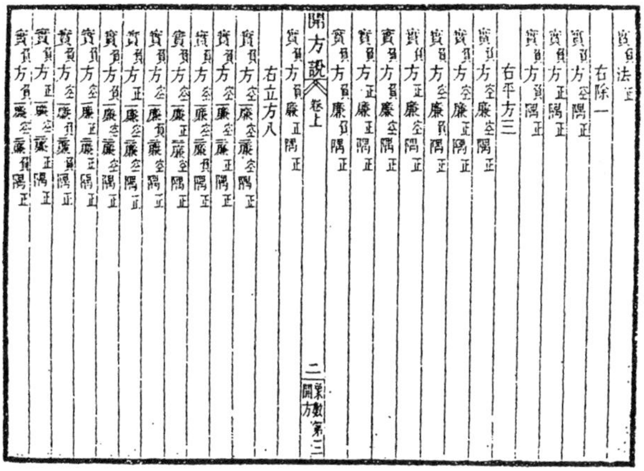
實負法正
右除一
實負方空隅正
實負方正隅正
實負方負隅正
右平方三
實負方空廉空隅正
實負方空廉正隅正
實負方空廉負隅正
實負方正廉空隅正
實負方負廉空隅正
實負方正廉正隅正
實負方負廉負隅正
開方說 卷上
實負方負廉正隅正
右立方八
實負方空廉空廉空隅正
實負方空廉空廉正隅正
實負方空廉空廉負隅正
實負方空廉正廉空隅正
實負方空廉負廉空隅正
實負方正廉空廉空隅正
實負方負廉空廉空隅正
實負方空廉正廉正隅正
實負方空廉負廉負隅正
實負方正廉空廉正隅正
實負方負廉空廉負隅正

图 6-1

也就是说，一次的该形式方程式仅为：

“实负法正”　　$ax-b=0$

二次方程式为：

“实负方空隅正”　　$ax^2-c=0$

"实负方正隅正"	$ax^2 + bx - c = 0$
"实负方负隅正"	$ax^2 - bx - c = 0$

三次方程式为：

"实负方空廉空隅正"	$ax^3 - d = 0$
"实负方空廉正隅正"	$ax^3 + bx^2 - d = 0$
"实负方空廉负隅正"	$ax^3 - bx^2 - d = 0$
"实负方正廉空隅正"	$ax^3 + cx - d = 0$
"实负方负廉空隅正"	$ax^3 - cx - d = 0$
"实负方正廉正隅正"	$ax^3 + bx^2 + cx - d = 0$
"实负方负廉负隅正"	$ax^3 - bx^2 - cx - d = 0$
"实负方负廉正隅正"	$ax^3 + bx^2 - cx - d = 0$

共以上 1 种、3 种、8 种(a, b, c, $d > 0$)。第二命题以下代表的意思也相同,各个系数列的符号如果变了两次,那么这个方程式就有两个正根,变三次则有三个或一个,变四次有四个或两个。李锐接着又详细地记载了正根的个数根据符号的变化数 μ 而减少偶数个:

　　凡可开三数,或止一数,可开四数,或止二数。其二数不可开,是为无数。凡无数必两,无无一数者。[1]

　　中国数学便是这样通过汪莱与李锐的钻研,完成了与方程式相关的符号律。暂且不论当事者自身的意识,我们必须理解此理论研究实质上贯彻了演绎推论主义,是企图探求新的知识和知识体系的纯粹的数学事业。这演绎推论主义的事业的结果是,相比前代研究,其达到了完全不同维度的层次,成功地构建了新的知识体系,这是不言自明的。另外,从内部支撑起演绎推论主义——怀疑主义的方法存在于上述研究当中。就这一点来看,也能印证上述结论。

----

[1] 李锐《开方说》卷上。

　　然而要进一步弄清这一点,除了分析两者的研究主题和问题提起的途径以外,便没有其他合适的方法了。因为(1)汪莱和李锐不是单纯地改良方程式解法,而是纯理论地解析关于方程式的代数性质,这与以前的实用主义方程术研究完全不同;(2)性质的差异尤为显著地表现在研究主题的选择中。汪莱在《第五册算书序》中,容许"以不知为知",却不容忍"以不可知为知",在靠着思辨的知识论探求"知"的过程中,创造了自己的方程式论主题。[①]换言之,汪莱通过高度的抽象以及形式上的推论法,"引申古人所未言"[②]——在把代数方程式相关的数学作为理论升华的过程中,展示了决定答数这类极为务实的要求。之后李锐继承了汪莱的研究主题,并把其中的项目一般化,通过反复的演绎与一般化的方法,完成对一般方程式符号与正根数关系的符号律的解释。不管是哪种情况,伴随着高度抽象的演绎推论,都在主题设定与理论考察方面起着本质性的作用。正因如此,可以证明两者的研究是纯粹的数字上的追求。

　　一方面,中国方程式论的抽象和思辨而产生的务实升华,当然受到西欧科学的深刻影响。但另一方面,笔者必须说其具体的知识和技法未受或几乎未受西学的影响。换言之,汪莱的 96 个项目在李治、秦九韶的方程术的学问基础上,针对各种代数方程式尝试"带纵平方长阔和法""带纵扁立方法"等适当的中国式的根的算定法,并考察其可知不可知。另外李锐的符号律在深化汪莱的研究的同时,彻底地用数理分析了中国自古以来的增乘开方法,[③]构建了自己的"开方说"体系。最终,就汪莱和李锐的方程式论没有依据西洋历算学知识这一点而言,只能以普遍的看法即中法的成就——对宋元方程术的批判性继承

---

① 　汪莱如下展开了自己的知识论。"以不知为知,不可也而犹可也。以不可知为知,大不可也。何可乎以不知为知,何不可乎以不可知为知。物予我以知,我暂不知,会心焉有待也。物不任我以知,我谬附以知,见魔焉遂不反也。嗟乎,使物有知,不且笑知已乎。故曰知其不可知知也。"(《衡斋算学·卷 5·序》)
② 　罗士琳《畴人传续编·李锐·论》。
③ 　刘钝《李锐与笛卡儿符号法则》(《自然科学史研究》第 8 卷第 2 期,1989),复原了李锐的数理分析的"基本思路"。

来解释。然而,不舍弃他们的方法论以及思想层面上西法深刻却难以自觉的影响,把这个方程式论当作"中西会通"的成就来理解,就不应单纯地认为它是谬论而加以排斥。

罗士琳"论述"李锐的学术,并阐发了如下意味深长的见解(《畴人传续编·卷50·李锐·论》):

> 尚之为钱少詹事(钱大昕)高弟。成蓝谢青。又能专志求古,不遗余力。继往开来,续残补欠,遂使二千年来沦替之绪,得大昌于世。是王(锡阐)、梅(文鼎)、江(永)、戴(震)诸君,不过开其先,犹不能践其实。而启籥穷源,则端自尚之始。厥功不诚伟哉。

在罗士琳看来,王、梅、江、戴主张的历算上的"复古"到了李锐才首次达到其实质,换言之,李锐的符号律在本质上也不过是"古法"。这种见解并非罗士琳的独创,而可以理解为当时的普遍说法以及李锐自身的意识显现。事实上,丁取忠也说:"自元和李尚之锐作开方说,而古法始复明于世。"[1]

如果按着李锐等的意识,即使不考虑古典知识的历史局限,纯理论地追求真正的命题而得出自己的方程式论,除了复古——"以己之性灵,合诸古圣之性灵"[2]以外也不剩下什么了。然而他们虽然是嘉庆时期的经学者,且将研究对象限定在复古和尚古主义中,但他们并不像戴震一样朝阻碍学术深化的方向发展。他们把自己的代数方程式论作为古代方程术在实质上的深化,保持着"柔软"的尚古意识,根据演绎的推论主义深化内容。他们虽然以尚古主义和古典主义为自我的规范,却也"引申古人所未言",不将考察范围局限于古典考证。尚古主义到了嘉庆期间去除了清初的狂热主义,开始稍显理性的样貌的原因是,他们怀有对于原理非教条的——排斥"执一"的思考姿态。

---

① 丁取忠《开方说序》。
② 焦循《雕菰集·卷13·与孙渊如观察论考据著作书》。

其中不仅有冷静与谦虚,还可以看到批判精神的横溢。

　　嘉庆期间,汪莱、李锐、焦循被称为"谈天三友"(《畴人传续编·李锐·论》),他们在学术上"切磋琢磨"的关系在方程式论研究方面最为显著。也就是说,他们通过互相借阅古籍并辩论,深化了对李治和秦九韶方程术的研究,最终还成功发现了关于一般方程式的符号律。当事者的意识里,这个研究被定位于复古——彰显古法上,但实质上它超越了古典主义以及经学的务实的典型,极其接近纯粹和理论的代数领域。汪莱与李锐的方程式论作为与前代相比更理性的嘉庆时期的学术乃至精神特征的第一手史料,必须说其价值不可估量。

第 2 节　三角函数的无限小解析

　　中国的三角函数无限小解析的研究从康熙四十年(1701)的耶稣会士杜德美(Pierre Jartoux,1669—1720)来华开始,以鸦片战争后的全面西洋化告终,是清朝历算学精华中的精华。[1]研究的时期完全覆盖了古典主义的清朝中期,比起称研究者是在历算学上也造诣很深的古典学者或经学者,不如称其为擅长古典学和经学的"畴人"——历算学专家。

　　杜德美,法国人,19 岁加入耶稣会,1701 年来华。1708 年开始,为了制作全国地图,他着手于冀北、辽东的测量。中国最初的近代地图《皇舆全览图》(1718)正是那时的测量成果。

　　梅瑴成(1681—1763)汉译了杜德美传来的三个无限级数式——"西士杜德美法",收录于自己的《赤水遗珍》。若将语言代数的标记法改为现代式,便是:

---

[1]　该研究史的具体内容,请参照川原《中国的无限小解析——关于圆函数的级数展开》(山田庆儿编《中国古代科学史论》,京都大学人文科学研究所,1989)。

$$2\pi = 2\left\{3 + \frac{3 \cdot 1^2}{4 \cdot 3!} + \frac{3 \cdot 1^2 \cdot 3^2}{4^2 \cdot 5!} + \frac{3 \cdot 1^2 \cdot 3^2 \cdot 5^2}{4^3 \cdot 7!} + \cdots\right\} \qquad 〔杜 I 〕$$

$$\sin\theta = \theta - \frac{1}{3!}\theta^3 + \frac{1}{5!}\theta^5 - \frac{1}{7!}\theta^7 + \frac{1}{9!}\theta^9 - \cdots \qquad 〔杜 II 〕$$

$$\text{vers}\,\theta = \frac{1}{2!}\theta^2 - \frac{1}{4!}\theta^4 + \frac{1}{6!}\theta^6 - \frac{1}{8!}\theta^8 + \frac{1}{10!}\theta^{10} - \cdots \qquad 〔杜 III 〕$$

杜德美法是微积分学成立的前夜,由曲线的求积而得到的结果。说其理论属于 17 世纪末叶欧洲第一流的数学知识也不为过。然而梅瑴成的汉译中,没有提到一句关于演算式的证明和支撑公式的理论。

中国的历算学者在与圆函数的无限级数展开式相遇后,在公式之外什么都没有的状态下,开始了基础理论的研究,得出一个又一个结论,最终甚至解决了椭圆积分范畴的问题。确定了这个无限小解析研究方向的是蒙古族钦天监监正明安图。

明安图(约 1692—1763)从大概乾隆初年(1736)开始研究杜德美法。经过二十余年对其理论根据的考察,著书《割圜密率捷法》。他生前没能看到定稿的完成,1774 年,门徒陈际新整理补充他的遗稿,编定了四卷本。刊行直到道光十九年(1839)才实现。

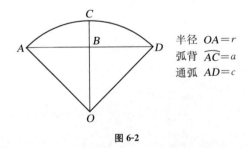

半径 $OA = r$
弧背 $\overset{\frown}{AC} = a$
通弧 $AD = c$

图 6-2

明安图延续杜德美法,用西来的"割圆连比例术"解释与微积分学密切关联的圆函数的级数展开式,定下了学术基础。割圆连比例术是指,利用一系列的二等边相似三角形——连比例三角形中的连比例,分析分割圆时产生的三角函数的方法,最初记载于《数理精蕴》(1723)。现在如果要把明安图的割圆连比例术用正弦的级数展开(杜Ⅱ)——"弧背求正弦"算定法的例子说明的话,如下所示。即对于图 6-2 的符号以及圆弧 $ACD(=2a)$ 的 n 分之 $1(n$ 分的一弧以及一分弧)中产生的通弦 $c_{1/n}$,(1)三、五、七等分圆弧 ACD,对应分割逐一制成连比例三角形,确定奇数分弧(全弧)的通弦率。

$$c=3c_{1/3}-\frac{c_{1/3}{}^3}{r^2},\ c=5c_{1/5}-5\frac{c_{1/5}{}^3}{r^2}+\frac{c_{1/5}{}^5}{r^4},\ \cdots$$

(2)同样地,求得二分弧的通弦率。

$$c=2c_{1/2}-\frac{c_{1/2}{}^3}{4r^2}-\frac{c_{1/2}{}^5}{4\cdot16r^4}-\frac{2c_{1/2}{}^7}{4\cdot16^2r^6}-\frac{5c_{1/2}{}^9}{4\cdot16^3r^8}-\cdots$$

顺着同率数,算出偶数分弧的率 $c=f(c_{1/2n})$。(3)用级数的代入法从五分弧、二分弧求得十分弧的率。继续在 $n=100$,$1\,000$,$10\,000$ 里推导出通弦率。(4)$n\to\infty$时,$nc_{1/n}\to2a$,算出弧背求通弦式。

$$c=2a-\frac{(2a)^3}{4\cdot3!r^2}+\frac{(2a)^5}{4^2\cdot5!r^4}-\frac{(2a)^7}{4^3\cdot7!r^6}+\cdots\qquad\text{〔明Ⅳ〕}$$

(5)从弧求弦式算出正弦的级数展开式(杜Ⅱ)。

　　明安图如上所示以无限小几何学完成了自己的割圆连比例术。以此为基础在无限小几何学里展开新方向的是董祐诚的《割圆连比例术图解》(1819)和项名达的《象数一原》(1849 年绝笔序,1857 年戴煦补,1885 年刊)。

　　董祐诚(1791—1823)制成了与明安图完全不同的"弦矢递加成连比例图",遵循其唯一的算图,可算定代数几何的倍分通弦率。与《割圜密率捷法》相比,作图合理化这种几何学上的进步也十分显著,令人瞠目的是对于通弦率,其利用宋元以来的垛积术算出一般式(c_n 是 n 倍弧的通弦)。

$$c_n = nc - \frac{n(n^2-1)}{4 \cdot 3!}\frac{c^3}{r^2} + \frac{n(n^2-1)(n^2-9)}{4^2 \cdot 5!}\frac{c^5}{r^4} - \cdots (n \text{ 为奇数})$$

〔董Ⅰ〕

明安图仅仅把弧求弦的级数式当作百分弧、千分弧、万分弧的通弦率的极限导出,而它作为普遍的方法并不完全,完全普遍的方法至少需要 n 倍弧和 n 分弧的一般式。但是董祐诚从奇数分弧的率(董Ⅰ)立刻算出弧求弦式(明Ⅳ),还未考虑到偶数分弧。项名达(1789—1850)针对董术的这些问题点,加上了代数几何的分析,制成了新的连比例三角形并推导出:

$$c_{n/m} = \frac{n}{m}c + \frac{n(m^2-n^2)}{4 \cdot 3!m^3}\frac{c^3}{r^2} + \frac{n(m^2-n^2)(9m^2-n^2)}{4^2 \cdot 5!m^5}\frac{c^5}{r^4} + \cdots$$

〔项Ⅰ〕

计算这个数学式的收敛值,就得出了杜德美算法。

割圆连比例术是代数的无限小几何学。明安图赋予了此术这种特征,但项名达、戴煦、徐有壬等通过级数式记号法和演算法的改良,进一步强调了其代数的特征,终于超越了割圆连比例术,成功发展了圆的解析理论。

项名达的椭圆求周术在现代数学中属于椭圆积分的领域,是十分难解的理论。如果写下结果,项名达对于

椭圆 $\dfrac{x^2}{a^2} + \dfrac{y^2}{b^2} = 1 (b > a > 0)$,离心率 $e = \dfrac{\sqrt{b^2-a^2}}{b}$

算出了椭圆的周长 s(《象数一原》卷6)。

$$s = 2\pi b \left\{ 1 - \frac{e^2}{2^2} - \frac{3e^4}{2^2 \cdot 4^2} - \frac{3^2 \cdot 5e^6}{2^2 \cdot 4^2 \cdot 6^2} - \frac{3^2 \cdot 5^2 \cdot 7e^8}{2^2 \cdot 4^2 \cdot 6^2 \cdot 8^2} - \cdots \right\}$$

戴煦(1805—1860)在《外切密率》中,叙述正割的级数展开式

$$\sec\theta = \sum_{n=0}^{\infty} \frac{E_n \theta^{2n}}{(2n)!}$$

与欧拉数(Euler Number) E_n 的逐次算定法,在《假数测圆》中,记载了正割的对数的展开式($\mu = \log_{10} e$)。

$$\log_{10} \sec \theta = \mu \left\{ \frac{\theta^2}{2!} + \frac{2\theta^4}{4!} + \frac{16\theta^6}{6!} + \frac{272\theta^8}{8!} + \cdots \right\}$$

徐有壬(1800—1860)发明了新的代数记法(图 6-3)——缀术,几乎仅通过在代数式里进行代数演算,就完备地获得圆函数的级数式(《割圆八线缀术》)。

图 6-3

圆的无限小解析如上作为割圆连比例术——代数几何的求长理论而发展,但这并不意味着在求积理论没有新的发现。李善兰的尖锥术便是中国式的积分法。

李善兰(1811—1882)"思割圆法非自然,深思得其理"[①]——虽然他研究董祐诚的割圆连比例术,学习了垛积术与圆的无限小解析的结合,但想到了董术的别扭之处,也就是用一种求积理论的垛积术展开求长理论之"非",比较垛积术与圆函数的级数式各项,并从中思考尖锥术。《方圆阐幽》(1845 年左右)记录了尖锥术的诸定理,"高"是 h,"底"的面积及长度是 ah^n,"尖锥"的体积和面积是 $h \times ah^n \div (n+1)$(图 6-4)。这种演算相当于现代数学的定积分:

$$\int_0^h ax^n dx = \frac{ah^{n+1}}{n+1}$$

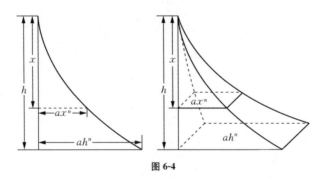

图 6-4

李善兰用尖锥术,算出了三角函数和逆三角函数以及对数函数等的级数展开式(《弧矢启秘》等)。

中国的无限小解析的发展基本如上所示,其研究史在学术理论上应该用演绎推论主义的自我展开来把握。

本来,杜德美法与象征 16、17 世纪欧洲科学革命的微积分学在历史、理论上紧密相连,因此必然地在自身的学说内部包含了微积分学的两个基本理念——(1)记号代数学与(2)无限小几何学的理念。所以中国的历算学大师通过研究杜德美法,全盘接受学习了这两个理

---

① 李善兰《则古昔斋算学・自序》。

念,慢慢地被这两个理念所影响,用几何的解释赋予代数演算以意义,同时凭借代数演算的应用跳出几何思考的局限。换言之,中国的无限小几何学通过对割圆连比例术的代数化,提高了学术水平,深化了认识,终于发现了自己在思考和方法上的局限,再借由代数化在否定自己的思考和方法之上,进行新的发展。这样的学术发展和理论中,除了纯粹且高度的数学思考以外别无其他。正因这些特征,中国的无限小解析总体上才能被称为演绎推论主义的自我展开。

中国的无限小解析是一种理念依存于演绎的推论主义,割圆连比例术直接建立在西方传来的理论上,学术谱系方面也直接从欧洲近代数学而来,不过无可置疑,不管哪一本著述都充满了中国传统历算学色彩,展现了与近代数学迥然相异的面貌。具体表现在:(1)无限小解析是从割圆术发展而来,(2)其学术发展中垛积术是不可或缺的,等等。

割圆术最初见于 3 世纪刘徽的《九章算术注》,刘徽以 6、12、24……等分了圆(全圆周),把圆周率 $\pi=3.1416$ 当作内接正多角形的面积的极限而算出。11 世纪后半期沈括的《梦溪笔谈》分析了割分圆中弧、弦、矢的关系(会圆术)。13 世纪后半期编纂的授时历应用沈括的算法,推导出赤道坐标和黄道坐标的变换式。[①]

此外,垛积术是中国古来的高阶等差级数的求和法。沈括的《梦溪笔谈》中,求得物体堆积成梯形(二阶等差级数)的总数,创始垛积术。杨辉的《详解九章算法》(1261)把堆积方法扩展到了方锥、三角锥。朱世杰的《四元玉鉴》(1303)求得高阶等差级数的基本求和式,也用阶差确定了原数列的一般项,从而完成了垛积术。授时历也"以垛积招差立算",用三次式插值日月的不规则运动。[②]

以上述中国算学的学术传统为前提而论,无限小解析的历史发

---

① 割圆术的概略,详情请参照钱宝琮《中国算书中之周率研究》(《钱宝琮科学史论文选集》科学出版社,1983,原载《科学》第 8 卷第 2、3 期,1923)。

② 川原《中国的无限小解析——关于圆函数的级数展开》(山田庆儿编《中国古代科学史论》,京都大学人文科学研究所,1989),第 595—607 页。

展的过程是在历算学大师受到中国古来算法尤其是割圆术和垛积术的启发的同时，纯理论地引申了西来的割圆连比例术，并据此中国式地分析了杜德美法，或者说令西法理论脱胎换骨，发明中法的积分理论（尖锥术）。换句话说，圆函数的无限小解析研究也与戴震的三角法和李锐的方程式论一样，必须被当作"中西会通"的一个卓越成就来看待。

然而圆函数的无限小解析若是中西会通的产物，那么理所当然地必须承认尚古主义和古典主义对它的影响。事实上，董祐诚曾惊讶于古法的优秀（无不至者），并将其记录在《割圆连比例术图解》后序中。

> 余以垛积释比例，而三角及方锥堆，三乘以下旧无其术。近读元朱世杰《四元玉鉴》"茭草形段""果垛叠藏"诸问，乃知递乘递除之术，近古所有，而远西之士，尚能守其遗法，有足珍者。

此外，罗士琳为明安图的《割圜密率捷法》写的跋，评论西法的中比例和借根方等"初非西人所独创""究亦本诸中法"等。[1]从以上两例推论不难想象，西学中源说不仅是中法研究者，同时还是西法研究者的基本认识。可是，这种尚古主义如董祐诚的后序中所写，对数理体系的构建没有产生一丝影响，这是无法改变的事实。古典主义者们只不过是针对以演绎的推论主义为基础的数理体系——理论上的必然，于完成之际基于自己的意识形态加以经学的评价和润色，画蛇添足地披上西学中源说——古典主义的外衣而已。在圆函数的无限小解析方面，古典主义和尚古主义从研究主题的设定到数理展开，都不曾对理论完善产生过一点影响，只不过是在表面上的外部装饰而已。

---

① "……彼之中比例，即古今有术，彼之益实归除及益实兼减实归除，即古正负开方术，彼之借根方，即古立天元一术，名异实同。初非西人所独创。且彼之割圜，仍不外屡求勾股。究亦本诸中法。"

第 3 节　清朝经学与历算学

"我国科学最昌明者,惟天文算法,至清而尤盛,凡治经学者多兼通之;其开山之祖,则宣城梅文鼎也。"(《清代学术概论》八)梁启超如上开始了梅文鼎论,其评价的确突出了清朝历算学史的要点。清朝的历算学基本上采取梅文鼎的视角反观自身,向着他指出的方向勇往直前,有了独特的发展。其代表性成果有(1)戴震的三角法、(2)李锐的方程式论、(3)明安图等的圆函数的无限小解析研究。这三种理论研究的学术特征各不相同,各有特点,但作为整体看,它们显示了清朝中期历算学理论研究的全貌与高峰。

清朝中期的历算学研究"沸腾"到异常的程度,其根本原因与中国文明的基本特征密切关联,历算学起源于观象授时之学的帝王礼教主义——经学之要,但直接的契机却是(1)康熙帝对历算学的奖励与西学中源说的宣扬,(2)由戴震发起的《算经十书》的复原。康熙帝通过彰显民族主义和尚古主义的梅文鼎的西学中源说,消解了针对欧洲科学与文化的中国排外主义,在这个立场上,他不问中西,积极地鼓励历算学研究。《御制律历渊源》100 卷(1723)是其最大的成果。汇编官是何国宗与梅瑴成(梅文鼎之孙),该书由《历象考成》42 卷、《律吕正义》5卷、《数理精蕴》53 卷构成。戴震在学术上深化这些钦定的意识形态的同时,创造了自己的狂热的西学中源说,用经义润色天文数学书,广泛搜集古历算学家的遗经。戴震全面复辟了作为经学的历算学研究——汉学的精神,这是清朝中期与考证学并驾齐驱的天文数学研究空前高涨的最大原因,也是清朝历算学与尚古主义和古典主义产生联系的直接理由。历算学如汉学一般,被视为经学不可或缺的构成要素,成功博得了研究者的广泛关注,从这个意义上而言,戴震对历算学的影响不可估量。

乾隆、嘉庆、道光时期历算学研究的"沸腾"正意味着经学的高扬,与古典学和考证学的振兴并存。但如前文所述,它并不意味着这个研究完全被尚古主义所涵盖。清朝中期的历算学贯彻演绎的推论主义,开展了新形式的研究,发现了许多与古典考证并无多大关系的经典命题。就这一点而言,不言自明的是,历算学具备了作为一个学术领域该有的内在。至少就方程式论与圆函数的无限小解析而言,历算学升华到纯粹的数理研究领域。拥有与考证学完全不同的理念与方法,历算学大大超越了古典考证的领域,还创造了许多与古典考证毫无关系的优秀理论,结果之一就是形成了大规模的学问领域。理所当然,我们不可以偏概全地总结清朝中期的学术为"考证学制霸全学界"(梁启超),或者认为历算学是古典学的辅助学科等。即使历算学被认为是经学不可或缺的构成要素,也不可判断经学是一种古典考证或只为古典考证而发展。

此外,清朝历算学里显著的方法——演绎的推论主义,是通过当时的历算学者翻译欧洲天文数学书和二次著述,学习几何学的精神与演绎方法来实现的,在这种知识的影响下中国古来的优秀"算学"推理法得到升华。然而中国学术界以一个整体开始接受西洋的演绎论证数学的影响,是在 1607 年利玛窦和徐光启汉译《几何原本》前 6 卷的仅约 100 年后,梅文鼎"以勾股解几何原本之根"[1],用中国式术语平易近人地解说西来的天文数学,从而获得了广大读者的青睐。[2]全盘接受西洋演绎论证数学的影响、康熙帝对梅学的赞扬,使不问中西和奖励历算学变得极为必要。接着,演绎的推论主义在通过建构成熟的历算学理论而提高自身质量的同时,不可避免地排除了数理研究上的夹杂物。大体上追溯历史的话有戴震、汪莱等,对历算学的理解有飞跃性进步的原因在于演绎推论主义的品质提高,另外历算学研究与古典学距离越远,演绎推论主义的命题越优秀也是同一个原因。一言以蔽

---

[1] 梅文鼎《几何通解》原注。

[2] 刘钝《从徐光启到李善兰——以〈几何原本〉之完璧透视明清文化》(《自然辩证法通讯》第 11 卷第 3 期,1989)。

之,演绎的推论主义用自身的品质从根本上规定了历算学的层次。

清朝历算学的特征在于演绎的推论主义与尚古的实用主义的奇妙并存。这是历算学内属于经学所产生的必然结果,不过因为两个主义都拥有广大的思想背景,所以其并存的形态一定是多种多样的。前文论述的三种研究等便是其典型中的典型。有时和平共存带来了学术深化,有时相生相克阻碍了学术的发展。

经学规定、束缚属于其自身范围内的历算学,而历算学又反过来利用其是经学不可或缺的部分这一点,并常常通过经学的思维影响别的类别,有时还令经学整体的特质发生变化。程度虽参差不齐,但不论哪个时代这些事都一样发生。然而笔者必须说清朝中期的学术里,历算学的影响在学术研究方法方面尤为显著。

学术研究方法论上的革新是指,具体化的研究精神与理念的革新。精神革命完成之时,新类型的研究"呱呱坠地"。以注意这种思考形式的视角,思考清学这一称呼的存在或者说清朝经学学术上自立的原因,就能证明在清朝中期或之前,大规模和彻底的精神革命就已经存在。换言之,清朝中期经学之所以总体发生变化(起因于绪章所谓的宇宙观变化),是因为方法和范式的变革发生在此之前或同时进行。经学研究上方法的变革最终带来了撼动整个经学的深刻后果。

清朝经学的方法论上的变革当然涉及各个方面,但最为根本的变革之处在于其本质上与之前不同的论证性——得到了作为方法的演绎推论主义。也就是说,追求彻底贯彻论证性至少需要,(1)预先掌握基础学(小学),(2)严密地使用形式上的推论法,(3)广泛"实事求是"的必要性,反之刨根问底必然带来以下影响,(4)学术上的议题更具一般性,(5)研究领域飞跃性地扩大,(6)专门化、分类化显著地发展等——因为用论证性的只字片语解释与前代经世济民相异的清学基本特性也并非不可能。换句话说,自方法而来的演绎推论主义与中国文化特有的尚古实用主义(像历算学一样),从根本上定下了清朝经学整体的基调。

　　总之清朝经学整体中具有特点的演绎推论主义不是从中国旧有的精神中直接进化而来的。因为(a)清朝历算学不仅由畴人的专门研究形成,内部还包括大量的经学者的纯历算学与历算学史的研究。只要注意一下经学者钻研的高度和广泛又纯粹的数理研究的存在,我们可以推定作为整个经学方法的演绎推论主义是以历算学为媒介的,(b)清朝中期的历算学是中西会通的产物,方法论上强烈地受到西欧天文数学的影响,把这个事实与上述(a)的推测结合,我们只能将其解释为经学的演绎推论主义更直接地从西来的几何学精神演化而来。①清朝经学作为清学而独立,必须充实方法论,而西欧天文数学的存在对其在研究方法上的成熟是不可或缺的,就这个意义而言,清朝中期欧洲的天文数学的影响不仅体现在历算学和考证学上,还波及经学甚至中国文化的总体。

※ 本章改编自山田庆儿、田中淡编《中国古代科学史论　续篇》(京都
　 大学人文科学研究所,1991)所收的同名论文。

---

① 　详细请参照本书第 5 章。

第 3 部

第 **7** 章

科学精神和"理"的变迁
——中华民国初期清代学术评价之争
·
石井刚

序文

本书从各个角度论述了明末清初西学东渐对中国思想形态带来的巨大变化。本章的出发点在于提出这样一个假设:这个巨大的变化说到底难道不是哲学的变化吗？接着,本章想追问的是,在中国现代哲学史上,这样巨大的哲学变化是否被忘却了。①

作为西学的影响而被列举并收录于本书的数学和历学,都包含在哲学范畴之内。艾儒略在《西学凡》中,声称欧洲兴盛的学术按顺序有文科、理科、医科、法科、教科、道科这六科。其中,他所说的第二位的"理科"指的是"斐录所费亚"②。此外艾儒略还将其进一步分类为"落日加""费西加""默达费西加""马得马第加""厄第加"。必须要注意的是,艾儒略论及的哲学中包括"马得马第加"即数学,而且算法、量法、律吕(音阶理论)、历法(除了历还包括天文地文)等也被包含在内。本杰明·艾尔曼认为,支撑18世纪清代学术的是语言学、天文学、数学、地理学、金文学等。③语言学和金文学暂且不提,另外三门学科都被包

---

① 本章包含了一部分与拙作《戴震与中国近代哲学——从汉学到哲学》(知泉书馆,2014)重叠的内容。
② 艾儒略《西学凡》(《天学初函》第 1 册,学生书局,1965 年影印本),第 27 页。
③ Benjamin A. Elman, *From Philosophy to Philology: Intellectual and Social Aspects of Change in Late Imperial China*, Cambridge and London: Harvard University Press, 1984, p. xix.艾尔曼《从理学到朴学》(江苏人民出版社,1995)。

含在构成哲学一部分的马得马第加里。正如本书第四章所述，艾尔曼未提到的律吕学，在清代受西学影响的同时，有了独特的发展。支撑清代学术的诸学里的大部分学问在17世纪耶稣会的认知中，都毫无疑问被当作马得马第加而分类为哲学。

换言之，如果说明清西学史是东西文明的对话，那么对话便是围绕着哲学而展开的，哲学的思考方式与方法被导入中国的语境，清朝学术就是建立在这个基础之上。总而言之，在清代新的哲学诞生，其契机是明末耶稣会传来的西学起了作用。若非如此，西学东渐的中国学术思想史的意义便无处可寻。

然而，一般情况下在中国哲学史的叙事中，清代被描绘为缺乏哲学魅力的时代。比如具有代表性的是，本杰明·艾尔曼用"从哲学向文献学发展"来形容明代向清代的学术转换。然而，清代的学术就算是文献学的，也不能确定其是无哲学的。毋庸置疑"哲学"概念自身是可变的，更不用说清代学术与哲学相通的话，单纯地接受"从哲学向文献学发展"的命题是无法解决问题的。本章一边探索"中国哲学史"这一叙事刚诞生时的清代学术是怎样被叙述的，一边阐明将明末的西学东渐这一大事件纳入视野的哲学史叙事的可能性。

第1节　清代学术的"科学精神"与中国哲学

代表清代学术的考证学，逐字逐句还原了经学文本中印刻的语言文字和发音，因通过文本的互相比较确定其意义和读法的实证主义风气而为人所熟知，也就是说距离"哲学"的感觉还很远。拘泥于文本中的各个记载与表现是很质朴的，因此称呼这个学科为"朴学"，这也证明了清代考证学的"无哲性"。

清代考证学也被称为"汉学"。经学的文本被系统化大多仰仗后汉的郑玄（127—200）。因此，清代的考证学者们对经书采取文献学的解读方式，都要追溯到郑玄时代的范本。这就是"汉学"称呼的由来。

这个称呼透露出对由宋代朱熹(1130—1200)树立的作为当时科举标准的以四书为核心的新儒学体系的对抗意识。"汉学"重视质朴考证,其不厌烦强势的讲学或辩论,是作为对形而上学概念的"宋学"的反对和质疑而登场的。

这个普通想法的深处,确实隐藏着清代是一个无哲学的时代的概念。然而,这种清代学术,或者说正是这样的学术才使学问思想现代化的宝贵资源——知识分子出现于 20 世纪初的中国。最为称颂清代学术的是梁启超(1873—1929)的《清代学术概论》(1921)了。根据这本书,清代考证学是一门富有"科学精神"的学问,宛如欧洲的文艺复兴,为现代做了准备。"科学"与"民主"是反传统主义文化运动的五四新文化运动的两大口号。为了替代因"吃人的礼教"而被抨击的儒学传统文化,必须构建起以个人构成政治主体的民主社会。为此,科学精神的产物——合理主义才是必要的,而非沿袭封建的旧习。《清代学术概论》的那个时代,很多进步知识分子和学生确实是这样想的。梁启超巧妙地把握了这股风潮,在中国学术思想史内部探索科学精神的资源。

同样的探索在提倡白话文而备受瞩目的五四新文化运动旗手胡适(1891—1962)那里也很明显。《清代学者的治学方法》(1921)虽然是很短的文章,但胡适在其中论述了清代考证学拥有一套提出全称命题并进行验证的形式,所以是科学的。

梁启超也好胡适也好,在清代学术中找出了"科学精神",笔者认为这对即将到来的中国学术和思想现代化具有决定性的作用。不过这并不意味着学术和思想从人文学向自然科学的转换。他们用人文学的课题来理解"科学精神",想要的其实是现代中国的新的人文学,其根基于哲学。因此他们又寻求现代的新哲学,按照各自的理解,在清代学术里寻找中国的新哲学源泉。

原本,他们的做法并不相同,或者说几乎完全相反。梁启超认为富有"科学精神"的中国版文艺复兴有再次转向"哲学"的必要。他的头脑中描绘了一幅从缺乏哲学要素却科学的清代过渡到现代新哲学的路径。艾尔曼的命题在今天广为人所接受,也是因为梁启超的叙述具有说服力吧。他视察了因第一次世界大战而一蹶不振的欧洲,醒悟到"科学万能主义"的末日已经来临,只有主张以儒家思想为核心的中国精神文明,才能克服欧洲近代物质文明的弊害。1923 年,闻名于后世的"科学与人生观"的争论开始,梁启超表面上中立调停,但实际上则倾向于认为中国哲学能回答用"科学"解决不了的"人生观"问题。可以说,梁启超认为清代学术是新的哲学到来前不可缺少的一个阶段,争论的结果是,他把清朝学术当成一个有否定色彩的中间阶段。

胡适主张用清代学术的"科学的"方法促使新的哲学产生。胡适著成的《中国哲学史大纲》(1919)是真正用"科学的"文献学方法进行的哲学史尝试。梁启超对含有此问题的著作进行批判。他认为偏重"知识论"的后果是轻视了中国哲学里最有特点的"人生观"和"宇宙观"。二者的哲学观差异可见一斑。[①]

梁启超认为清代兴起的"科学精神"有必要在儒家的中国传统精神性中得到修正。如此,中国哲学即可克服西洋式的近代困难,蜕变为新世界史的先锋知识。从这个意义上,他构想了"从哲学向文献学,再向新哲学"进化的路径。对此,胡适认为清代学术的方法自身与新的哲学相连,因此清代学术划时代的意义不在于"从哲学向文献学"的命题,而是"从宋明哲学到现代哲学"的转换。当然,这个语境下的"现代"也包含了清代吧。

从明代向清代的学术转换就像"从哲学向文献学"所象征的那样,而且这与我们提出的假说,即在中国学术思想史的世界中广为人所接受的事实——学术、思想的明清交替是西方哲学的浸透而带来的哲学史的转换——完全不同。另外,它也说明了胡适的计划决不会成功。那么,为什么会这样呢?

---

① 梁启超《评胡适之中国哲学史大纲》《饮冰室合集》文集之 38,中华书局,1989。初版 1936 年),第 51—52 页。

在西洋哲学史 17 世纪前后到 18 世纪前后的这段时间里,自然科学从哲学中分离,现代哲学诞生了。哲学被引入中国大致也在这个时间段。中国清代学术兴起于西洋哲学发生巨大改变的时候。即使当时流入中国的哲学来自西学,它与现代意义上的哲学依然不同。然而,问题是拥有哲学历史的西洋在书写哲学史时,认为现代哲学尚未分化之前的诸学依然是哲学的一部分,这一点不可被忽视。中国哲学史却不是这样。因为,"哲学"这一翻译的概念若不是在明治时期由西周(1829—1897)发明,那么"中国哲学史"也就不会诞生。叙述"中国哲学史"在这个意义上是根本的现代行为。无论是胡适的《中国哲学史大纲》,还是冯友兰(1895—1990)的《中国哲学史》,他们通过当时赴美留学吸收同时代的哲学观,才形成了中国哲学史的叙述规则。更早一些时候,探索中国哲学可能性的梁启超和王国维(1877—1927)等受到了刚兴起不久的以德国哲学为起点的明治日本哲学研究的影响。不论怎样,他们参照同时代的哲学观追溯过去,描绘出中国哲学的轮廓。哲学概念自身的生成论的变化和多样性并不在讨论范围之内。

中国哲学到底是什么,中国有没有哲学等争论不休的命题有时互相交错,但为了寻找更多中国哲学的可能性,笔者认为有必要摆脱现代中心的哲学史叙事,构想别的历史叙事。把《西学凡》中描绘的哲学景象与清代考证学放在一起看,笔者认为在一定程度上是有意义且有效的方法。

这样思考的话,笔者认为把哲学翻译为"理"的学问是十分有意思的。因为,"理"这一概念范畴特指宋学。只要宋学还是汉学的这种区分还被用于厘清中国的哲学和文献学的差异,那么寻回哲学流入的轨迹就很难。更重要的是对几乎全新的知识进入既存体系中的过程的注意。就算内容发生了深刻的变化,样式越是相同,带来变化的人为之手改变得越巧妙,变化的痕迹就越难被发现。可是,变化最终一定也会影响到关键概念的解释。由哲学翻译而成的新的"理"的意义就初见端倪。

第 2 节　清代"理"的概念与其解释

艾儒略把"理科"论述为"哲学",具体的说明如下:

> 理学者,义理之大学也。人以义理超于万物而为万物之灵。格物穷理,则于人全而于天近。然物之理,藏在物中。如金在沙,如玉在璞。须淘之剖之以斐录所费亚之学。[①]

受到梁启超和胡适重视的戴震是清代考证学中最具代表性的"理"概念的再阐释者。他的《孟子字义疏证》是一本用考证学手法定义宋学偏爱的诸概念,还加上戴震自己的解释的著作。其开头是论述"理"的一章。之后段玉裁著成考证学的集大成之作《说文解字注》,但对"理"字的注释仍全面地借鉴戴震对"理"概念的定义。

在汉代许慎(58?—147?)所著的《说文解字》中,写了"理,治玉也"。对此,段玉裁做出了如下的注释。

> 《战国策》:"郑人谓玉之未理者为璞。"是理为剖析也。玉虽至坚,而治之得其腮理以成器不难,谓之理。凡天下一事一物,必推其情至于无憾而后即安,是之谓天理,是之谓善治,此引申之义也。戴先生《孟子字义疏证》曰:"理者,察之而几微,必区以别之名也。"是故谓之分理,在物之质曰肌理,曰腠理,曰文理。得其分,则有条而不紊,谓之条理。(中略)古人之言天理何谓也,曰理也者,情之不爽失也。未有情不得而理得者也。天理云者,言乎自然之分理也。自然之分理,以我之情絜人之情,而无不得其平是也。[②]

---

① 梁启超《评胡适之中国哲学史大纲》(《饮冰室合集》文集之 38,中华书局,1989。初版 1936 年),第 31 页。

② 段玉裁《说文解字注》(上海古籍出版社,1981 年影印本),第 15—16 页。

关于这种"理"观,木下铁矢用关乎事物认知的"差异的系列"和"展示部分与部分的外部境界"说明,①尤其是前半部分关于"分理"的解释。戴震的"理"包含了以"分理"为认识论的"理"与后半部分被称为"情之不爽失"的伦理学的"理"。

戴震在《孟子字义疏证》中的上述"理"的解释,被认为是清代学术向中国近代学术和思想转换的极为重要的一步而受到梁启超和胡适等人的注目。比如梁启超在《清代学术概论》中写道,戴震的《孟子字义疏证》里含有与西洋的文艺复兴相匹敌的解放人类的思想。梁启超举出的论据是戴震的"情之不爽失"即"理"的解释。他主张每个人的欲望完全被满足,社会整体保持着良好的秩序就是"理"。戴震批判了个体在上下级关系的身份中被压抑的等级制度,他说这样的社会结构的原因在于宋明理学中"理"的意识形态化。通过叙述"理",由身份阶层的上下级关系而产生的压抑结构被正当化了。这样,上层阶级随意地解释宋学的"理",下层阶级没有论证这些解释是错误判断的手段。②梁启超将戴震的这个批判理解为对"中世纪"中国压制人性的解放。对梁启超而言,戴震在高举新"理"的同时,实践了人性解放的哲学,是模仿王阳明(1472—1528)"新知行合一主义"的知识分子。③

胡适写《戴东原的哲学》(1925),论述戴震这个在清代完成"哲学中兴"的"大事业"的人物。④在胡适看来,新哲学与宋明哲学不同,一定是反形而上学的学问。

我们关心中国思想前途的人,今日已到了歧路之上,不能不有一个抉择了。我们走哪一条路呢?我们还是"好高而就易",甘心用"内心生活""精神文明"一类的揣度影响之谈来自欺欺人呢?

① 木下铁矢《"清朝考证学"和其时代》(创文社,1996),第 144 页。
② 戴震《孟子字义疏证》(《戴东原先生全集》,大化书局,1978 年影印本),第 293 页。
③ 梁启超《戴东原哲学》(《饮冰室合集》文集之 40),第 75 页。
④ 胡适《戴东原的哲学》(《胡适学术文集·中国哲学史》,中华书局,1991),第 1008 页。

(中略)还是用科学的方法来修正考证学派的方法,用科学的知识来修正颜元、戴震的结论,努力改造一种科学和致知穷理的中国哲学呢? 我们究竟决心走哪一条路呢?[1]

"好高而就易"是指阳明学的重视"顿悟"的直观主义。胡适借着论述方东树(1772—1851),批判阳明学只不过使用"类似这样的词语揣测""模糊的词汇",来牵制试图将中国的精神文明与西洋的现代文明相提并论并试图重新评价王阳明思想的动向。这是暗地里对梁启超其戴震论的批判。

胡适在《戴东原的哲学》中追求的是始于清代学术的、全新的中国哲学的可能性。这就是"科学和致知穷理的中国哲学"。正因如此,戴震的"理"承担了其中心意义。胡适认为,戴震的"理"有两个不同的方面。胡适如下说:

> 至于怎样寻求事物的通则,戴震却有两种说法:一种是关于人事的理,一种是关于事物的理。前者是从儒家经典里出来的;后者很少依据,可算是戴氏自己的贡献。[2]

胡适认为,戴震的"理"中"关于人事的理"并非新的思想,不过是承袭儒家思想的曾经遗物的再生产而已,"关于事物的理"才是崭新、独特且重要的。

论述戴震哲学的胡适提出"理"指的是事物的通则。他认为一个命题是否是事物的通则,即为了检验是否为真命题,必须要确认此命题自身是否具备可被检验的条件。胡适说,一方面,像"鬼"这种想象中的怪物,想象者凭着自己的印象自由地描绘出它的形象,不论这个"鬼"具有怎样的外形,都无法证实或证伪。另一方面,像"马"一样确实存在的动

---

[1] 胡适《戴东原的哲学》《胡适学术文集·中国哲学史》,中华书局,1991),第 1103 页。
[2] 同上书,第 1029 页。

物,因为无数人都能看得到,所以很难像"鬼"一样自由地描绘。[1]反过来说,"画马"这一行为可以被视作能够检验的科学命题。因为,被画出来的"马"能受到所有看过马的人的检验,可以客观地试验其正确性。

关于客观的正确性,戴震引用《孟子》中的一节"心之所同然者何也? 谓理也,义也",并做出如下说明。

> 心之所同然,始谓之理,谓之义;则未至于同然,存乎其人之意见,非理也,非义也。凡一人以为然,天下万世皆曰是不可易也,此之谓同然。[2]

胡适把"心之所同然"状态从"情之不爽失"中隔离。因为它难以齐同情欲,但是"天下万世"即找到普遍认同的法则性,确实有可能。此外,提出这类关于法则性的命题这件事本身正体现了胡适所说的"科学精神"。

胡适阐释戴震的"理"有"关于人事的理"与"关于事物的理"这两部分。他认为后者才是构成上述真理命题的新的"理"。让我们再次回到戴震和段玉裁的解释,可以看出在他们的"理"中,有"理者,察之而几微必区以别之"的"理"与"理也者,情之不爽失也"的"理"。根据胡适的理解,前者是"关于事物的理",后者是"关于人事的理"。后者如前文提到的,梁启超将其高度评价为文艺复兴式的解放人性精神的表现。然而,胡适极端否定了以主观的情为基础的此"理"。胡适认为只有"察之而几微必区以别之","心之所同然"这一普遍的科学命题才能成立。

> 要求心之所同然,便不可执着个人所欲,硬认为天下人之同欲;

① 胡适《戴东原的哲学》(《胡适学术文集·中国哲学史》,中华书局,1991),第 999 页。
② 前述戴震《孟子字义疏证》,第 289 页。

必须就事上求其"不易之则",这就超过"以情絜情"的套话了。①

> 他(戴震)所谓"推诸天下万世而准",只是科学家所谓"证实"
> (verification)。(中略)十分之见即是"心之所同然",即是"推诸
> 天下万世而准"。这是科学家所谓证实了的真理。②

胡适认为"关于事物的理"才是戴震原创的概念,也是新的哲学的条件。"新的哲学"是指在上述意义上探索科学真理的学问。

第 3 节　戴震与明末西学

不过,胡适的论述具有潜在的重大问题。他说戴震的新哲学是由顾炎武(1613—1682)的经学与颜李学派(颜元,1635—1704;李塨,1659—1733)的实用哲学结合而产生的。然而,用这种从内部自然发生的历史观来解释戴震学说里"科学"性的登场未免有些片面。换言之,关于先前引文提及的"戴氏自己的贡献"从何而来,胡适对此不过问。然而,如果知道了明末西学的知识是如何深深渗透到戴震的经学里去的,那么也就有一丝亮光照进胡适的"忘却"里。

戴震的天文历算学著作,比如《勾股割圜记》,是一本系统地吸收西法的精华而写成的经学著作。川原秀城在本书(第 5 章)中也详细地论述了。笔者想,关于西学如何渗透进戴震的学术已经无须赘言了。

本杰明·艾尔曼在《从理学到朴学》中,如下论述:

> 欧洲科学在 18 世纪的中国没有生根发芽,也未摆脱上述从
> 属于经学的局限,其部分原因是耶稣会传播者的缺陷,如向经典
> 本位主义的挑战没有成功,没有提供新的学术选择机会。经典研
> 究及史学在考证中的优先地位仍未受到触动。对实证科学的兴

---

① 前述胡适《戴东原的哲学》,第 1030 页。
② 同上书,第 1031 页。

趣仍然受到学术积累中存在偏见的束缚。[①]

因为当时经学的优势地位,西学没能促进中国自然科学的发展。艾尔曼认为导致这种结果的原因在于,主张所有西学都起源于中国经书的所谓"西学中源说"。从梅文鼎到江永,再到戴震的变迁中,充斥着所谓的中华国家主义的经书至上意识。

然而,他们并非试图否定耶稣会带来的知识。西学的知识在不知不觉中向经学渗透。在他们看来,从古时候起西学中的知识就已经为中国所知了,问题是它以玄妙的形式"镶嵌"于经书中,所以没有被充分理解。他们越想证明这种合乎道理的经书的至高性,西学的知识便越能隐藏其来历,采用解释经书的形式巧妙地渗透到文献学研究里。可以说,经学作为经书的解释学,悄悄地在内部吸收西学的知识。

比如,戴震的《考工记图》中有"测北极高下"的图(图 7-1)。在天体的横截面中,展示有天顶、北极、地平,如贯穿地平一般,夏至、春秋分、冬至时期太阳的轨道被用斜线描绘了出来。然而,不可思议的是,虽然以"测北极高下"为主题,但单凭此图与戴震的附带说明,根本无法明白测量天之北极高度的方法。戴震的意图到底是什么呢?

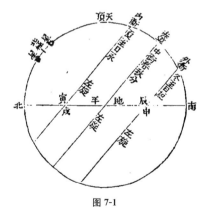

图 7-1

① 前述 Benjamin A. Elman, *From Philosophy to Philology: Intellectual and Social Aspects of Change in Late Imperial China*, p. 84。艾尔曼《从理学到朴学》(江苏人民出版社,1995)。

《考工记图》中关于这张图,附有如下说明:

> 北极高下,随地不同。南行绳直二百五十里而北极低一度,
> 北行二百五十里而北极高一度。冬至前后,日出辰入申。星旋天
> 不啻半周,可得其最高最低之度,以考知北极。
>
> 昼夜长短亦随地不同。南至赤道下,冬夏至恒如春秋分,极
> 与地平适合。北至极下,半年为昼,半年为夜。赤道与地平
> 适合。[①]

上述说明记载着两个信息。第一,是关于冬至时星星的日周运动
的特征。在北半球冬至的时候,太阳出现的时间是一年中最短的。比
如,在这个地方,日出于辰时而日落于申时。也就是说,一天中一半以
上的时间太阳都没有出现,所以一天中在以北极为中心围绕天体运动
一周的恒星轨迹(日周运动)上,可以观测到 180 度以上的移动幅度。
利用这一点,该书记录了天之北极附近的星体的最低位置与最高位
置,计算中间值就得出天之北极的天体高度。总之,如果想知道天之
北极的高度(h),只要观察围绕天之北极附近的大星体的日周运动,测
定其最高位置(a)和最低位置(b)的高度,用以下方程式计算即可:

$$h = \frac{a-b}{2} + b$$

也许这是比较绕圈子的方法。因为北极星在天之北极,本来直接
测量北极星的高度即可,但不这么做的原因是北极星并不一直都在天
之北极的位置。所以戴震想展示一种不论星星在不在该位置上,任何
时候都能正确地计算出星星在天之北极位置的方法。因此,这个方法
本身并不奇妙,不可思议的是,求得数值 a 与 b 的方法没有记载在
书中。确定天球上星星位置的测定术理应被普及,但此处却没有相关

---

① 戴震《考工记图》(《戴东原先生全集》,大化书局,1978 年影印本),第 246 页。

说明的记载。

第二,"昼夜长短"因场所的变化而不同,这是我们所站立的地面并非平面而是球体的一个佐证,被称为"地圆说"或"地球说"等。以大地是平面为前提的中国式宇宙观向地圆说转换,确实是邂逅耶稣会带来的西学催生出的结果。①"前进 250 里高度相差 1 度"所用的也是由耶稣会士传来的距离单位。利玛窦的《坤舆万国全图》中有如下叙述:

> 查得直行北方者,每路二百五十里,觉北极出高一度,南极入低一度;直行南方者,每路二百五十里,觉北极入低一度,南极出高一度。②

250 里变动 1 度的标识是在地球一周的长度为 9 万里的情况下,纬度 1 度的距离。《唐书·天文志》记载了中国唐代的南宫说计算出"351 里 80 步变动 1 度",写下《坤舆万国全图》序文的李之藻也提及了这个计算。③然而,在大地是球形的前提下,将 1 周为 9 万里的标准带来中国的是耶稣会传教士们。

西学传来了通过以赤道坐标系为基础的天体高度的测定来计算观测地的纬度的方法。这是以大地是球状为前提成立的知识。戴震在其中举了赤道和北极的实例。纬度为 0 度的赤道地区,天之北极的高度(赤纬)也是 0 度。在赤道,太阳从"地平"垂直升起和落下,所以不论什么季节昼夜的长度都稳定在 12 小时。反之,在极点,一天中有太阳不落下的时期,也有不升起的时期。以北极为例,从春分经过夏至直到秋分,太阳从不落山;从秋分经过冬至直到春分,太阳从不升起。

总之,尽管这张图对于关键的测定方法没有进行充分说明,但它

---

① 安大玉《明末西洋科学东传史》(知泉书馆,2007),第 190—194 页。

② 利玛窦《坤舆万国全图》(朱维铮主编《利玛窦中文著译集》,复旦大学出版社,2001),第 173 页。

③ 同上书,第 179 页。

简要总结了与地圆说一体的地理学知识。如果明白利用这种知识而计算观测地纬度的仪器是由耶稣会士传来中国的事实，那么大家对这幅图的兴趣会大大增加，因为用它能够轻易地测定天球上星星的位置。①

戴震之所以对《考工记》倾尽全力进行图释，是因为这对他的经学而言是必不可少的步骤。戴震曾经这样说过：

> 诵(《尚书》的)《尧典》数行，至"乃命羲和"，不知恒星七政所以运行，则掩卷不能卒业。（中略）不知少广旁要(《周礼·保氏》中记载的九个算法)，则《考工记》之器不能因文而推其制。不知鸟兽虫鱼草木之状类名号，则比兴之意乖。②

对戴震来说，正是为了正确地解读经书，天文学、数学、博物学等自然科学知识十分必要。③戴震活用整个西学的同时，试图更丰富地重新建构经书的世界。然而，正如上述例子显示的一样，这些内容已经完全超越了经书的范围，由新的自然科学知识所构成。经书最迟在汉代问世。如《考工记图》中所记，文本由经书问世的时代背景所决定，但世界的存在方式随着世界发生变化。另外，人们的认识也会变化，用来说明现象的语言也在发展。在这种趋势中，戴震的特殊方法不是要否定在遥远的过去写成的经书内容，而是借用经书中说明的形式展示文本中没有提到的后世知识。必须这样做的理由是，由于西学是普遍妥当且可能的命题，所以必须承认从它而来的自然科学知识的正确性。

近藤光男这样评价戴震的上述方法，曾经"实事求是的学问终于越过古典历史的真实，感觉想要与自然的真理一样永恒化"④。当时从

---

① 关于被称为星盘的仪器，安大玉《明末西洋科学东传史》中有详细论述。
②③ 戴震《与是仲明论学书》(《戴东原先生全集》，大化书局，1978年影印本)，第1098页。
④ 近藤光男《清朝考证学的研究》(研文出版，1987)，第270页。

西洋而来的新知识脱离了经书中记载的内容,不可否认它具有颠覆经书世界观的力量。其中,为了维护经学以及中国学术的权威,只能把西学的知识暗藏进经书解释中了吧。反之,正是由于西学知识比经学更具真实性,所以当时只能采取这种方法。

这样的话,乍看之下经学的权威好像得以维持,事实上解释经书范例的过程中是否真的没有产生大的转换呢?艾尔曼说西学流入后,"经典研究及史学在考证中的优先地位仍未受到触动"。① 确实,岂止经学的地位未受到动摇,试图在经书中树立新知识正当性的戴震甚至还庇护经书权威的绝对性,试图加以强化。然而,如果将其方法视为在西学的质和量上的压倒性优势面前,仍然要在不与中国经学范式产生冲突的情况下引进西学知识而采取的策略,那么这种表面上的狂热主义便容易理解了。近藤光男评价其打算拯救"理性主义中的古典权威",便是这个意思吧。②实际上,如上文所写,经学的语言借由西学,完成了其内部性质上的转换。不得不实行这种转换的理由是,西学传来的知识被当作普遍妥当且可能的真理而接受。但是,在经学中,真理必须完全体现在经书中。这样的话,只剩一种做法,即借用解释经书的方法,以经学知识的形式重新阐释经书中没有明示的科学知识。这样做的结果是,不威胁经学地位的同时,能发挥吸收新知识策略的作用。

关于戴震的这种经学方法,是否影响了胡适评价为新"理"的《孟子字义疏证》中"关于事物的理"的理念,我们并没有找到判断这个命题的线索。所以,关于断定西学对戴震经学的渗透和与新哲学的直接因果关系,我们仍然必须保持观望的态度。然而,在胡适说明"关于事物的理"的成立条件的命题是全称命题的时候,可知戴震对西学持有的强烈肯定的态度,与胡适阐释的"理"观重合。

---

① 前述 Benjamin A. Elman, *From Philosophy to Philology：Intellectual and Social Aspects of Change in Late Imperial China*，p. 84。艾尔曼《从理学到朴学》(江苏人民出版社,1995)。

② 前述近藤光男《清朝考证学的研究》,第 270 页。

可是,胡适对戴震提出的"关于事物的理"的"理"观的知识来自西学的自然科学一事保持沉默。明确表示西学对清代考证学的影响的是胡适的竞争对手,此人正是在新阳明学的意义上,主张在中国提倡超越近代物质文明的实践哲学的梁启超。

原本梁启超并非坚定地否定科学。不如说,他认为由于中国的学术、思想没有得到"科学精神",所以中国文明才无法跟上近代文明的步伐,而且也无法通过精神文明超越后者。对梁启超来说,问题在于如何说明中国历史上科学诞生之契机的存在。对此,他向明末西学寻求清代学术的"科学精神"的起源。尤其是,在《中国近三百年学术史》(1926)中,他如下强调了明末西学的影响之大:

> 明末有一场大公案,为中国学术史上应该大笔特书者,曰:欧洲历算学之输入。先是,马丁·路得既创新教,罗马旧教在欧洲大受打击,于是有所谓"耶稣会"者起,想从旧教内部改革振作。他的计划是要传教海外,中国及美洲实为其最主要之目的地。于是利玛窦、庞迪我、熊三拔、龙华民、邓玉函、阳玛诺、罗雅谷、艾儒略、汤若望等,自万历末年至天启、崇祯间先后入中国。中国学者如徐文定(徐光启)、李凉庵(李之藻)等都和他们来往,对于各种学问有精深的研究。(中略)要而言之,中国智识线和外国智识线相接触,晋唐间的佛学为第一次,明末的历算学便是第二次。在这种新环境之下,学界空气,当然变换。后此清朝一代学者,对于历算学都有兴味,而且最喜欢谈经世致用之学,大概受利、徐诸人影响不小。[1]

明末耶稣会传来的西学经过梅文鼎,到江永、戴震,形成了清代学术的正统派。可是,梁启超说他们的西学知识没有促进科学的发展,他们关心的只不过是通过校订整理来复兴古学而已。上述引用的"最

---

[1] 梁启超《中国近三百年学术史》(《饮冰室合集》专集之75),第8—9页。

喜欢谈经世致用之学"指的是清代初期的学风,梁启超说随着考证学的兴盛,他们对西学的兴趣逐渐演变为对古学的整理。戴震的天文历算学正是这一典型,对梁启超而言,《勾股割圜记》里的西学知识只是用来证明古算学正确性的工具,不能完全算作具有独创性的著作。

第 4 节 徽州的学风

在梁启超的叙述中,他得出了西学未进入清代学术灵魂深处的结论。所以,"关于事物的理"由西学而来的叙述不成立。如果按照梁启超的观点,戴震的哲学成就属于"关于人事的理",尽管戴震的西学知识丰富,却只不过是毫无关联的阳明学"知行合一"论的现代发展。间接说明"关于事物的理"由西学而来的是批判梁启超和胡适的国学者——钱穆(1895—1990)。钱穆于 1936 年出版了与梁启超著作同名的《中国近三百年学术史》。不过,尽管钱穆批判梁启超,但两者在认同"关于人事的理"这一点上是共通的。钱穆尝试从宋学尤其从对阳明学的心性论的兴趣来理解清代学术,结果,他无意识地与描绘戴震的阳明学形象的梁启超殊途同归。钱穆与梁启超的主旨中巨大差异点在于,钱穆努力否定从颜李学派到戴震这个谱系。此外,在挖掘此谱系的重要性这一点上,梁启超的意见与胡适一致。

据钱穆,寻求"情之不爽失"的戴震其"欲"本位主义的"理"解释受惠栋(1697—1758)的影响很大。惠栋把"理"解释为"兼两",这表示类似于"喜爱/憎恶"这种对立概念的平衡。保持二者平衡的状态是天理的理想,所以,惠栋论述视天与人、理与欲为不相容的二分法是错误的。钱穆认为此"兼两"中的"理"与《孟子字义疏证》中的"理"重合。[①]

此理解的要点是"情(欲)"和"理"的融合一体的关系。钱穆如下说道:

---

① 钱穆《中国近三百年学术史》(商务印书馆,1997),第 393 页。

以情欲言理,实《疏证》中创见,东原为《绪言》时,犹未得此说
也。既以情欲言"理",于是本此而辨古今言"理"之大别,(中略)
盖"理"既出乎情欲,故舍情欲而言"理",无不失"理",而流为其人
之"意见"也。(中略)东原本此而极言宋儒辨"理""欲"之为祸。①

《绪言》是早于《孟子字义疏证》的著作。确实,最早明确"理"概念
并成为戴震批评的对象的,恐怕就是这个文本了。只是,《绪言》的
"理"不是钱穆关注的"理—欲"一体关系中的"理",而是接近于"关于
事物的理",是极为现实的概念。钱穆对其评价很低。②因为,对钱穆来
说最重要的就是弄清为何戴震在《孟子字义疏证》中激烈地批判宋学
意识形态。钱穆认为《绪言》的"理"的解释不过是朱熹格物致知论的
延伸而已。与惠栋相遇后戴震思想发生的根本性变化,在这个阶段还
不鲜明,到了《疏证》才明确化。钱穆的观点中,"关于事物的理"是戴
震受惠栋影响以前的旧思想。换言之,与胡适相反,钱穆认为"关于人
事的理"展现了戴震的创新:"以情欲言理,实《疏证》中创见,东原为
《绪言》时,犹未得此说也。"③钱穆说,"关于人事的理"是戴震的"理"的
真谛,这是戴震到了晚年才开始明确提出的思想。那么,"关于事物的
理"从何而来呢?

戴震,出生于徽州地区(安徽省南部)。《考工记图》和《勾股割圜
记》这两本在天文历算方面的优秀著作,是他在徽州时代写下的。进
京后戴震享誉中央学术界,全靠这些著作。不过,据钱穆所言,《孟子
字义疏证》中记载的"情"本位的理欲论才重要,而它是戴震在离开故
乡进京转而在江南经济中心的扬州,接触当时先进学问的风气之后的
成果。戴震与汉学派最重要的人物——惠栋的相遇正是在扬州发生
的。钱穆认为,戴震在《孟子字义疏证》里采取的策略是以古调为基础

①　钱穆《中国近三百年学术史》(商务印书馆,1997),第383—384页。
②　同上书,第385—386页。
③　同上书,第383页。

批判宋学的汉学做法,是在扬州时代与惠栋相会后才习得的。

钱穆的这个主张,具有针对梁启超和胡适而提出反对意见的意思。梁和胡曾试着强调颜李学派对戴震的影响。尤其是梁启超提出如下假设:戴震的徽州人脉在他向颜李学派学问过渡时起了桥梁的作用。[1]然而,钱穆击败了梁和胡的假设。

确实,现在缺乏显示戴震和颜李学派直接联系的有力证据。不过,钱穆试图否定从颜李学派到戴震的继承关系,结果,反而将"关于事物的理"反映徽州地区学问的特征显现出来了。钱穆否定了胡适认为的戴震的务实方法论源头是颜李学派和戴震的关系。取而代之,钱穆指出的是徽州地区特殊的学风。也就是说,钱穆认为,徽州地区独特的学风是通过保存明末西学而形成的,年轻时候的戴震的学问与其说是颜李学派,不如说是汲取了徽州西学的养分而形成的。

> 又自明末欧洲历算学输入,迄于清初,宣城梅氏兄弟,文鼎、文鼏、文鼐以历学震烁一时,文鼎所诣尤深博,著书八十余种,盛行于世。(中略)是当时徽、宣之间,好治天算格致之学,其来已旧。(中略)东原早岁治学,亦此一路。二十二岁,成《筹算》一卷。二十三岁,成《六书论》三卷。二十四岁,成《考工记图》。二十五岁,成《转语》二十章。二十七岁,成《尔雅文字考》十卷。三十岁,成《屈原赋注》。三十一岁,为《诗补传》,(中略)此均在东原三十二岁入都前,其学尚名物、字义、声音、算数,全是徽人朴学矩矱也。[2]

钱穆认为,徽州的学问特征在于对明末传入的西学与源自朱子学的格物的重视。确实,戴震的师父江永是这一风气的典型学者,钱穆评价戴震年轻时的著作也具有该特征。钱穆说,《绪言》的"理"观"尚

---

① 前述梁启超《戴东原哲学》,第 61 页。
② 前述钱穆《中国近三百年学术史》,第 342—343 页。

道问学，重智，所以精察事物之理"①。钱穆论及，这个"道问学"的传统体现了江永身上表现出的徽州学风。②

钱穆的结论最终显示了戴震"关于事物的理"自流传于徽州的西学而来。高度评价"关于事物的理"的胡适以及强调西学对清代学术影响的梁启超对钱穆而言都是令人烦恼的存在。因为，对他而言，"关于人事的理"其价值在于它是从内部产生的，必须从国学的传统层面评价清代学术。可是，历史上不可能有单线的国民史。如台湾的学者张永堂所说，耶稣会的西学正是因为有围绕格物致知的朱子学的积累，所以才能在明末清初时期扎根中国。朱载堉、方以智、梅文鼎等学者的宋学数理观与西学融合的事例正证明了这一点。③此外，在徽州这一离经济、文化中心较远的地区，朱子学和西学作为以"理"为核心的知识体系而被一起保存下来。对钱穆来说习以为常的戴震其徽州的时代背景，就是这种"理"的世界的西学知识背景，暂且不论胡适是否意识到这个知识背景，事实是他在探讨戴震新哲学的可能性时的确没有提及这一点。

结语

与"从哲学向文献学"的叙述不同，胡适探究了"从宋明哲学向现代哲学"的中国哲学现代转变的可能性，但没有说明带来这个转变的契机即科学的方法为何出现于明末向清代的转换期。具有讽刺意味的是，梁启超与胡适对立，他视清代学术的"科学精神"为否定性媒介，并试图通过新的精神文明"克服"现代西洋。梁启超明确地指出明末西学对清代考证学的影响。然而，他并未洞察到西学对自清代发展而来的新哲学做了怎样的贡献。钱穆与梁启超一样，渴望在阳明学的思

---

① 前述钱穆《中国近三百年学术史》，第385—386页。
② 同上书，第346—347页。
③ 张永堂《明末清初理学与科学关系再论》，学生书局，1994.

想中寻找戴震的哲学价值,对于胡适称赞的"关于事物的理"的新颖性,他们认为这只是徽州周边地区的过时内容。不过,尽管钱穆做出了这样的评价,但是他的戴震论解开了胡适的"黑匣子"之谜,最终追踪到"关于事物的理"是西方智慧。

清代学术的重要性不仅体现在其考证学自身的价值,还表现在它建立于东西文明的动态对话之上,而这一贴切的评价对认识中国哲学的历史意义深远,因为它没有把中国哲学的历史认知为在中国这个国家形成的叙述。通过与外部的"对话",原本存在的语言和概念被赋予了新的意义,于是发生了变化。此变化的痕迹随着"对话"的浸透而越来越隐蔽。不过,经过再一次对历史中不同声音的解读,这些痕迹便再次浮现。关于胡适、梁启超、钱穆的清代学术史的讨论是上述论点的绝好素材。可以说,这个视角的导入为中国哲学与中国哲学史的解释带来了新的可能性,而这是不可能在哲学与文献学、宋学与汉学、文科与理科三种现存的二分法中找到的另一种哲学的可能性。

※ 本稿以 Tsuyoshi Ishii, "The Scientific Spirit and the Transformation of *Li* (Principle): The Debate about the Assessment of Ch'ing Scholarship in the Early Republican Period", *Transactions of the International Conference of Eastern Studies*(国际东方学者会议纪要),No.58,2014 为蓝本加以修正。

第 **8** 章

在华耶稣会士的中国史叙述

·

新居洋子

序文

作为"西学东渐"的外传,本章就"东学西渐(中学西渐)"的展开进行讨论。不过,这个故事是一部不亚于西学东渐的宏大篇章,而笔者所写的这一章不过是略窥一斑。

根据古希腊历史学家希罗多德(Hērodotos,公元前 5 世纪左右)可知,当时希腊把世界分为"欧罗巴(欧洲)"和其他诸如"亚细亚(亚洲)""利比亚(非洲)"的认知或许已经普及。希罗多德的著作中出现的"Argippeens",同为希腊著述家克特西亚斯(Ctesias,公元前 4 世纪左右)的著作中写到的"Seres",都被认为是指代中国人的词语。方豪认为,指代中国这个国家的名称,自古以来有"海路系统"与"陆路系统"两个系统。前者是"Sina"或是"Sinae",公元前 4 世纪左右从马来群岛跨海而来的人们开始用它指称广东沿海周边。后者的"Seres"或"Sericum"是经由陆路与中国接触的阿尔泰语系各族丝绸商人等使用的。①从上述内容来看,欧洲人从公元前 4 世纪至公元前 5 世纪开始,就已经对自身世界以外的亚洲展开了想象,也关注起了亚洲的中国,可以说他们创造了幻想与现实交织的中国印象。

然而上述欧洲对中国的关注,以 16 世纪的耶稣会士入华为契机,

---

① 久保正彰《"亚细亚"管见》(《中国——社会与文化》4, 1989),方豪《中西交通史》上卷(上海人民出版社,2008。初版为台湾中华文化出版事业委员会,1953—1954),第 44—50 页。

向"原中国学（proto-sinology）"发生了转变。这个术语的创始者孟德卫（David E. Mungello）尤其重视 17 世纪在华耶稣会士的作用。换言之，欧洲人已经不满足于将中国这个国家描绘为模糊又遥远的幻想上的存在了，他们使用经过完善的方法，开始把中国当作精密的研究对象（curious land）看待，这一转变中 17 世纪在华耶稣会士的功劳不可或缺。①

17 世纪，在华耶稣会士开启"原中国学"之后是如何展开的呢？欧洲对中国的关注于 18 世纪逐渐增强，中国学也于 19 世纪在欧洲正式成立。1773 年教皇下达解散耶稣会士的命令，两年后这一命令到达中国，但当时滞留于中国的末代在华耶稣会士直到 19 世纪初离世为止，一直是向欧洲发送中国消息的主要信息源。在这一期间，最受历代在华耶稣会士以及欧洲知识分子关注的话题，正是本章的主题"中国的历史"。

当时的背景是 17 至 18 世纪欧洲的天观、地观以及人观都发生了巨大的转变（参照绪章第 4 节）。随之而来，时间与空间的把握方式也逐渐多样化，其中应该叙述什么以及如何叙述被反复质问。在从"普遍史"到"世界史"的洪流中，②中国的历史如何对此提出问题，同时是否成为回答的源泉？③下文是笔者对其进行的思考。

第 1 节　"世俗的"历史中的中国史

1　"神圣的"历史与"世俗的"历史

在欧洲若要概括地叙述世界历史，以往很长时间都从《旧约圣经》中记载的创造天地或诺亚大洪水这些事情开始谈起。这种"普遍史"

---

① David E. Mungello, *Curious Land : Jesuit Accomodation and the Origins of Sinology*, University of Hawaii Press, 1989, pp. 13-14.
② 冈崎胜世《圣经 vs.世界史——基督教的历史观是什么》（讲谈社，1996）。
③ 另外，关于 17—18 世纪在华耶稣会士的中国史叙述有庞大的先行研究。由于篇幅上的关系，这些先行研究将以参考文献表的形式在本书末尾附上。

的传统根基深厚,到了 17 至 18 世纪,历史叙述的中心也依然是《圣经》。然而当时的欧洲知识分子不仅对以《圣经》为基础的"神圣的(sacrée)"的历史,还对基督教世界以外国家的"世俗的(profane)"历史积极展开研究。这个"世俗的"历史中包含了古希腊和古罗马、波斯和埃及、印度、中国等的历史。众所周知,在文艺复兴时期,人文主义的兴盛使得希腊和罗马古典的研究步入巅峰。在这个过程中,希罗多德和修昔底德的历史书成了把握世界历史的重要参考文献。法国著名古典学者约瑟夫·尤斯图斯·斯卡利杰(Joseph Justus Scaliger,1540—1609)主张《圣经》的年代记必须通过与世俗的历史比较而加以解释。①

这一传统沿袭至 17 到 18 世纪,以法国耶稣会士佩多(Domenicus Petavius 或 Denis Pétau,1583—1652)所著《包含神圣年代史与世俗年代史的关于计量时间的书》(*Rationarium temporum in quo aetatum omnium sacra profanaque Historia chronologicis probationibus munita summatim traditur*,1633),和英国的舒克福德(Samuel Shuckford,1694—1754)所著《联结的神圣世界史与世俗世界史》(*The Sacred and Prophane History of the World Connected*,1728—1737)为开端,由"神圣的"历史与"世俗的"历史两大部分构成的历史书屡屡问世。②

2 纪年法与年代法

在这种对"世俗的"历史关注递增的情况下,中国的历史也备受关注。造成这一情况的是在华耶稣会士卫匡国(Martino Martini,1614—1661,1643 年来华)所著《中国史初篇》(*Sinicae Historiae Decas prima*,

---

① Peter Harrison, *"Religion" and the Religions in the English Enlightenment*, Cambridge University Press, 1990, p. 139.关于斯卡利杰的历史叙述,详细参照 Anthony T. Grafton, "Joseph Scaliger and Historical Chronology", *History and Theory*, 14, 1975, pp. 156-185。

② Donald J. Wilcox, *The Measure of Times Past*, The University of Chicago Press, 1987, pp. 203-208; Jed Z. Buchwald & Mordechai Feingold, *Newton and the Origin of Civilization*, Princeton University Press, 2013, pp. 384-386; Harrison, *"Religion" and the Religions in the English Enlightenment*, pp. 139-143.

1658)。这一著作是以自伏羲至舜(公元前 2952—公元前 2207)的历史为第 1 部开篇,共 10 部构成的中国年代记。它以西历公元前 2952 年为伏羲的治世初年,以后发生的主要事件都用西历的年代标记。黄帝之后则兼用干支纪年和西历。比如关于黄帝的治世初年,记载有"耶稣基督诞生的 2697 年前,第 1 周期的第 1 年(Ante Christum 2697. Cycle I. anno I)"。卫匡国模仿中国的历史学家把黄帝的治世初年作为干支纪年的起点。[①]这样的言论使人联想到唐朝张守节《史记正义》。《史记·五帝本纪》将"迎日推筴"记录为黄帝的事迹,而张守节将这段文字解释为"筴音策。迎,逆也。黄帝受神筴,命大挠造甲子,容成造历是也"。[②]

　　卫匡国推定伏羲的治世初年为公元前 2952 年,可能具有大大动摇当时《圣经》正统性的危险。因为,只要同意卫匡国的这一论调,就意味着伏羲的年代比《圣经》中记载的诺亚大洪水时代还要久远。在当时的欧洲,爱尔兰国教会的大主教乌雪(James Ussher, 1581—1656)提倡的以武加大译本《圣经》[③]为基础的"圣经年代法"被广为接受。乌雪年代法中,推定创造天地发生在公元前 4004 年,大洪水发生在公元前 2348 年。按照《圣经》的记述,除诺亚与其方舟中承载的家族、动物以外,其他一切都被大洪水淹灭了,但如果采用卫匡国的说法,中国在大洪水发生以前到之后都未曾中断过君主政治,结论只可能是大洪水的发生并非如《圣经》中记载的是世界性规模,而是仅发生于局部地区的事件。

　　卫匡国也意识到了这个问题,因此他采用了七十子译本《圣经》[④]

---

① Martino Martini, *Sinicae Historiae Decas prima*, Straub, 1658, pp. 14-15.

② 此外,大挠造甲子也就是干支纪年法,容成造历这样的记载也见于秦朝吕不韦《吕氏春秋》审分览卷第 5、勿躬卷第 17 等,但张守节的这一注释还见于刘恕《资治通鉴外纪》等,卫匡国直接参考了哪一文献仍不明确。

③ 于特利腾大公会议(1546)得到公认,西方教会使用最广的拉丁语译《圣经》。"武加大译本"意为"普及版"。

④ 《旧约圣经》最古老的希腊语译本,据说此版本应亚历山大城的犹太人群体的要求,于公元前 2 世纪到公元前 3 世纪左右完成。"七十子译"的称呼由七十二个犹太学者在七十二天之内完成的传说而来。

而非武加大译本的年代法,试图回避矛盾。因为在以七十子译本《圣经》为基础的尤西比乌斯(Eusebius,约260—约340)等年代法中,创造天地发生于公元前5200年到公元前5199年,大洪水发生于公元前2957年,比起卫匡国的著作中伏羲的治世初年,大洪水的年代稍许更早一点。卫匡国试图用这一方法调和中国历史与《圣经》之间的矛盾。[①]

如上所述,卫匡国在中国史叙述中确立了两大方针,即西历与干支纪年法的并用与以七十子译本《圣经》为基础的年代计算,之后这两大方针被17到18世纪在华耶稣会士继承。另外,卫匡国的中国史终结于基督诞生年,而柏应理(Philippe Couplet,1624—1692,1659年来华)将这个终点延长到康熙二十二年(1683)。他制作的"中国帝政年表(Tabula chronologica Monarchiae Sinicae)"于1686年完成,次年作为《中国的哲学者孔子》(*Confucius Sinarum Philosophus*,1687)的附录得以出版。[②]

3 与"神圣的"历史的调和

卫匡国以及柏应理所著的中国史在欧洲被广泛阅读,成为议论的话题。在讨论中,卫匡国叙述的中国史上的事件能否与《圣经》调和经常成为中心议题。比如,卫匡国把《书经·尧典》中的"帝曰:咨! 四岳,汤汤洪水方割,荡荡怀山襄陵,浩浩滔天。下民其咨,有能俾乂"当作尧治世时的大洪水理解。[③]当时17到18世纪欧洲屡遭争议的问题之一是这场洪水是否与诺亚洪水相同。

---

① 论及这个问题的先行研究很多。由于篇幅上的关系,在此仅举几个具有代表性的研究为例。Virgile Pinot, *La Chine et la formation de l'esprit philosophique en France*, 1640-1740, P. Geuthner, 1932, pp. 189-279; Edwin Van Kley, "Europe's 'Discovery' of China and the Writing of World History", *The American Historical Review*, 76(2), 1971; Mungello, *Curious Land*, pp. 16, 102-103, 124-133; Claudia von Collani, "Chinese Emperors in Martino Martini *Sinicae historicae decas prima* (1658)", Adrian Hsia & Ruprecht Wimmer(Hrsg.), *Mission und Theater*, Schnell und Steiner, 2005.

② 关于《中国的哲学者孔子》的本编,详情参照井川义次《宋学的西迁——通向近代启蒙的道路》(人文书院,2009)。

③ Martini, *Sinicae Historiae Decas prima*, pp. 26-27.

　　同样,作为尧治世时期的事件,卫匡国引述《淮南子·本经训》中
提到"逮至尧之时,十日并出,焦禾稼,杀草木,而民无所食"的轶事,
论及其与《旧约圣经》的《约书亚记》第十章中写到的日月几乎整天没
有下沉是同一事件。[①]

　　但是,不仅仅是中国的历史存在是否与《圣经》记载相对应的问
题。例如,在古希腊神话中有一个传说,当宙斯在地球上造成大洪水
时,丢卡利翁和他的妻子建造了一个方舟并幸存下来。关于这一场大
洪水是否指的是旧约洪水,在 17 到 18 世纪的欧洲经常引起争议。[②]换
句话说,卫匡国和柏应理介绍的中国历史基本上被看作"世俗的"历史
之一,作为解释和证明"神圣的"历史的素材吸引了欧洲人的关注。

第 2 节　神话和历史的区别

1　欧洲知识分子的疑惑

　　卫匡国笔下的中国历史引起了欧洲知识分子的强烈反响。特别
是,荷兰学者沃修斯(Isaac Vossius,1618—1689)对于推算创造天地
和大洪水之类的年代,比起用当时广泛使用的以武加大译本《圣经》为
基础的年代法,更倾向于追溯到更加久远的年代。沃修斯的这一想法
随着卫匡国传来的中国史愈发强烈,最终发展为确信的态度。他称赞
中国是世界上最早确立高度文明的国家,并强烈呼吁采用能够涵盖中
国历史的七十子译本的《圣经》。[③]

　　此外,这种反应也引起了欧洲知识分子对中国史的极大怀疑。表
明了尤为强烈的怀疑态度的是法兰西学院的阿拉伯语教授、皇家图书

---

① 例如下述著作。Samuel Shuckford, *The Sacred and Prophane History of the World Con-nected*, v. 3, bk.Ⅻ, R. Knaplock and J. Tonson, 1728, p. 462.

② 例如下述著作。Antoine Banier, *La mythologie et les fables expliquées par l'histoire*, t. 3, Briasson, 1740, pp. 42-51.

③ Anthony Grafton, "Isaac Vossius, Chronologer", Eric Jorink &. Dirk van Miert(eds.), *Isaac Vossius(1618-1689) between Science and Scholarship*, Brill, 2012; Scott Mandelbrote, "Isaac Vossius and the Septuagint", *Isaac Vossius(1618-1689)*.

馆东方手稿部的负责人雷诺多(Eusèbe Renaudot，1646—1720)。雷诺多用法语翻译了在皇家图书馆中发现的《两位伊斯兰教徒旅行家于九世纪前往印度和中国的古老游记》(*Anciennes Relations des Indes et de la Chine de deux voyageurs Mahométans，qui y allerent dans le neuvième siècle*，1718)，并附上自己的意见出版。①他指责沃修斯像在华耶稣会士那样"看上去对中国人的精神和科学讲得过于积极"，比起从未到访过中国的沃修斯，实际去过中国的阿拉伯旅行家们"更能够做出适当的评价"。②

雷诺多的怀疑还延伸到沃修斯和在华耶稣会士对中国历史的理解。

> 传教士们认为他们可以利用中国哲学家的权威使他们(中国人)接受福音的光辉，这个构想本身值得称赞。但是，对于中国的古老起源，有些人滥用过多的赞美，从而损害了他们以为准绳的《圣经》和基督教，破坏了大洪水的世界性，导致出现了世界古老到令人难以置信的证词。③

以上引述的前半部分描述了在华耶稣会士的中国适应主义。"有些人"指的是相信中国文献中所写的中国历史的悠久，信赖中国史而立足于七十子译本《圣经》的沃修斯，还有卫匡国、柏应理等人。

雷诺多还指出了卫匡国与柏应理描述上的矛盾。如上所述，卫匡国将干支纪年法的起始点放在黄帝治世初年，即公元前 2697 年。柏应理在干支纪年法的基础上，将年表的起点也放在黄帝治世初年。但

---

① 关于这一游记发现的始末，详情请参照以下著作。Isabelle Landry-Deron，"Le parfait bonheur des peuples：Traduction d'extraits d'un manuel chinois pour fonctionnaires de la fin du XVIIᵉ siècle"，Jean-Louis Bacqué-Grammont，Angel Pino & Samaha Khoury(eds.)，*D'un Orient l'autre*，Peeters，2005，pp. 117-118.

② Eusèbe Renaudot，*Anciennes Relations des Indes et de la Chine de deux voyageurs Mahométans，qui y allerent dans le neuvième siècle*，Coignard，1718，pp. 340-341.

③ Renaudot，*Anciennes Relations*，p. xxxviii.

是,二者的表现有一些细微的差异。卫匡国指出黄帝"发明了(inventum)"这个纪年法,而柏应理指出,那是得到黄帝命令的大挠"完成的(perficit)"。雷诺多进一步强调了两者之间的差异,并断言说:"关于中国历史的证词变得非常可疑。"①

雷诺多极力想推翻的另一件事是中国文献中残留的关于天文观测记录的可信度。因为天文学现象不仅是能够确定其发生的绝对时间的有力标志,而且古代的天文观测被官方记录也是中国自古以来拥有高度文明的证据。被认为是中国最古老的天文观测的是颛顼时代的五星会合②,卫匡国认为这一观测发生在公元前 2513 年到公元前2435 年之间,而柏应理认为是在公元前 2517 年到公元前 2457 年之间的某个时间点观测到的现象。③对这一现象,雷诺多援用了 17 到 18 世纪著名的天文学家卡西尼(Giovanni Domenico Cassini,1625—1712)的分析。卡西尼验证了卫匡国和柏应理的中国史,并推断上述的五星会合实际上是 500 年后的事件。④雷诺多在多个地方论及卡西尼的理论:"卡西尼先生向所有欧洲人表明,这一天文观测是错误的,因此,由此得出的所有结论都同样(是错误)的。"⑤

科学学院终身书记德梅朗(Jean-Jacques d'Ortous de Mairan,1679—1771)也在与在华耶稣会士巴多明的通信中,在提及卡西尼的验证结果时,批判在华耶稣会士提出的五星会合的年代远比实际早得多。⑥

---

① Renaudot,*Anciennes Relations*,pp. 354-355;Martini,*Sinicae Historiae Decas prima*,p. 25. Couplet,"Tabula chronologica Monarchiae Sinicae",*Confucius Sinarum Philosophus*,Danielem Horthemels,1687,p. 1.

② 《资治通鉴外纪》卷 1 的附注中记载"颛顼作历,以孟春为元,是时正月朔旦立春,五星会于天历营室也"。

③ Couplet,"Tabula chronologica",p. 2;Martini,*Sinicae Historiae Decas prima*,p. 21.

④ Giovanni Domenico Cassini,"Reflexions sur la chronologie chinoise par Monsieur Cassini",*Du Royaume De Siam*,t. 2,Abraham Wolfgang,1691,pp. 304-321.

⑤ Renaudot,*Anciennes Relations*,pp. 359-361.

⑥ De Mairan,"Première lettre au R. P. Parrenin,le 14 Octobre 1728",*Lettres de M. de Mairan*,*au R. P. Parrenin*,Desaint & Saillant,1759,pp. 4-9.

2 三大时代

如上所述,卫匡国和柏应理对中国历史的叙述引起了各种怀疑。对此,在华耶稣会士也敏感地做出了反应。据说,雷诺多被认为是强烈反对大勅书《唯一天主子》(Unigenitus Dei Filius,1713)的人之一,①该教书以杨森主义为错误并予以排斥。意欲攻击杨森主义者的对手——耶稣会,似乎是他积极表示对中国历史的怀疑和对在华耶稣会士不信任的原因。在这种政治背景下,可以推测在华耶稣会士有必要迅速展开反驳。

提出异议的第一人是马若瑟(Joseph Henri Marie de Prémare,1666—1736,1698 年来华)。在 1724 年左右发给欧洲的一封信②中,他首先宣布雷诺多使用的游记事实上并不存在,断言雷诺多的作品"充满虚构"。③但是根据德金(Joseph de Guignes,1721—1800)的说法,还有很多质疑游记存在的声音来自在华耶稣会士以外。④

马若瑟不仅反过来向对方提出有关资料可信度的疑问,而且还试图从另一个角度谈论中国人所写的中国历史叙述的真实性。

> 关于中国编年史,应该对(1)显然是传说(fabuleux)的内容、(2)可疑和不确定的(douteux & incertain)内容、(3)确实和毫无疑问的(sûr & indubitable)内容加以区分。这种明智的评论来自

---

① Mathurin Lescure(ed.),*Journal et Memoires de Mathieu Marais*,t. 1,Firmin Didot,1863,p. 412.

② Joseph Henri Marie de Prémare,"Lettre du Pere Prémare,Missionnaire de la Compagnie de Jesus à la Chine,au Pere***,de la même Compagnie",*Lettres édifiantes et curieuses,écrites des missions étrangères*,édition du Querbœuf,t. 21,J. G. Merigot,1781.关于这封信,有一说是作者为巴多明,也有一说是作者为马若瑟(雷暮沙等),真实情况不明了。Le Marquis Fortia d'Urban,"De l'Antiquité du monde",Charles Malo(ed.),*La France Littéraire*,série 2,t. 5,Imprimerie de Ducessois,1838,p. 49.

③ "Lettre du Pere Prémare",*Lettres édifiantes et curieuses*,t. 21,pp. 183-184.

④ "Lettre de M. de Guignes … au sujet de deux Voyageurs Mahométans,dont les Relations ont été traduites & publiées par M. l'Abbé Renaudot",*Journal des Sçavans*,Novembre 1764,pp. 718-725.对此进行调查的德金得出手稿确实存在的结论。

中国最著名的历史学家们。他们对祖国的热爱并不妨碍他们将不确定的内容从横亘几个世纪的期间删除。这些明智的历史学家们对从威烈王至伏羲的时代做了如下判断：它是不确定(incertains)的，不可能包含在正确(exacte)和真实(vraie)的年代记中。伏羲以前的时代被认为是神话(mythologique)。[①]

　　马若瑟的区分，即(1)"传说的"或"神话的"时代、(2)"可疑和不确定的"时代、(3)"确实和毫无疑问的"时代的区分。换言之也是(1)神话时代、(2)神话与历史的中间时代、(3)历史时代。这与《资治通鉴》系统的书籍中叙述的起点和终点重合。首先，北宋司马光的《资治通鉴》和南宋朱熹的《资治通鉴纲目》都以威烈王的治世为起点。北宋刘恕的《资治通鉴外纪》和明朝南轩的《资治通鉴纲目前编》都以伏羲的治世为起点(刘恕《资治通鉴外纪》的注还包含了从开辟天地到伏羲的过程)。

　　雷诺多质疑中国历史书以及在华耶稣会士翻译的内容中存在不确定性。对此，马若瑟却主张中国的历史学家清楚地意识到这些不确定性，对确实与不确实的内容做出应有的区分。以此，马若瑟试图将雷诺多的问题无效化。

　　在巴多明致德梅朗的信(1730)中也可以找到类似的说法。

　　　　(中国的)历史学家并没有试图从更古老的时代中找出他们自己国家的起源，他们似乎也不相信(他们的起源)来自遥远的圣地，或者自己国家的荣耀在于其历史的古老性。

　　巴多明进一步解释说，与马若瑟一样，中国历史学家将中国历史划分为三个时代。巴多明认为，(1)在伏羲之前是"传说中的时代(temps fabuleux)"，(2)伏羲到尧是"可疑(douteux)且需要考证的"或"不确定的时代(regnes incertain)"，(3)尧以后是可确定的时代，中国

---

① "Lettre du Pere Prémare", *Lettres édifiantes et curieuses*, t. 21, p. 206.

历史学家对此"意见完全一致,关于大致的年份没有任何争议"①。

巴多明的时期划分与马若瑟几乎相同,但仅在"确定的"时代不同。与巴多明的历史时代一样将起点置于尧的治世的还有元朝金履祥的《资治通鉴前编》,他很可能还受到《书经》的影响。此外,巴多明写给德梅朗的信中提到,"康熙帝下令翻译的《资治通鉴纲目》",即康熙三十年编纂的满文译本《御批资治通鉴纲目》。满文《御批资治通鉴纲目》由前编、正编和续编构成,其中前编部分(以下简称满文《御批前编》)中有一部分(伏羲至帝喾)被翻译成法语。②

3 时代区分的由来

管见所及,中国文献中没有与在华耶稣会士所指出的(1)神话时代、(2)中间时代和(3)历史时代的区分相匹配的内容。也许,这种分类方法起源于欧洲。欧洲自古存在与其类似的一种时代划分的想法。第一位提出这个想法的是古罗马学者瓦罗(Marcus Terentius Varro,公元前116—公元前27)。瓦罗将历史分为三类:(1)从人类诞生到奥奇其斯洪水,③(2)从这场洪水到第一个奥林匹亚盛典,以及(3)自那之后。它们被分别称为(1)"被掩埋的"时期、(2)"神话"时期和(3)"历史"时期。④这种基于瓦罗的三时期分类方法,虽然以后各个阶段的起点和终点的年代稍有变化,但基本被继承下来,一直延续使用至18到19世纪。⑤

---

① *Lettres édifiantes et curieuses*, t. 21, pp. 457-484.

② BN: ms. Français 17240, "Lettre du Pere Prémare a Pekim 12 aoust 1730", pp. 91-121.这样的区分最初可参见安文思(Gabriel de Magalhães, 1610—1677, 1640 年来华)的著作。Gabriel de Magalhães, *Nouvelle relation de la Chine*, Barbin, 1688, pp. 73-74.

③ 希腊神话中,记载了奥奇其斯统治时发生了世界性的大洪水。

④ Paul François, "Nec adfirmare nec refellere: les jeux du mythe et de l'histoire", Christian Rico et al. (eds.), *Mythes et savoirs dans les textes grecs et latins*, Presses Universitaires du mirail, 2008, p. 101.

⑤ 比如 Pierre Bayle, *Réponse aux questions d'un provincial*, t. 2, Leinier Leers, 1706, pp. 324-336。Berlié, *Essai historique et chronologique*, J. Deville, 1766, pp. 25-28.

4　对后世的影响

19 世纪中叶,一本题为《关于中国的历史性及描述性报告》(*An Historical and Descriptive Account of China*,1836)的大规模概述书在英国编纂而成。这是一本汇集了地理学、数学和植物学等各个领域,总结概述了中国古今的历史、地理、语言、政体、行业和产业、地质和动植物的书籍。主编休·慕瑞(Hugh Murray,1779—1846)还对印度和美国进行了研究,如下文。

> 与印度人一样,中国人也同样有很多神话,有几乎与现实相距甚远的编年史。(中略)从最初的人类盘古到孔子为止的十纪(ten kis),从 3 276 000 年说到 96 961 740 年说,有各种各样的算法。(中略)但是,他们有一个重要的区别:印度人将数百万年之久的时间包含在自己神圣的历史当中,而中国人将类似于神话的记录当作幼稚可笑的行为,带着鄙视和厌恶的感情,认为那只不过是异端的历史。[1]

不管对印度的历史描述的认识是否妥当,以上文字都明确地反映了在华耶稣会士们的观点:中国历史学家严格地区分神话与历史。

第 3 节　中国最初的天文观察记录

1　五星会合的撤回

如上所述,在华耶稣会士巴多明等通过将中国史区分为三个时代,试图将雷诺多与德梅朗提出的问题无效化。然而关于颛顼治世期间的五星会合的年代问题,耶稣会士并没有将卫匡国或柏应理的记述完全正当化。曾经在巴黎天文台师从台长卡西尼的宋君荣(Antoine

---

[1]　Hugh Murray et al., *An Historical and Descriptive Account of China*, v. 1, Oliver & Boyd, 1836, p. 40.

Gaubil，1689—1759，1722 年来华)再研究的结果，确认了实际上此五星会合不是观察到的现象，只不过是"表现上的"或"理论上的"现象。①

巴多明也确认了卫匡国关于这一部分的记述内容在中国文献中也不属实。如前所述，巴多明在给德梅朗的信中将满文《御批前编》中的一部分翻译成了法语。在记载颛顼统治时期的几处，巴多明说："正文(texte)并未提及五星会合，只是说这位皇帝改变了计算方法和观测天象或天体运动的方法。"②的确，他翻译的满文《御批前编》并没有提及五星会合。以下是(1)满文《御批前编》和(2)汉文《御批前编》的相关部分。

(1) bodoro tuwarangge be halame arafi，tasha alihan biya bi hūwangli i uju obuha.

　　（修改历象，以建寅月为黄历之初。）

(2) 改作历象，以建寅之月为历元。

一看就明白，在《御批前编》中没有关于五星会合的记载。在其他五经的经文以及《史记》文本中，也没有找到关于颛顼统治时期五星会合的记录。卫匡国和柏应理可能参考了《资治通鉴外纪》卷 1 的附注等。③无论如何，巴多明指出了五星会合缺乏典籍证明的正统性。

2　聚焦仲康日食

然而，18 世纪在华耶稣会士不仅撤回了他们的前辈们对五星会合的描述，还反过来致力于提高《书经·胤征》中记载的夏朝仲康统治期间实行的日食观测④的可信度。卫匡国和柏应理认为仲康的统治期间在

---

① 见宋君荣于 1729 年 10 月 10 日写给德梅朗的信。Renée Simon(ed.)，*Antoine Gaubil S. J.*，*Correspondance de Pékin，1722-1759*，Librairie Droz，1970，p. 226. 此外，巴多明在 1729 年 8 月 12 日写给德梅朗的信中，也引述了宋君荣的见解。BN：ms. Français 17240，p. 118.

② BN：ms. Français 17240，p.115，118.

③ 《资治通鉴外纪》卷 1 的附注中记载"颛顼作历，以孟春为元，是时正月朔旦立春，五星会于天历营室也"。

④ 《书经·胤征》："乃季秋月朔，辰弗集于房。"注："辰，日月所会。房，所舍之次。集，合也。不合即日食可知。"

公元前 2159 年到公元前 2146 年,在此期间发生了日食即仲康日食。

卡西尼把公元前 2007 年认定为仲康日食的年份,[①]雷诺多也遵循了此观点。但马若瑟认为,"可以肯定的是,在救世主诞生至少 2 155 年前就有人住在中国了","至少从耶稣基督诞生的 2 155 年之前开始,到(基督诞生之后)的 1 723 年的 3 878 年之间,我们称为中国的这个大国一直在世界的这一地区持续存在"。他还略带揶揄地称:"中国人已经观察到天体的运动的时候,R 神父(指雷诺多)的波斯人和阿拉伯人到底在哪里?"[②]

实际上,在马若瑟写这封信之前不久,中国文献中记录的仲康日食被证明确实发生了,其年代是在公元前 2155 年。宋君荣验证了五经中出现的 36 处关于日食的记录,结果 36 处中的 31 处是正确的,此外他还得出结论称,仲康日食是有关中国最早的日食的正确记录。宋君荣不仅分析了《书经》的中文原本,还分析了康熙年间编纂的满文译本,很可能包括刻于康熙十六年(1680)库勒讷等撰写的《日讲书经解义》在内,以及中国历代天文学者的学说。得出的结论是,如果采用北京时间的话,仲康日食发生在仲康治世初年九月,即公元前 2155 年 10 月 12 日上午 6 点 57 分。[③]

从那以后,仲康日食的记录被频繁引用,以证明古代中国天文学的发达,以及自古包含这些天文现象的观察记录的中国历史书的正确性。例如,在杜赫德(Jean Baptiste Du Halde,1674—1743)的著名作品(1735)中,有如下记载:

---

① Giovanni Domenico Cassini, "Reflexions sur la chronologie chinoise", *Du Royaume De Siam*, t. 2, Abraham Wolfgang, 1691, pp. 304-321.另外,马若瑟推算夏至被确定的年代为尧统治时期的第二十年即公元前 2337 年,但卡西尼似乎将其误读为公元前 2347 年。Cassini, "Reflexions sur la chronologie chinoise", p. 319.

② *Lettres édifiantes et curieuses*, t. 21, pp. 206-207.

③ 除宋君荣给苏西埃的信(1723 年 8 月 18 日)之外,此说还有其他资料中有记载。Gaubil, *Correspondance de Pékin*, *1722-1759*, pp. 60-61.关于仲康日食的一系列考证内容,整理于下述文献中。Antoine Gaubil, "Dissertation sur l'eclipse solaire rapportée dans le Chou-king", Etienne Souciet (ed.), *Observations Mathématiques*, *Astronomiques*, *Geographiques*, *Chronologiques et Physiques*, *tirées des anciens livres chinois*, t. 1, Rollin, 1729, pp. 140-150.

　　例如,在仲康统治时期发生并被我们的天文学家证实的(日)食是显示中国的年代学覆盖范围之广的最明显证据之一。[1]

此外,很久以后伏尔泰的世界史描述中也提到了仲康日食的相关内容。

　　它的(中国的)历史描述确实无可争议,是唯一基于天文观测的叙述。其历史可追溯到推测为公元前 2155 年发生的日食(中略)。宋君荣神父验证了孔子的书中记录的 36 次言及日食的内容,发现其中仅有可疑的和错误的内容各 2 次。[2]

伏尔泰根据当时最新的自然科学和人类学,而不是关注长久以来的"神圣的"历史即以《圣经》历史为中心,来摸索客观的可证明的历史。先前的一些研究已经表明,[3]这种态度在他处理中国历史时尤为突出,例如,"世界历史的描述不是从创世纪和亚当开始,而是从关于中国的一章开始"等。对于伏尔泰而言,包含古代天文观测记录客观证据的中国历史描述尤其可靠,[4]而且仲康日食的记录也证明了其起源的悠久。因此,伏尔泰才从中国开始进行世界史的叙述。

第 4 节　什么是真实的中国文献

1　弗雷来的疑问

此后不久,吸收上述各种讨论成果并再次从新的角度围绕中国史

[1] Du Halde, *Description géographique*, *historique*, *chronologique*, *politique*, *et physique de l'Empire de la Chine et de la Tartarie chinoise*, t. 1, Lemercier, 1735.

[2] Voltaire, *Abregé de l'histoire universelle*, t. 1, Jean Neaulme, 1754, p. 2.

[3] Urs App, *The Birth of Orientalism*, University of Pennsylvania Press, 2010, pp. 37-38.伏尔泰对中国文明即对中国史的见解,详情参考 Shun Ching Song, *Voltaire et la Chine*, Université de Provence, 1989。

[4] 关于这个问题,在伏尔泰别的著作中,写到中国人自古以来"结合天与地的历史,试图让它们互相证明"。Voltaire, *Abregé de l'histoire universelle*, t. 1, pp. 2-3.

展开论争的人们出现了。其代表人物是弗雷来（Nicolas Frèret，1688—1749）和耶稣会士冯秉正（Anne Marie de Moyriac de Mailla，1669—1748，1703 年来华）。弗雷来担任碑文文艺学院的终身书记，从事古代世界的研究，执笔了《百科全书》（*Encyclopédie ou Dictionnaire raisonné sciences, des arts et des métiers*，1751—1772）的"神话（Mythologie）"项目等。除了阅读在华耶稣会士的著作以外，他还与从福建横渡到欧洲并在巴黎从事中文翻译与皇家图书馆所藏汉籍目录制作的中国人黄嘉略（Arcade Huang，1679—1716）交流，储备了关于中国的知识。①

　　弗雷来对中国史的年代学分析尤其热心，他于 1733 年 11 月在碑文文艺学院演讲了《论中国年代学的古代性与准确性》（"De l'antiquité et de la certitude de la chronologie chinoise"），其内容发表在学院纪要第 10 号（1736）中。②弗雷来掌握了卫匡国和柏应理将干支纪年法的开始时间点设定在黄帝统治时期（公元前 2697 年）以及巴多明追溯到黄帝之前的伏羲统治初年来叙述中国史的方法，③认为"目前在中国很流行的，大约是于 1064 年左右出版的编年史"中的系统，即"600 到 700 年前开始被世界认可的司马光的编年史中的年代系统"。此"司马光的编年史"指的是《资治通鉴》加上《外纪》等《资治通鉴》系统的系列书籍。

---

①　关于弗雷来的经历和与黄嘉略的交流，详情参照下述各研究。Danielle Elisseeff-Poisle，*Nicolas Fréret (1688-1749)，réflexions d'un humaniste du XVIIIᵉ siècle sur la Chine*，Presses Universitaires de France，1978. Danielle Elisseeff-Poisle，"Chinese Influence in France，Sixteenth to Eighteenth Centuries"，Thomas H. C. Lee（ed.），*China and Europe*，Chinese University Press，1991，pp. 155-157.许明龙《黄嘉略与早期法国汉学》（中华书局，2004）。

②　Nicolas Frèret，"De l'antiquité et de la certitude de la chronologie chinoise"，*Mémoires de Académie des inscriptions & belles-lettres*，t. 10，1736，pp. 377-402.另外，弗雷来于 1739 年发表了对这篇论文的补充，其内容分别刊载于 1743 年与 1753 年。

③　弗雷来认为，巴多明将伏羲的统治初年时间定在公元前 3331 年，但巴多明实际仅根据《御批前编》，记录了九氏（伏羲、神农、临魁、帝承、帝明、帝直、帝釐、帝哀、帝榆罔）的统治时期。他引用了卫匡国等人的著作，从其中所述等于公元前 2697 年的黄帝初年往前追溯 634 年，也即巴多明所记述的九氏在位时长，以此得出的伏羲治世初年确实是公元前 3331 年。BN：ms. Français 17240，pp. 91-98.

　　弗雷来首先指出,中国有两种类型的历史书籍,它们在"准确性和真实性方面存在显著差异"。第一类是前汉时期出现的,"根据同时代人的记录写成的,只有经过真正的验证后才开始出版",因此"可以说它具有最高的历史准确性",换句话说是正史。弗雷来称,焚书后,人们"小心翼翼地搜集最小的残片"并"将这些碎片和边角料以无上巧妙的方式拼接缝合"编成的 9 卷书籍,即"在今日中国被认为是最古老、最真实的书"的四书五经,也是其中之一。其中就有弗雷来重视的《书经》《诗经》《春秋》,"包含了几乎所有未被焚毁的古代史书碎片"。

　　中国的第二类历史书涉及汉以前的时期,即焚书前的时期,"处于几乎找不到真正的或同时代人留下的遗物的时代,它是一段错过时机后被复原的历史"。由于它内在具有很大的"不确定性","我们有权就这一点讨论"。按照弗雷来的观点,耶稣会士频繁依据的《资治通鉴》系列书籍属于第二类。弗雷来认为《资治通鉴》系列书籍中上古时代时间过长,而中国历史的起源被不太妥当地设置在过早的年代。换句话说,黄帝统治的第一年被设定在公元前 2697 年,也就是说,比《史记》中推算的时期还要大幅提早多个年代。此外,在黄帝之前增加了九个王,推测他们的统治年数总计为 634 年。[1]不仅如此,刘恕在《资治通鉴外纪》的注释中增加了伏羲和神农之间的"15 位新国王",将他们的统治年数算定为共 1 260 年。[2]

　　与此相对,他认为《竹书纪年》是一本真正的"焚书以前"的书籍,由"连贯的年表"构成,仅根据《书经》等"关于历史的经节片段,即彼此之间存在相当大部分空白的各个历史片段而制成是无论如何也不可能的"。这本非凡的书可以追溯到黄帝,但将黄帝治世元年定在公元

---

① 　弗雷来推测,《资治通鉴》系列书籍中的这个部分,是依据唐朝司马贞《史记索隐》写成的。《史记索隐·三皇本纪》计算出黄帝之前神农统治年数为 120 年,加上帝魁到帝榆罔的统治年数共计 530 年。

② 　Fréret, "De l'antiquité et de la certitude de la chronologie chinoise", pp. 377-388.弗雷来所说的"15 位新国王"是指《外纪》卷一的注释中出现的大庭氏到无怀氏。刘恕认为伏羲到无怀氏有 1 260 年。另,《史记索隐·三皇本纪》中罗列了从大庭氏到无怀氏为止的十五氏的名字,但《外纪》中卷须氏的名字没有出现,只找到 14 人的名字。

前 2386 年,尧的治世元年定在公元前 2145 年,这比《史记》和"最近的编年史(annales modernes)"即《资治通鉴》系列书中记载的年代晚得多。①

如上所述,弗雷来称赞了《竹书纪年》,反之将怀疑的目光投向《资治通鉴》系列书籍。弗雷来指出《竹书纪年》与其他文献在年代上的差异,断定②根据《竹书纪年》,上古各王朝的成立年代与基于《资治通鉴》系列书籍和《汉书》《史记》而算出的年代比拟,相距甚远,后退了好几个时代。

弗雷来还称《书经》为"历史书",认为即使无法与《竹书纪年》匹敌,其史料价值在一定程度上值得信赖。对于《书经》正文从尧的治世开始,没有出现伏羲和黄帝,他做出如下叙述。

> (据传编纂了《书经》的)孔子对于尧以前所有的帝王一无所知,这令人感到奇怪。对我而言,这似乎有说服力地证明了,在这个哲学家的时代,(尧以前)时代的事只能通过想象获得,被视为传说中的历史(histoire fabuleuse)。

另外,弗雷来还将注意力放在了《书经·尧典》和《孟子·滕文公上》出现的尧统治期间发生洪水的故事。③弗雷来将这些故事解释为关于"我们地球的原始状态的痕迹"的传说。因为,"与其他东方国家和希腊最古老的哲学家一样,中国人认为洪水或流体是万物的首要原

---

① Frèret, "De l'antiquité et de la certitude de la chronologie chinoise", pp. 384-386.另,《竹书纪年》中的计算,似乎是基于宋君荣的报告而得出的。Etienne Souciet (ed.), *Observations Mathématiques, Astronomiques, Geographiques, Chronologiques et Physiques*, t. 2, Rollin, 1732, p. 62; Gaubil, *Correspondance de Pékin, 1722-1759*, pp. 481-484.

② Frèret, "De l'antiquité et de la certitude de la chronologie chinoise", pp. 388-390.不过根据笔者浅见,弗雷来的计算时常与《竹书纪年》等各文献的记载有出入。

③ 弗雷来引用了本章涉及的《书经·尧典》的经文及《孟子·滕文公上》的"当尧之时,天下犹未平,洪水横流,泛滥于天下,草木畅茂,禽兽繁殖,五谷不登,禽兽逼人,兽蹄鸟迹之道交于中国"部分。

理,万物都是由混沌的流体中杂乱漂浮的物质的各种分离和结合而形成的"。弗雷来所说的希腊哲学家可能指的是在水中寻求万物原理的泰勒斯(Thalēs,公元前 624—公元前 548/545)等。根据弗雷来的这个解释,被认为发生洪水的尧时代才是中国的世界起点,即中国史的出发点。进一步令弗雷来确信的是,上述有关洪水的传说记载于"对中国人而言的圣典"的《书经》《孟子》,即"基于该国最受尊敬的著述家们的证言"写成的书。因为弗雷来认识到,关于尧以前的时代,与《书经》《孟子》矛盾的意见在中国是"新颖却没有权威的"。①

2　冯秉正的应战

弗雷来的此论文可能在当时的欧洲被广泛传阅。只要看看如英国国教会主教——以反理神论派先锋而闻名的威廉·沃伯顿(William Warburton,1698—1779)的著作以及《百科全书》的"年代学(Chronologie)"的条目,就能明白弗雷来对欧洲知识分子的中国上古史的理解,具有一定的影响力。②

因此,在华耶稣会士这次不得不迅速做出反应。弗雷来的理论主要由冯秉正反驳。冯秉正于 1729 年,即弗雷来的论文发表之前,完成了《中国通史,或从〈通鉴纲目〉中译出的编年史》(*Histoire générale de la Chine*, *ou Annales de cet empire*, *traduit du Tong-Kien-Kang-Mou*)大作的原稿。这是"康熙帝命令翻译成塔塔尔语(满文)的历史书"③,也就是以巴多明将其中一部分翻译成法语的同一本满文《御批纲目》为主,外加《资治通鉴外纪》和袁黄《历史纲鉴补》,还有《史记》、《廿一史》、胡宏《皇王大纪》、郑樵《通志》、马端临《文献通考》等。

---

① Frèret, "De l'antiquité et de la certitude de la chronologie chinoise", pp. 390-392.
② William Warburton, *Essai sur les hiéroglyphes des Égyptiens*, t. 2, Hippolyte-Louis Guerin, 1744; *Encyclopédie ou Dictionnaire raisonné sciences*, *des arts et des métiers*, t. 3, Briasson, 1753, p. 391.
③ Anne Marie de Moyriac de Mailla, *Histoire générale de la Chine*, *ou Annales de cet empire*, *traduit du Tong-Kien-Kang-Mou*, t. 1, Ph D. Pierres &. Clousier, 1777, p. vi.

接触到弗雷来论文的冯秉正后来将对其做出的回应附于自己原稿的
长篇自序中,于 1737 年将自序与原稿一起寄到了法国。另外,冯秉正
在 1735 年至 1738 年间给弗雷来写信,在信中他也展开了对弗雷来论
文的反驳。大约半个世纪后,法国的耶稣会士格鲁贤(Jean Baptiste
Grosier,1743—1823)自 1777 年至 1785 年间出版了《中国通史》,其
第 1 卷开头插入了冯秉正写给弗雷来的信。①

　　冯秉正比弗雷来更加详细地概述了中国的历史书籍编纂的历史。
冯秉正表示,"自从帝政拉开序幕以来,中国人就为其历史书设立了官
方机构",但驱使中国修史官的"只有诉说真实的愿望"。为了强调这
份"对真实的热爱",冯秉正引用了《春秋左氏传》卷 35 襄公二十五年
条目中记载的"崔杼弑君"事件,还引用了作为起居郎从事历史编纂的
褚遂良"臣职载笔,君举必书"(面对唐太宗提出"朕有不善,卿必记邪"
的问题)的史话(《新唐书》卷 105,列传第 30,褚遂良)。②随后,冯秉正
列举了各个时代中国的历史相关文献,并一一概述它们的内容和编纂
状况等。

　　冯秉正致弗雷来的信中有许多值得探讨的论点,如关于《竹书纪
年》《书经》和《资治通鉴》系列书籍的真实性的评论。首先是他对弗雷
来引为真实之书的《竹书纪年》的评论,尤为值得注意的是,弗雷来经
常只称呼其为《竹书》(*Tchou chou*)。这里的《竹书》从弗雷来所说的
内容推测,除了《竹书纪年》以外不可能还有其他的书了。针对这一问
题,冯秉正将《竹书》和《竹书纪年》(*Tchou chu ki nien* 或 *chronologie
des Tchou chu*)区分开来。③他在称《竹书》时,指的是包含《竹书纪年》
在内的汲冢书全体。虽然冯秉正是否有意如此尚不清楚,但在这一点

①　De Mailla, *Histoire générale de la Chine*, t. 1-13, 1777-1783.写给弗雷来的信载于 t. 1,
　　pp. lxxv-clxvi.此外,关于冯秉正的著作,也可参照中砂明德《中国近世的福建人》(名古屋大
　　学出版会,2012),第 420—421 页。

②　De Mailla, *Histoire générale de la Chine*, t. 1, pp. ii-vi.

③　关于这个问题的若干议论,参照吴莉苇《当诺亚方舟遭遇伏羲神农——启蒙时代欧洲的中国
　　上古史论争》(中国人民大学出版社,2005),第 482—485 页。

上两者的观点之间存在差异。

南宋洪迈的《容斋随笔·续笔卷》第 13 收录了汲冢周书,冯秉正说,洪迈引用的《逸周书·卷 4·克殷解》第 36 中记载有武王狩猎,捉到老虎 22 头、麋 5 235 头、犀 13 头等动物的故事,还有四夷中诸多奇妙野兽的故事,认为这些"实在令人难以相信",只能当作"空想的"故事看待。最后,断定"《竹书》中充斥着这类荒谬的故事"。《逸周书》在《隋书·经籍志》之后被称为汲冢周书,而被视为汲冢书之一。冯秉正以此认知为前提,将对《逸周书》真实性的怀疑扩展到汲冢书即《竹书》整本书了。但是,原本《逸周书》是否应该被包含在汲冢书里都有争议。如《四库全书提要·史部 4·别史类》,关于《逸周书》写道"周书不出汲冢也",可以推测这一说法在当时已经得到一定程度的公认了,但是尚不清楚冯秉正是完全不知道,还是有意忽略了。

冯秉正还指出,关于《竹书》和《竹书纪年》,"最新的研究结果表示,其是充斥着错误、夸张和不合理的伪书"。冯秉正在同一个地方提到了南北朝的沈约,很显然,这里的《竹书纪年》是指传言中沈约的注本,也是元朝以后广为流传的今本。在《四库全书提要·史部3·编年类》的《竹书纪年》中,对这一今本有"反覆推勘,似非汲冢原书"的评论。民国时期,例如王国维就说,今本《竹书纪年》由后人编纂的痕迹残留明显,"乃近三百年学者疑之(为伪书)者固多"[1]。在今本《竹书纪年》的议论中,冯秉正的文章也占有一席之地。

其次,关于《书经》,冯秉正强调有"非常大的空白"。冯秉正认为,孔安国写的书序所列举的百篇中,包括《伊陟》、《原命》、《仲丁》、《河亶甲》、《祖乙》(以上商书)、《将蒲姑》(周书)等,仅残留有篇名,大多数的正文都没有传到汉代。他说这些空白存在于所有四书五经中,并由后代的注释者们补充,虽然得到了一定的复原,但是就缺乏史料之处,"比起用可疑、得不到大家承认的遗物补缺,还是留下那个时代的空白

---

[1] De Mailla, *Histoire générale de la Chine*, t. 1, pp. lxxxv-lxxxix. 王国维《今本竹书纪年疏证》(仓圣明智大学,1916),疏序一。

更好"。对于冯秉正来说,为了弥补《书经》和中国上古历史中遗留下的空白而出现的,正是《资治通鉴》系列书籍。尤其是聚焦于上古部分的《外纪》和《前编》,冯秉正说它们是"经过长时间的严密考证后,才被放在《通鉴》的开头",并强调说,它们的真实性因与具有权威的正史之一《汉书》几乎"完全匹配"而得以证明。①

3　论争的成果

可以说,弗雷来和冯秉正之间的争议令欧洲人对中国史和中国历史书籍有了更深刻的理解。其中一个表现是在 18 世纪下半叶编纂的《不列颠百科全书》(初版,1771)的"中国人(Chinese)"条目。②在此百科全书中,有关其他"世俗的"国家,例如埃及、印度、波斯和日本相关的条目,基本上以欧洲人撰写的旅行游记等为依据。与这些条目形成鲜明对比的是"中国人"条目。换句话说,作为典籍被引用参考的基本上都是中国文献。若要举出尤为频繁出现的书名,有《书经》《春秋》等五经,还有《史记》《资治通鉴外纪》,以及详细介绍了冯秉正写给弗雷来的信的罗泌的《路史》,③另外可以看到吕不韦、孔安国、孔颖达等作家的名字。

结语

17 到 18 世纪在华耶稣会士使用过各种中国文献来描述中国历史,可以说在当时这些叙述的内容与文献的忠实度极高,而当他们试图回应来自欧洲知识分子的深刻质疑和强烈批评时,他们对如何展示和表达中国历史进行了各种各样的尝试,可以将其称为在论证中被提

---

① De Mailla, *Histoire générale de la Chine*, t. 1, pp. cxv-cxxiv.
② 在这个条目中,中国上古的历史,尤其是关于从天皇、地皇、人皇到伏羲、神农、黄帝为止的时代说明,成为中心内容。*Encyclopaedia Britannica*, v. 2, A. Bell and C. Macfarquhar, pp. 184-192.
③ De Mailla, *Histoire générale de la Chine*, t. 1, pp. lxxix-lxxxii.

炼出的"运音法(articulation)"。

"运音法"指的是西洋音乐术语中乐曲的分节化,即通过在作为素材的一系列声音中添加连接、断开、强弱等,来分隔小节并赋予音乐含意。一支乐曲根据分节方式的不同能够展现出完全不同的样貌。在本章中,笔者关注的是在华耶稣会士在叙述中国史时,是如何从中国文献中而不是从中国外部提取材料,以及如何将其分节化以寄托他们想要的意义而非依照文献的原样翻译。

那么,在华耶稣会士想要寄托的是怎样的意义呢? 总体而言,在华耶稣会士与欧洲知识分子之间的争论着眼于探讨中国的历史叙述以及包含这种叙述的中国文明本身的合理性。在华耶稣会士总体上是向强调中国文明的合理性这一方向前进的。换句话说,在以"神圣的"历史为中心的历史描述即以普遍史为主流的时代,将中国的历史叙述与《圣经》的描述相调和是合理性的表达,卫匡国通过使用基于七十子译本《圣经》的年代法,赋予了中国史可以与《圣经》相调和的意义。

随着时间的流逝,自然科学和理性的证明开始成为对事物真实性的终极判断,历史学也经历了从普遍史到世界史的重大转变。在这样的背景下,在华耶稣会士通过强调仲康日食的真实性,表达出这个时代所需要的合理性自古存在于中国文明之中的理解。另外,他们参考《资治通鉴》系列书籍,把中国史分为三个时期。通过这种分节法,将中国的历史学家描述为从理性的角度严格区分是否为史实,并只承认被证明为确实存在的时代为历史时代的一个群体。另外,中国历史叙述的合理性在有关中国文献真实性的讨论中也得以展现。关于上古史,与将《书经》和《竹书纪年》等离上古年代相对较近的书籍归结为具有史料价值的书籍不同,他们主张就年代而言新得多的《资治通鉴》系列书籍的真实性,几乎等同于呼吁作者即历史学家的理性的真实性。

如上所述,在华耶稣会士尝试了各种不同的表述,以便应对同时代欧洲巨大的意识形态的变化。但是，他们对中国史的叙述并不只是追随同时代的思潮。对以伏尔泰为首的 18 世纪和 19 世纪欧洲知识分子而言，其是与《圣经》世界完全不同的合理性存在于欧洲以外的有力证据，这赋予他们力图创造的新兴多元世界史以强大的力量。

第 **9** 章

从《毛诗品物图考》看 18 世纪 日本社会新的知识体系的形成[*]

·

陈捷

　　18 世纪前半期，日本江户幕府第八代将军德川吉宗(1684—1751)下令对一部分以前禁止进口的汉译西洋书籍解禁。此后，一部分中国商船载来的耶稣会传教士的中文著作、西方书籍的汉译本("汉译洋书")以及荷兰商人带来的荷兰文书籍("兰学书")经由长崎输入日本。虽然当时只有有势力的大名、与幕府关系密切以及少数有特殊渠道的人才有机会接触这类书籍，但是毕竟有一部分学者通过各种方式阅读到这些书籍，并因此对西方知识有了不同程度的了解。这些新知识对日本 18 世纪新的知识体系的形成产生了重大影响，特别是对博物学研究的发展起到了巨大推动作用。此外，中国商船带来的明清时代的医学、本草学、日用类书以及清朝考据学等书籍及其日本翻刻本也对江户时代的知识形成产生了很大影响。在这种多元文化背景下，18 世纪后半期，在京都、大阪和江户等地，陆续出版了一批从博物学角度解释中国儒家经典的注释书和插图本儒家经典注释书。其中天明五年(1785)春在京都刊行的日本学者冈元凤撰著的《毛诗品物图考》是一部考证解释《诗经》中出现的植物、动物的著作。该书考证简洁明了，插图精致有趣，出版后备受读者喜爱，直到明治时期仍不断印行。该书于 19 世纪 70 年代传入中国后也受到欢迎，清末、民国乃至当代多次出版，广为流传。该书还被 19 世纪初到过日本的德国籍医生、博物学家西博尔德(Philipp Franz Balthasar von Siebold，1796—1866)等

＊ 本章系作者原作者直接提供中文原稿。

西方学者带到欧洲，成为他们研究日本博物知识的基本资料。①本章拟对《毛诗品物图考》出现的背景及其编撰、出版与流传的具体情况进行考察，通过这一个案对18世纪以后日本社会新的知识体系形成的过程进行观察与思考。

第1节　"草木虫鱼之名"与《诗经》名物研究

《诗经》是中国最早的诗歌总集，据说在成书过程中孔子曾参与整理，所以很早就作为儒家经典之一受到重视。《论语·阳货》记载孔子曾经说过："小子何莫学夫《诗》。《诗》可以兴，可以观，可以群，可以怨。迩之事父，远之事君，多识于鸟兽草木之名。"因此，在中国传统教育中，《诗经》一直被作为初学者的基本教材。一方面，《诗经》中有很多有关植物、动物的词汇，对这些动植物的名称、形状、产地、在诗歌中的意思以及比喻象征意义等加以考证解说，被视为关系到经学理解的重要问题，是历代经学研究的重要课题，也是古代训诂学的重要内容。另一方面，这一研究从植物、动物的研究进而扩展到各种名物的研究，形成了名物学这一具有独特学术传统的学术领域，在中国古代动物学、植物学以及博物学的研究史上具有重要意义。直到现在，仍有学者在继续进行这一领域的研究。②

汉代以后，除了历代《诗经》注释书中的相关研究之外，三国时代

---

① 西博尔德带回的《诗经》注释书包括《毛诗草木鸟兽虫鱼疏》《毛诗名物图说》及日本著作《毛诗陆氏草木疏图解》《毛诗品物图考》等，均著录于1845年出版的西博尔德与其助手霍夫曼、郭成章共同编纂的 Catalogus librorum et manuscriptorum Japonicorum a Ph. Fr. de Siebold collectorum[『フィリップ フランツ フォン シーボルト蒐集並ニヘーグ王立博物館所蔵日本書籍及手稿目録』(郁文堂书店影印本,1937.3)]。这些书籍现藏荷兰莱顿大学图书馆，其中《毛诗品物图考》(书号:SER755)书中部分名物的名称标注有阿拉伯数字，可知该书传到欧洲之后曾被阅读、参考。关于西博尔德从日本带到欧洲的和刻本汉籍的情况，可参照拙稿「シーボルト・コレクションの和刻本漢籍について」(『シーボルト日本書籍コレクション　現存書目録と研究』,人间文化研究机构、国文学研究资料馆编,勉诚出版,2014.12)。

② 如吴厚炎《〈诗经〉草木汇考》(贵州人民出版社,1992)；潘富俊著,吕胜由摄影《诗经植物图鉴》(猫头鹰出版社,2004)；扬之水撰、绘《诗经名物新证》(增订本,天津教育出版社,2012)等。

吴人陆玑《毛诗草木鸟兽虫鱼疏》是最具代表性的著作。该书对 175
种动植物的名称、异名、形状、生态及其使用价值等进行了简洁的记录
和说明。①此后的研究则可以举出宋蔡卞《毛诗名物解》、元许谦《诗集
传名物钞》②、明冯复京《六家诗名物疏》、清陈大章《诗传名物集览》、清
黄春魁《诗经鸟兽草木考》等③。

　　除了用文字进行考证解说的著作之外，为了在视觉上更加直观，
令人一目了然，还出现了附有图像的书籍。据《隋书·经籍志》，六朝
梁有《毛诗图》，《新唐书·艺文志》则著录有《毛诗草木虫鱼图》二十
卷。由于这些书籍均已亡佚，不能确知其具体内容。不过，从《毛诗草
木虫鱼图》这一书名来看，书中应该描绘了《诗经》中出现的草木虫鱼
的图像。在这类带有图像的《诗经》名物考证著作中，现存较为著名的
是清乾隆年间学者徐鼎《毛诗名物图说》(图 9-1)④。

　　在这些中国《诗经》名物学著作的影响下，江户时代的学者们也对
《诗经》中出现的动植物十分关注。除了翻刻陆玑《毛诗草木鸟兽虫鱼
疏》[松下见林训点，元禄十一年(1698)大阪古本屋清左卫门、毛利田
庄太郎刻本]、徐鼎《毛诗名物图说》[小野兰山训点，文化五年(1808)
江户须原屋善五郎、堀野屋仪助刻本]等中国人著作之外，还相继出现
了稻生若水《诗经小识》[宝永六年(1709)]、江村如圭《诗经名物辨解》
[享保十六年(1731)]等日本人的研究著作。此外，比《毛诗名物图说》

---

① 陆玑著作对后世研究影响极大，明代毛晋根据《毛诗草木鸟兽虫鱼疏》编撰了《毛诗草木鸟兽
虫鱼疏广要》，明清时期曾有多种研究著作出版。

② 八卷，湖南省图书馆藏明张应文怡颜堂抄本(书号：△14/30)，八册，十行二十二字，版心下印
"怡颜堂钞书"，有"黄冈刘氏绍炎过眼""黄冈刘氏""校书堂藏书记"藏书印。

③ 黄春魁《诗经鸟兽草木考》，台北文海出版社《清代稿本百种汇刊》1 经部影印收录，1974。

④ 徐鼎，字峙东，号雪樵，吴县优贡生，著书有《毛诗名物图说》及《霭云馆诗文集》。民国《吴县
志》卷七十五上有传。《毛诗名物图说》有乾隆三十六年(1771)刊本，按鸟、兽、虫、鱼、草、木顺
序对有关名物进行考证解说，在文字说明上面配以图像，共附有 295 幅图像，版面为上图下文
形式。根据徐氏序文，该书内容只是他关于《诗经》所见礼乐服饰车旗等名物考证成果之一部
分。现藏于中国国家图书馆的该书稿本确实包括对礼器等内容的考证，可以印证序文所言确
为事实。《毛诗名物图说》出版之后不久即传到日本，并于日本文化五年(1808)出版了由本草
学者小野兰山加注训点的日本刻本。

略晚,日本还出版了日本学者渊在宽《陆氏草木鸟兽虫鱼疏图解》(图 9-2)①、冈元凤《毛诗品物图考》等带图本解说书。这些书籍继承了陆玑《毛诗草木鸟兽虫鱼疏》以来《诗经》名物研究的传统,同时受到了在兰学刺激下发展起来的博物学的影响,加之江户时代木版画技法逐渐成熟的背景,从总体上看插图比徐鼎《毛诗名物图说》更加生动形象,在《诗经》名物图谱中具有重要意义。这里,我们以冈元凤《毛诗品物图考》为对象,对该书出版情况及对后世的影响加以考察。

图 9-1　徐鼎《毛诗名物图说》　　图 9-2　渊在宽《陆氏草木鸟兽虫鱼疏图解》

第 2 节　冈元凤与《毛诗品物图考》

《毛诗品物图考》七卷,冈元凤撰,橘国雄画,日本天明五年(1785)春刊行于京都。其撰者冈元凤(日本元文二年至天明六年十二月十八日,1737—1787.2.5)是江户中期大阪出身的儒者、汉诗人和儒医,字公翼,通称元达,号鲁庵、慈庵、白州、淡斋。少年时代即嗜读汉籍,被视为神童。长大后从医,同时善作诗文,是以片山北海为代表的诗文结

---

① 四卷附录一卷,渊在宽撰,京都书肆北村四郎兵卫与江户须原屋茂兵卫于日本安永八年(1779)合作出版。

社混沌社的中心成员之一。由于职业的关系,他喜欢钻研物产之学,在庭院中开辟小圃,杂植药草。除本书之外,还撰有考证《楚辞·离骚》中动植物的《离骚名物考》、《刀圭余录》六卷、汉诗集《香橙窝集》等著作。

冈元凤在《毛诗品物图考》自序中谈到他撰著该书的目的时云:"余便纂斯编以便幼学,固欲一览易晓,不要末说相轧。"也就是说,此书是为幼学启蒙编辑,希望能通过视觉效应做到直观易懂,不罗列互相矛盾的枝节琐屑之说。不过,本书绝非通常坊刻启蒙书常见的粗制滥造之物,而是经过认真细致的考证编辑绘制的。书中不仅简明扼要地叙述了撰者对《诗经》中出现的动植物与中、日两国自然界实际存在的动植物进行比定和观察考证后得出的见解,而且图像描绘也精确有趣,十分讲究。

关于冈元凤编纂本书的态度,与冈氏同时代的儒学家柴野邦彦(号栗山,日本元文元年至文化四年十二月一日,1736—1807.12.29)在序中云:

> 公翼业医,其于本草固极精极博。如于此图乃绪余,左右逢原者,犹尚考核不苟,皆照真写生。至于郊畿不常有,若白山之乌,常陆之驴,必征之其州人。遐陬绝境,虽远不遗。是以其书成,不独其形色逼真,其香臭艳净、狠驯猛顺之情,郁然可挹,指示儿童,亦能一目即了。

序文赞扬著者虽然对医学、本草学具有极为丰富的知识,但是在编撰此书时仍然进行了非常认真的考证,所录图像力求照实物绘制,在近郊找不到的品种,一定向其产地的人请教。因此,该书的插图不仅形色逼真,而且连气味、"性格"似乎都能传达出来,即使儿童也一看就懂。柴野邦彦是曾经为德岛藩及幕府服务的学者,后来成为汤岛圣堂的最高负责人,是被称为宽政三博士之一的重要儒者。序文中提到他自己也曾设想将经书中的动植物与自然界中的实物加以对照，进行比较研究。正是因为有这种共同认识，所以他能够比较准确地把握《毛诗品物图考》所代表的冈元凤的学问特征。柴野邦彦后来曾奉老中松平定信之命，与另外几位学者一起编纂集录古代文物图像的名著《集古十集》，虽然该图录不涉及自然界中的动植物，但是在根据实物进行考证的实证性研究方法这一点上，与冈元凤有相通之处。《毛诗品物图考》除柴野邦彦的序文之外，还有另外一位德岛藩的学者、朱子学者那波师曾的序文和木孔恭即著名的文人画家、本草学者木村蒹葭堂（日本元文元年至享和二年一月二十五日，1736.12.29—1802.2.27）的跋文，二人也均对本书内容给予很高评价，并显示出他们对这种实证性学问（木村称之为"多识之学"）的共鸣。实际上木村蒹葭堂自己也对《诗经》名物抱有浓厚兴趣，早稻田大学中央图书馆藏有他亲笔抄录的《诗经小戎图考》，即专门考证《诗经·秦风·小戎俴收》所见战车、戎服制度的著作，由此可见他对这类研究的关注（图 9-3）①。

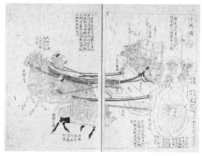

图 9-3　木村蒹葭堂亲笔抄录的《诗经小戎图考》卷首及《小戎图》

　　《毛诗品物图考》全书分为草、木、鸟、兽、虫、鱼六部，除《毛传》、《郑笺》、朱熹《诗集传》等经学注释外，还参考了子、史部文献，特别是撰者最擅长的医学、本草学方面的文献资料和实际经验，对《诗经》中

---

①　释佛誊撰，木村蒹葭堂写，日本早稻田大学中央图书馆藏（书号：口 12_03664）。

出现的植物、动物等进行简明考证和解说,在切实的考证和广泛调查基础上一一绘制图像,并注出相关日本名称,既记述前人基本解释,也不乏著者自己的观点。在版面构成方面,每一种动植物使用一版中的半叶,框廓内在上方或右侧配以简短考证和解说,余下较大空间安排图像,使图像处于叶面的中心位置。全书二百余幅图,其尺寸远远超过徐鼎《毛诗名物图说》及渊在宽《陆氏草木鸟兽虫鱼疏图解》,版面设计和图像绘制趣味方面均显示出与在此之前以考证解说为主要内容的《诗经》名物考证著作的明显差异。关于其解说与图像内容可以归纳为以下几个特征:

(1)如前引冈元凤序文所述,该书说明文字简洁,很少有繁杂的引文和琐屑的考证。传统的《诗经》阐释认为诗句中出现的动植物具有象征性意义,因此在注释时非常重视对其象征性寓意及道德意义的解释,但此书则很少有这种对动植物寓意的阐释。

(2)将文献记载与日常生活和自然观察的经验相结合,不盲目信从文献记载。例如卷一"七月食瓜"项云:"瓜,甜瓜也。《说约》(笔者按:指明顾梦麟《四书说约》)云:'六经言瓜,如削瓜、树瓜之类,其说颇重,不知何等。'(中略)顾氏此言,似不谙瓜者。因思《群芳谱》诸书'西瓜谓瓜',明人不盛食瓜耶?"(p.24b),此处谓"七月食瓜"之"瓜"即是甜瓜,对明人顾梦麟《四书说约》等书过于拘泥"削瓜""树瓜"等六经中的文辞,反而忘记了日常生活经验的解说进行了批评。

(3)对《诗经》中动植物的"和名"即日本名、日本产地及日本产的特征等也加以说明,其解释对日本读者来说浅显易懂。例如卷一草部"参差荇菜"项云:"按此方荇叶圆而稍羡,又不若莼之尖也。彼中书多言莼似荇而圆,盖土产之异也。"(图9-4)又如卷一草部"言刈其蒌"项云"蒌蒿,和谓之沼蒿,又名伊吹艾,江州伊吹山多生"等,都是这样的例子。

(4)吸收西方博物学知识,特别挑选日本没有或者对日本人来说稀奇罕见的珍禽奇兽加以说明。例如卷五解释绵羊和獐云:"羊生海

图 9-4 卷一"参差荇菜"　　　　　　　图 9-5 卷五"象之掉也"

岛者为绵羊,剪毛做毡,此云索异那哥埋(サイノコマ)。"(p.2b)"稲氏云:'此方无獐,水藩尝致自朝鲜,放之于野,是以常山有獐焉。'"(p.3a)这些均为非日本产动物的知识。卷五"象之掉也"云:"中国无象,出交广及西域。吾国享保中广南献象,记传至今。"(p.6a,图 9-5)这里所记的广南献象,是指享保十三年(1728)清商郑大威将两头大象从越南运到长崎之事。当时一头象病死,另一头由陆路走到江户,经过京都时还被安排觐见天皇。沿途参观者无数,成为轰动一时的特大新闻,是反映了江户锁国时代日本人对外来事物的强烈好奇心的典型事件。此外,卷七"鼍鼓逢逢"项引用平贺源内撰《物类品骘》云:"鼍龙蛮产迦阿尔埋模,形如守宫蛤蚧。(中略)在咬嚼吧暹罗洋中,害人。"图像也模仿《物类品骘》卷五《产物图绘》中刊载的《蛮产鼍龙》《蛮产蛤蚧》等插图,绘制了放置在西洋玻璃瓶中用药液保存的鳄鱼图(图 9-6、

图 9-7）。在西洋玻璃瓶中用药液浸泡的标本图是这一时期很受读者
欢迎的图像，兰学家森岛中良（1754—1810）的著作《红毛杂话》卷一也
收载一幅浸泡在药液中的"ダラーカ之图"（意为"龙之图"），并解释说
"ダラーカ"是"龙之蛮名"（图 9-8）。

图 9-6 卷七"鼍鼓逢逢"

图 9-7 《物类品骘》卷五《产物图绘》

图 9-8 森岛中良《红毛杂话》卷一

此外,《毛诗品物图考》还收录了龙、凤凰等自然界并不存在的想象中的动物。关于这些没有现实根据的图像,另一位研究《诗经》名物的日本学者茅原定(茅原虚斋)在其《诗经名物集成·例》中曾经批判道:"麟凤龟龙驺虞之属,皆应于圣人出世者,神灵而不可见,但依汉人言形状图而出之,岂为确的乎?"

(5)虽然《毛诗品物图考》的作者自称其插图是"照真写真",但是在选题和画面构图等方面都受到传统绘画题材的影响,画面中动植物的背景及画面构图等都和西方博物学动植物图谱的画法完全不同。例如,植物大多画在山川、溪流等背景之中,或者用传统绘画中折枝的画法,只选取植物的一枝(图 9-9)。虽然比传统文人画更加写实,但是与西方博物学植物图谱中将根干、枝叶、花果绘于同一画面或配以剖面图等画法完全不同,并不能完全反映植物全貌。动物图也几乎都绘有自然背景,有些构图显然结合了《诗经》的意境,也与西方动物图谱大不相同(图 9-10)。

图 9-9 卷一"葛之覃兮""采采卷耳"　　**图 9-10**　卷六"蜉蝣之羽""五月鸣蜩　如蜩如螗"

(6)从画法来看,书中插图大多为线描,构图简练,线条柔和,画面栩栩如生,富有幽默感,显示出画家在力求准确描绘动植物形状、姿态的同时,有意识地将插图画得生动活泼,富有趣味(图 9-11、图 9-12)。

图 9-11　卷五"有兔爰爰"　　　　图 9-12　卷五"羊牛下来"

第 3 节　《毛诗品物图考》成书、出版背景与 18 世纪日本社会的知识形成

在考察《毛诗品物图考》成书背景时，分析其中引用文献应该是比较有效的方法。以下，我们试将该书引书文献罗列于下，进行分析。

传（＝毛传），笺（＝郑玄笺），集传（＝朱熹《诗集传》），颜氏家训（＝北齐·颜之推《颜氏家训》），尔雅、郭璞（＝西晋·郭璞《尔雅注》），疏（＝北宋·邢昺《尔雅注疏》），说文（汉·许慎《说文解字》），罗愿、尔雅翼（＝南宋·罗愿《尔雅翼》），李时珍（＝明·李时珍《本草纲目》），陈藏器（＝唐·陈藏器《本草拾遗》），吕记（＝南宋·吕祖谦《吕氏家塾读诗记》），陈氏、陈淏子花镜（＝清·陈

溪子《花镜》),陆玑、陆疏(＝三国吴・陆玑《毛诗草木鸟兽虫鱼疏》),本草图经(＝北宋・苏颂《本草图经》),说约、顾氏(＝明・顾梦麟《四书说约》),群芳谱(＝明・王象晋《二如亭群芳谱》),江氏、四时纂要(＝唐・韩鄂《四时纂要》),郑樵、通志略(＝南宋・郑樵《通志・草木略》),典籍便览(＝明・范泓纂辑、明・范涞补注《典籍便览》),潜室陈氏(＝南宋・陈埴《潜室陈先生木钟集》),正字通(＝明・张自烈《正字通》),字汇(＝明・梅膺祚《字汇》),陆佃(＝北宋・陆佃《埤雅》),严粲、诗缉、严缉(＝南宋・严粲《诗缉》),淮南子,急就篇师古注,孔疏,毛晋(＝明・毛晋《毛诗草木鸟兽虫鱼疏广要》),稻氏(＝日・稻生宣义《诗经小识》),高启诗,松冈(＝日・松冈玄达《本草纲目记闻》),辨解(＝日・江村如圭《诗经名物辨解》),物类品骘(＝日・平贺源内《物类品骘》)

从以上引用书表可以看出,冈元凤在编撰《毛诗品物图考》时参考引用的书籍大致可以分为以下三组:

(1) 中国的经书注疏、历代《诗经》注释书及《颜氏家训》《淮南子》等古代经典。

(2) 本草书、农书、辞书及其他汉籍参考书。

(3) 日本人的《诗经》注释书及本草、博物学方面的著作。

其中引用最多的是《毛传》、朱熹《诗集传》,此外,值得注意的是,还引用了不少以唐韩鄂《四时纂要》、唐陈藏器《本草拾遗》等为代表的中国已经散佚而日本尚有存本的时令书、本草书。不过,需要特别注意的是对日本人《诗经》注释书及本草学、博物学著作的引用。其中稻生宣义(号若水,日本明历元年至正德五年,1655—1715)是江户中期儒者,同时也是医生、本草学者,江户时代重要的博物学家野吕元丈、丹羽正伯、松冈玄达等均出自其门下。他得到加贺金泽藩藩主前田纲纪的知遇,竭尽心力为其编纂了补充《本草纲目》的博物学著作《庶物类纂》,完成了其中 362 卷。松冈玄达(通称恕庵,日本宽文八年至延享三年,1668—1746)是京都出身的本草学者,正是为了希望理解《诗经》中动植物的名称而拜于稻生宣义门下学习本草学,对日本本草学的发展及德川吉宗将军的药事改革做出了贡献。江村如圭(号如亭、复所)师从松冈玄达学习本草学,其著述《诗经名物辨解》(1731)对《诗经》中出现的草木虫鱼名称及其日本名加以详细比定,该书在当时广泛流传,也是《毛诗品物图考》的重要参考书之一。此外,《物类品骘》是平贺源内对 360 种物产(他与其师田村元雄等一起从 1757 年以后举办的 5 次物产会上展示的 2 000 余种物产中选择 360 种)加上解说编纂而成的著作,第五卷《产物图绘》收录了 36 种珍品的图像。该书出版于宝历十三年(1763),比《毛诗品物图考》早 22 年。从引用情况可以窥见,该书对冈元凤的知识形成有很大影响。

通过对《毛诗品物图考》内容以及引用文献的分析可以看出,其撰著、出版背景包括来自中、日两国和西方世界的知识等多种文化元素。一方面,中国汉代以后的小学研究与《诗经》名物学研究传统、明清时代本草学的进步、清朝考证学的发展等,构成了冈元凤研究《诗经》名物的基础;另一方面,17、18 世纪以后由中国以及荷兰商人传入的西洋知识也通过稻生宣义、松冈玄达、江村如圭、平贺源内等日本人著作为冈元凤带来新的知识和思考方法。

在探讨《毛诗品物图考》的特征及其撰著、出版背景时,还有必要对该书明显不同于以前《诗经》名物研究著作的图像特征进行分析。为了理解这一点,首先需要对本书的画工以及出版情况加以考察说明。

《毛诗品物图考》是一部由京都、大阪书坊共同出版的商业出版著作。封底内页(日语称"奥付")记有出版年代及相关书坊、画工、刻工姓名,"天明五年乙巳春发/画工 浪华挹芳斋 国雄/剞劂 平安大森喜兵卫//山本长左卫门/书林 浪华大野木市兵卫//江户须原茂兵卫//浪华衢文佐//平安北村四郎兵卫",封面有"书坊 平安杏林轩/浪华五车堂同梓"(图 9-13、图 9-14)。其中"画工挹芳斋国雄"即与冈元凤同样出身于大阪的画工橘国雄。此人是当时著名画工橘守国的弟子,号挹芳斋,又号皎天斋,俗称酢屋平十郎。他善于描绘花草虫鱼,不好名利,过着隐士般的生活,在当时也不是很知名。已知作品主要是书籍插图,如《虾夷志略》二册、《绘本梅の甍》二卷、《绘本千里友》二册、《女笔芦间鹤》一册[宝历三年(1753)刻本]、《挹芳斋杂画》三卷三册[天明五年(1785)刻本]等。担任雕版的刻工京都人大森喜兵卫和山本长左卫门均擅长刊刻精密图谱,其中大森喜兵卫曾参与橘国雄老师橘守国所撰《本朝画苑》[天明二年三月(1782)刻本]的刊刻,山本长左卫门后来曾独自承担北村四郎兵卫参与出版的《五经图汇》[宽政三年(1791)刻本]、《诗仙堂志》[宽政九年(1797)刻本]。这些书籍均刊刻了他们的名字,显示出在出版过程中刻工起到了很大作用。封面的"平安杏林轩"是京都北村四郎兵卫,"浪华五车堂"即大阪书坊衢文佐(辻文佐),由此可知本书由这些书肆共同出版(日语称"相版")。杏林轩北村四郎兵卫是京都较大规模的书肆,店铺设于京都五条高仓东江入町,在出版《毛诗品物图考》前后,还出版了另外一些内容相关的书籍。如前文言及渊在宽《陆氏草木鸟兽虫鱼疏图解》四卷附录一卷就是北村四郎兵卫与江户须原屋茂兵卫合作出版的[安永八年(1779)

图9-13 《毛诗品物图考》封面

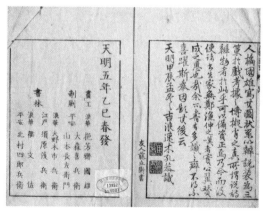

图9-14 《毛诗品物图考》封底内页

刻本]。与《毛诗品物图考》出版几乎同时的天明五年九月,北村四郎
兵卫和同在京都的书肆林喜兵卫、秋田屋藤兵卫合作出版了《通志昆
虫草木略》二卷(此书无插图,图 9-15)。此外,比这些书稍晚,还出版
过其他一些图解形式的经书研究书籍,如宽政三年(1791)刊行的松本
慎编《五经图汇》(图 9-16)、宽政八年(1796)刊行的川合春川撰《考工
记图解》四卷等。

图 9-15　和刻本《通志昆虫草木略》

图 9-16　松本慎编《五经图汇》

从以上分析可知,虽然《毛诗品物图考》与此前中、日两国出版的
《诗经》名物研究著作相比,可称独具一格的著作,但是不应当把它视
为偶然出现的特例,而应该将其理解为在一个大的出版潮流中出现的
一种出版物。该书的撰著与出版和日本江户中期以后雕版印刷及插
图本的发展是密不可分的。

一方面,明代中期以降,以《三才图会》为代表的插图本、图解类书
籍的出版盛行一时,这些中国书籍传入日本之后,在其影响之下,《和
汉三才图会》《图绘宝鉴》等被称为"和制绘入类书"(即日本人编撰的

插图本类书）及以《训蒙图汇》为代表的插图本辞书也陆续出版并逐渐
盛行。与用文字、文章进行注释相比，一目了然的图解式书籍在知识
普及中的作用和效果已经被普遍认知。另一方面，经过 17 世纪末的
菱川师宣，18 世纪的西川祐信、大冈春卜以及该书画工橘国雄的老师
橘守国等人的努力，到 18 世纪上半叶，日本雕版印刷书籍的插图雕印
技术已经发展到相当高的水准。随着印刷技术与商业出版的发达，绘
画书、插图本书籍大量出版，出现了古典作品的插图注释书，绘画与文
学作品成为一体的俳书，以绘画为主体的物语、小说等各种不同水平、
不同种类、不同内容的带图书籍（图 9-17、图 9-18）。

图 9-17　菱川师宣《花鸟绘づくし》　　　**图 9-18**　西川祐信《绘本花红叶》

　　《毛诗品物图考》画工橘国雄的师傅橘守国是狩野派画师，一生参
与了 20 余种绘本等书籍的制作。其中著名的有《唐土训蒙图汇》［平
住周道著，享保四年（1719）］14 卷序卷 1 卷目录 1 卷 15 册、《扶桑画
谱》［内藤道有编，享保二十年（1735）刻本］5 卷 5 册，自画作《绘本故事
谈》、《绘本写宝袋》（1720）9 卷 10 册、《绘本通宝志》（1729）9 卷 10 册、
《绘本莺宿梅》［元文五年（1740）刻本］7 卷 7 册等，通过出版物将狩野
派的画法公开于众。①《毛诗品物图考》中一部分插图与《绘本写宝袋》
《绘本莺宿梅》构图类似，这既可以解释为画师师徒之间的技法传承，

---

① 　关于橘守国的研究，可参看浅野秀刚《橘守国とその門流》（上、中、下）《浮世绘艺术》通卷
　　82—84，1984.12、1985.3、1985.7），第 24—26 页、第 13—17 页、第 11—15 页。

也让我们感觉到这些书籍是在同样一种文化环境中出现的。

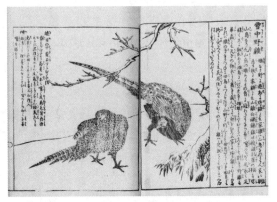

图 9-19　《毛诗品物图考》　　　图 9-20　《绘本莺宿梅》卷四花鸟木之部"雪中野雉"
　　　　　卷四"雄雉于飞"

　　《毛诗品物图考》在刊行当时就很受欢迎,其后多次印刷。下面的图版就是其中的一种后印本(图 9-21、9-22)。此外,该书在清末传入中国,受到中国读者的欢迎,其版片也被卖到中国,在清末曾有去掉汉

图 9-21　《毛诗品物图考》后印本封面　　图 9-22　《毛诗品物图考》后印本刊记

字旁边标注的日本名称以及返点、送假名等符号之后用中国纸张印刷的印本。此外,清末到民国时期,还曾经出版过几种石印本。①直到近年还有排印本、线装影印本等方式出版,可见该书旺盛的生命力。

　　从以上考察可以看到,《毛诗品物图考》的撰著与出版背景中的确包含了多种多样的文化要素。在接受、继承汉代以后经学、小学、名物学研究传统以及明清博物学、本草学、考证学影响的同时,融入了通过各种渠道传入日本的西方知识。此外,江户中期以后商业出版的繁荣、插图本印刷技术的成熟和有学习研究中国古典需求的读者层的形成,则为该书以及同类带图本经学著作的出版流通提供了文化环境。《毛诗品物图考》这部雅俗共赏的著作正是在这样具有多种养分的土壤中发芽、开花,成为既具有日本特色也为中国读者喜爱的《诗经》学百花园中的一朵清馨的小花。《毛诗品物图考》问世之后不断印刷、广泛流通传播的事实说明,这种在多元化文化要素的多层次影响下形成的知识形态,实际上也可以被视为 18 世纪以后日本社会新的知识形成的典型事例。

　　此外值得注意的是,与受到西方博物学影响出现的动植物图谱相比,《毛诗品物图考》虽然吸收了一部分外来知识,但是其图像的画法应该说仍然是东方式的。该书并非如西方博物图谱那样将动植物与周围环境分离开来作为标本绘制,而是将其与生长的自然环境一起描画,在揭示动植物形态的同时,注意表现植物、动物的生动活泼的姿态,在给读者以新鲜印象的同时,仍保留有日本与中国读者容易接受的传统表现手法。本书问世之后不断再版,畅销不衰,这一特点应该也是其广受欢迎的原因之一。

　　总之,从《毛诗品物图考》长期以来在中、日两国广泛流传这一事实来看,在考察 18 世纪以后日本社会知识形成的时候,不能仅仅将其视为接受西方知识体系的一个阶段,而有必要将其作为在多元文化要素接触、融合中产生的新的知识形态,予以重新评价。

---

① 　关于《毛诗品物图考》传入中国的情况及其在清末民国时期的影响,笔者拟另外撰文考察。

298

拓展阅读

意在更深入了解内容的文献导览

·

高田佳代子

16—18 世纪西学东渐的文献体量庞大,单其文献索引就有几册书籍的篇幅。幸运的是,关于 2000 年以前的史料和研究著作,钟鸣旦编著的《手册》①进行了全面的整理。因此本文献导览基本避开了《手册》中已收录的 2000 年以前的文献,重点搜集 2001 年以后的文献。至于文献导览中 2000 年以前的内容,集中收录了本书各章中所列举的文献和《手册》中整理得相对不够完全的日韩文献。

浅見雅一「アントニオ・デ・ゴヴェアの中国史研究について」『史学』68(3/4), 1999.
鮎沢信太郎『日本文化史上における利瑪竇の世界地図』, 東京：竜文書局, 1941.
鮎沢信太郎「マテオ・リッチの世界図に関する史的研究」『横浜市立大学紀要』18, 1953.
安大玉『明末西洋科学東伝史──『天学初函』器編の研究』, 東京：知泉書館, 2007.
今井湊「乾坤体義雑考」, 藪内清・吉田光邦編『明清時代の科学技術史』, 京都：京都大学人文科学研究所, 1970.
井川義次「ヨーロッパ人による「孝」の解釈」『大久保隆郎教授退官紀念論集──漢意とは何か』, 東京：東方書店, 2001.
井川義次・安次嶺勲「十七世紀イエズス会士の伝える仏教情報──仏教側の視点からのアプローチ」『人間科学』18, 2006.
井川義次『宋学の西遷──近代啓蒙への道』, 京都：人文書院, 2009.
石井剛『戴震と中国近代哲学──漢学から哲学へ』, 東京：知泉書館, 2014.
石田幹之助『欧米・ロシア・日本における中国研究』, 東京：科学書院, 1997(『欧人の支那研究』, 東京：共立社書店, 1932 および『欧米に於ける支那研究』, 東京：創元社, 1942 年の復刊).
彌永信美『幻想の東洋──オリエンタリズムの系譜』, 東京：青土社, 1987.
上原久「満洲文『欽定骼体全録』について(1)」『科学医学資料研究』107, 1983.
上原久「満洲文『欽定骼体全録』について(2)」『科学医学資料研究』109, 1983.

① Nicolas Standaert(ed.), *Handbook of Christianity in China*, v.1：635-1800, Leiden, Boston：Brill, 2000.

海野一隆『東西地図文化交渉史研究』，大阪：清文堂，2003.

江上波夫・高田時雄編『東洋学の系譜』，東京：大修館書店，1992-1996.

岡美穂子『商人と宣教師——南蛮貿易の世界』，東京：東京大学出版会，2010.

岡崎勝世『聖書 vs. 世界史——キリスト教的歴史観とは何か』，東京：講談社，1996.

岡崎勝世『キリスト教的世界史から科学的世界史へ——ドイツ啓蒙主義歴史学研究』，
　　　東京：勁草書房，2000.

岡崎勝世『世界史とヨーロッパ——ヘロドトスからウォーラーステインまで』，東京：
　　　講談社，2003.

岡崎勝世『科学 vs. キリスト教——世界史の転換』，東京：講談社，2013.

岡田英弘『康熙帝の手紙』，東京：藤原書店，2013.

岡本さえ「「気」：中西思想交流の一争点」『東洋文化』67，1987.

岡本さえ『清代禁書の研究』，東京：東京大学出版会，1996.

岡本さえ『近世中国の比較思想』，東京：東京大学出版会，2000.

岡本さえ『イエズス会と中国知識人』，東京：山川出版社，2008.

小川晴久「丁茶山の経学解釈とキリスト教」『中国——社会と文化』4，1989.

尾原悟編著『イエズス会日本コレジョの講義要綱 I』，東京：教文館，1997.

河内良弘・趙展「天理図書館蔵満文書籍目録」『ビブリア』84，1985.

河内良弘・清瀬義三郎則府『満洲語文語入門』，京都：京都大学学術出版会，2002.

河内良弘『満洲語辞典』，京都：松香堂書店，2014.

川原秀城「中国の数学」，伊東俊太郎編『中世の数学』，東京：共立出版，1987.

川原秀城「中国の無限小解析——円関数の級数展開をめぐって」，山田慶兒編『中国古
　　　代科学史論』，京都：京都大学人文科学研究所，1989.

川原秀城「戴震と西洋暦算学」『中国思想史研究』12，1989.

川原秀城「律呂正義続編について——西洋楽典の東漸」『中国研究集刊』9，1990.

川原秀城「清朝中期の学と暦算の学」，山田慶兒・田中淡編『中国古代科学史論　続篇』，
　　　京都：京都大学人文科学研究所，1991.

川原秀城『中国の科学思想——両漢天学孝』，東京：創文社，1996.

川原秀城「星湖心学——朝鮮王朝の四端七情理気の弁とアリストテレスの心論」『日本
　　　中国学会報』56，2004.

川原秀城『朝鮮数学史——朱子学的な展開とその終焉』，東京：東京大学出版会，2010.

姜在彦『西洋と朝鮮——その異文化格闘の歴史』，東京：文藝春秋，1994.

姜在彦『朝鮮の西学史』，東京：明石書店，1996.

岸本美緒『東アジアの「近世」』，東京：山川出版社，1998.

岸本美緒『明清交替と江南社会——17 世紀中国の秩序問題』，東京：東京大学出版会，
　　　1999.

木下鉄矢「戴震と皖派の学術」『東洋史研究』45(3)，1986.

木下鉄矢『「清朝考証学」とその時代』，東京：創文社，1996.

黒田源次「『欽定各体全録』(康熙帝と西洋医学)」『日本医史学雑誌』1318，1943.

後藤末雄『中国思想のフランス西漸』全2巻，東京：平凡社，1969（初版は『支那思想のフランス西漸』，東京：第一書房，1933）.

後藤基巳『明清思想とキリスト教』，東京：研文出版，1979.

小西鮎子「モンテスキューと中国──その関心の変遷」『東洋文化研究所紀要』96，1984.

小西鮎子「17世紀後半，ヨーロッパに紹介された中国の年代記をめぐって」『東洋文化』67，1987.

近藤光男『清朝考証学の研究』，東京：研文出版，1987.

佐伯好郎『支那基督教の研究』全5巻，東京：名著普及会，1979（1943初版の復刻版）.

坂井建雄『人体観の歴史』，東京：岩波書店，2008.

柴田篤「明末天主教思想研究序説──『西学凡』の天学概念をめぐって」『福岡教育大学紀要』35，1986.

柴田篤「楊廷筠の思想形成に関する一考察──明末一天主教徒の人間観」『中国哲学論集』12，1986.

柴田篤「明末天主教の霊魂観──中国思想との対話をめぐって」『東方学』76，1988.

柴田篤「首善書院の光と陰」『哲学年報』49，1990.

柴田篤「『天主実義』の成立」『哲学年報』51，1992.

柴田篤「天主教と朱子学──『天主実義』第二篇を中心にして」『哲学年報』52，1993.

柴田篤「明清天主教における十誡──「愛天主・愛人」の概念を通して」『中国哲学論集』22，1996.

柴田篤「中・西の対話を支えるもの──明末天主教思想をめぐって」『九州中国学会報』40，2002.

柴田篤「『天主実義』の出版」『哲学年報』63，2004.

柴田篤「『畸人十篇』研究序説」『哲学年報』65，2006.

柴田篤「『畸人十篇』の研究──第一篇・第二篇訳注」『哲学年報』68，2009.

柴田篤「『畸人十篇』の研究（二）──第三篇・第四篇訳注稿」『哲学年報』71，2012.

杉本良男「所謂典礼問題に就て」，杉本良男編『キリスト教と文明化の人類学的研究』，吹田：人間文化研究機構国立民族学博物館，2006.

全相運『韓国科学技術史』，東京：高麗書林，1978.

高瀬弘一郎『キリシタンの世紀──ザビエル渡日から「鎖国」まで』，東京：岩波書店，1993.

高田佳代子・新居洋子「アレーニ西学凡訳注」『朝鮮思想と中国・ヨーロッパ──東アジア海域交流の中で』（平成17年度〜21年度科学特定領域研究研究費補助金研究成果報告書），2010.

高橋裕史『イエズス会の世界戦略』，東京：講談社，2006.

武田科学振興財団編『杏雨書屋蔵書目録』，京都：臨川書店，1982.

武田雅哉『蒼頡たちの宴──漢字の神話とユートピア』，東京：筑摩書房，1994.

田中淡編『中国技術史の研究』，京都：京都大学人文科学研究所，1998.

陳捷『明治前期日中学術交流の研究』，東京：汲古書院，2003.

津曲敏郎『満洲語入門 20 講』，東京：大学書林，2002.

寺村政男『東アジアにおける言語接触の研究』，東京：竹林舎，2008.

中川久定・J. シュローバハ編『十八世紀における他者のイメージ：アジアの側から，そしてヨーロッパの側から』，名古屋：河合文化教育研究所，2006.

中砂明徳『江南──中国文雅の源流』，東京：講談社，2002.

中砂明徳「イエズス会士フランチェスコ・サンビアシの旅」『アジア史学論集』3，2010.

中砂明徳「イエズス会の極東関係史料」『東アジア書誌学への招待』2，東京：東方書店，2010.

中砂明徳『中国近世の福建人──士大夫と出版人』，名古屋：名古屋大学出版会，2012.

中砂明徳「マカオ・メキシコから見た華夷変態」『京都大学文学部研究紀要』52，2013.

中山茂「消長法の研究」(1)-(3)『科学史研究』66-69，1963-64.

新居洋子「十八世紀におけるイエズス会士アミオと中国音楽」『中国──社会と文化』22，2007.

橋本敬造「梅文鼎の数学研究」『東洋学報』44，1973.

橋本敬造「『崇禎暦書』の成立と「科学革命」」『関西大学社会学部紀要』12(2)，1981.

橋本敬造「清朝・康熙帝下のフランス科学──『暦法問答』にみえる地半径差と清蒙気差」『関西大学東西学術研究所紀要』31，1998.

橋本敬造「天学と西学─典礼問題の初期的展開」『アジア文化交流研究』1，2006.

橋本敬造「西法批判のなかの天学──康熙初年の暦獄を中心として」『関西大学東西学術研究』40，2007.

橋本敬造『稿本　傅聖澤撰　暦法問答』，吹田：関西大学出版部，2011.

橋本万平『日本の時刻制度』，東京：塙書房，1966.

羽根次郎「啓蒙思想期以降のヨーロッパにおける南台湾記述と「南東台湾」の発見について」『日本台湾学会報』12，2010.

羽田明「研究ノートから──『格体全録』残巻」『内陸アジア史研究』3，1986.

羽田亨編『満和辞典』，京都：京都帝国大学満蒙調査会，1937.

早田輝洋『満文金瓶梅訳注　序─第十回』，東京：第一書房，1998.

早田輝洋「満文金瓶梅訳注　第十一回─第十五回」『語学教育フォーラム』4，2000.

平川祐弘『マッテオ・リッチ伝』1-3，東京：平凡社，1969-1997.

馮錦栄「中国知識人の西洋測量学研究──明末から清末における」『西洋近代文明と中華世界』，京都：京都大学学術出版会，2001.

深澤助雄「『名理探』の訳業について」『中国──社会と文化』1，1985.

福井文雅『欧米の東洋学と比較論』，東京：隆文館，1989.

福島仁「ヨーロッパ人による最初の理気論──西洋の神と朱子学の理」『中国──社会と文化』4，1989.

福島仁「『中国人の宗教の諸問題』訳注」上・中・下，『名古屋大学文学部研究論集』102・『名古屋大学文学部研究論集(哲学)』24・25，1988-1990.

藤原松三郎『日本数学史要』，東京：宝文館，1952.

堀池信夫『中国哲学とヨーロッパの哲学者』，東京：明治書院，1996-2002.

堀池信夫編『知のユーラシア』1，東京：明治書院，2013.

宮島一彦「アストロラーベについて」『科学史研究』II(14)，1975.

宮島一彦「昔の天文儀器」，中山茂編『現代天文学講座15：天文学史』，東京：恒星社
　　厚生閣，1987.

矢沢利彦『東西文化交渉史』，東京：中村出版社，1957.

矢沢利彦『中国とキリスト教——典礼問題』，東京：近藤出版社，1972.

矢沢利彦『北京四天主堂物語——もう一つの北京案内記』，東京：平河出版社，1987.

矢沢利彦『西洋人の見た十六～十八世紀の中国女性』，東京：東方書店，1990.

矢沢利彦『西洋人の見た中国皇帝』，東京：東方書店，1992.

矢沢利彦『西洋人の見た十六～十八世紀の中国官僚』，東京：東方書店，1993.

藪内清『支那の天文学』，東京：恒星社厚生閣，1943.

藪内清・吉田光邦編『明清時代の科学技術史』，京都：京都大学人文科学研究所，1970.

藪内清『中国の科学文明』，東京：岩波書店，1970.

藪内清『中国の天文暦法』，東京：平凡社，増補改訂版，1990.

山田慶兒『科学と技術の近代』，東京：朝日新聞社，1982.

山田慶兒編『中国古代科学史論』，京都：京都大学人文科学研究所，1989.

山田慶兒・田中淡編『中国古代科学史論　続篇』，京都：京都大学人文科学研究所，
　　1991.

吉田忠・李廷挙編『日中文化交流史叢書8　科学技術』，東京：大修館書店，1998.

渡辺純成「満洲語のユークリッド——東洋文庫所蔵の満文『算法原本』について」『満
　　族史研究』3，2004.

渡辺純成「満洲語医学書『格体全録』について」『満族史研究』4，2005.

渡辺純成「満洲語医学文献雑考」『満族史研究』6，2007.

渡辺純成「清代の西洋科学受容」『別冊『環』⑯　清朝とは何か』，東京：藤原書店，
　　2009.

渡辺純成「満洲語思想・科学文献からみる訓読論」，中村春作・市來津由彦・田尻祐一
　　郎・前田勉編『続「訓読」論——東アジア漢文世界の形成』，東京：勉誠出版，
　　2010.

渡辺純成「『満文天主実義』の言語の特徴と成立年代について」『水門——言葉と歴史』
　　25，2013.

渡辺純成「多言語世界の中国」，中村春作編・小島毅監修『東アジア海域に漕ぎだす5
　　——訓読から見なおす東アジア』，東京：東京大学出版会，2014.

渡辺純成「満洲人の北京——近世東アジアにおける西欧科学導入の管制塔」，静永健
　　編・小島毅監修『東アジア海域に漕ぎだす6——海がはぐくむ日本文化』，東京：
　　東京大学出版会，2014.

금장태, 『동서교섭과 근대한국사상』, 서울 : 한국학술정보, 2005.

김상근, 「마테오 리치의 『天主実義』에 나타난 16 세기 후반 예수회 대학의 교과과정과
　　예수회 토미즘(Jesuit Thomism)의 영향」, 『한국기독교신학논총』 제 40 집, 2005.

민두기, 「중체서용론고」, 『중국의 전통과 근대』, 평민서당, 1979.

박성래, 「서세동점과 동도서기」, 『과학사상』 1998 여름호.

송영배 외, 『한국 실학과 동아시아 세계』, 수원 : 경기문화재단, 2004.

송영배, 「마테오 리치의 『곤여만국전도』 와 중국인들의 반응」, 『문화역사지리』 제 24
　　권 제 2 호, 2012.

송일기, 윤주영, 「중국본 서학서의 한국 전래에 관한 문헌적 고찰」 『서지학연구』 제
　　15 집, 1998.

안대옥, 「마테오 리치(利瑪竇)와 補儒論」, 『동양사학연구』 제 106 집, 2009.

안대옥, 「『周髀算経』 과 西学中源説」, 『한국실학연구』 제 18 호, 2009.

안대옥, 「마테오 리치와 普遍主義」, 『明清史研究』 제 34 집, 2010.

안대옥, 「清代 前期 西学 受容의 형식과 외연」, 『중국사연구』 제 65 집, 2010.

이용주, 「동아시아의 문화론 : '中体西用' 문화론의 형성」, 『인간연구』 11, 2006.

임종태, 『17, 18 세기 중국과 조선의 서구 지리학 이해』, 서울 : 창비, 2012.

崔韶子, 『東西文化交流史研究—明清時代 西学受容』, 서울 : 三英社, 1987.

홍영희, 「朝鮮 算学과 数理精蘊」, 『한국수학사학회지』 제 19 권, 제 2 호, 2006.

艾儒略.职方外纪校释[M].谢方,校释.北京:中华书局,1996.

艾儒略.艾儒略汉文著述全集(全 2 册)[M].叶农,整理.桂林:广西师范大学出版
　　社,2011.

安大玉.明末平仪(Planispheric Astrolabe)在中国的传播[J].自然科学史研究,2002,
　　21(4).

北京市民族古籍整理出版规划小组办公室满文编辑部,编.北京地区满文图书总目
　　[M].沈阳:辽宁民族出版社,2008.

曹增友.传教士与中国科学[M].北京:宗教文化出版社,1999.

陈捷.人物往来与书籍流转[M].北京:中华书局,2012.

陈美东.中国科学技术史·天文学卷[M].北京:科学出版社,2003.

陈美东,陈晖.明末清初西方地圆说在中国的传播与反响[J].中国科技史料,2000,
　　21(1).

陈卫平.第一页与胚胎——明清之际的中西文化比较[M].上海:上海人民出版
　　社,1992.

陈垣.陈垣学术论文集(第一集)[M].北京:中华书局,1980.

陈垣.陈垣学术论文集(第二集)[M].北京:中华书局,1982.

陈遵妫.中国天文学史(第一册)[M].上海:上海人民出版社,1980.

陈遵妫.中国天文学史(第二册)[M].崔振华,校订.上海:上海人民出版社,1982.

陈遵妫.中国天文学史(第三册)[M].崔振华,校订.上海:上海人民出版社,1984.

陈遵妫.中国天文学史(第四册)[M].崔振华,湛穗丰,校订.上海:上海人民出版社,1989.

川原秀城.《律历渊源》与河图洛书[M]//刘钝,等,编.科史薪传.沈阳:辽宁教育出版社,1997.

川原秀城.梅文鼎与东亚[J].宗教哲学,2008,45.

存萃学社,编.利玛窦研究论集[M].香港:嵩文书店,1971.

邓可卉.《历学会通》中的数学与天文学:兼与《崇祯历书》的比较[M]//马来平,主编.中西文化会通的先驱:"全国首届薛凤祚学术思想研讨会"论文集.济南:齐鲁书社,2011.

杜石然,等,编著.中国科学技术史稿(上下)[M].北京:科学出版社,1982.

    杜石然,等,编著.中国科学技术史(上下)[M].川原秀城,译.东京:东京大学出版会,1997.

樊洪业.耶稣会士与中国科学[M].北京:中国人民大学出版社,1992.

方豪.中国天主教史论丛·甲集[M].上海:商务印书馆,1947.

方豪.李之藻研究.台北:学生书局,1966.

方豪.方豪六十自定稿[M].台北:学生书局,1969.

方豪.中国天主教史人物传(1—3)[M].香港:香港公教真理学会,1970-1973.

方豪.中西交通史[M].台北:文化大学出版社,1983.

冯锦荣.明末清初士大夫对《崇祯历书》之研究[J].明清史集刊,1997,3.

冯锦荣.乾嘉时期考据学与历算研究的一些问题[M]//林庆彰,张寿安.乾嘉学者的义理学.台北:台湾"中央研究院"中国文哲研究所,2003.

冯文慈.中外音乐交流史[M].湖南:湖南教育出版社,1998.

耿昇.遣使会传教士在华活动考述[J].中西文化研究,2008,20.

顾长声.传教士与近代中国[M].上海:上海人民出版社,1981.

关雪玲.清代宫廷医学与医学文物[M].北京:紫禁城出版社,2008.

韩琦.传教士的科学输入:数学的输入[M]//董光璧,主编.中国近现代科学技术史.长沙:湖南教育出版社,1997.

韩琦.中国科学技术的西传及其影响[M].石家庄:河北人民出版社,1999.

韩琦.康熙时代的数学教育及其社会背景[M]//《法国汉学》丛书编辑委员会,编.法国汉学(第八辑).北京:中华书局,2003.

韩琦.西方数学的传入和乾嘉时期古算的复兴:以借根方的传入和天元术研究的关系为例[M]//祝平一,主编.中国史新论:科技与中国社会分册.台北:联经出版公司,2010.

韩琦,詹嘉玲.康熙时代西方数学在宫廷的传播——以安多和《算法纂要总纲》的编纂为例[J].自然科学史研究,2003,22(2).

韩思艺.《七克》思想研究[M]//赵建敏,主编.天主教研究论辑(第8辑2011).北京:宗教文化出版社,2011.

何丙郁,赵令扬,编.明实录中之天文资料(上下)[M].香港:香港大学中文系,1986.

何俊.西学与晚明思想的裂变[M].上海:上海人民出版社,1998.

洪力行.钱德明的《圣乐经谱》——本地化策略下的明清天主教圣乐[J]."中央大学"人文学报,2011,45.

洪力行.重读吴历《天乐正音谱》——以《称颂圣母乐章》为例[J].基督教文化学刊,2013,29.

洪力行.十七、十八世纪中国天主教圣乐相关文献初探[J].哲学与文化,2013,40(1).

侯乐.简析《名理探》与《穷理学》中的逻辑学术语[M]//赵建敏,主编.天主教研究论辑(第8辑2011).北京:宗教文化出版社,2011.

胡适.戴东原的哲学[M]//姜义华,主编.胡适学术文集·中国哲学史.北京:中华书局,1991.

胡增益,主编.新满汉大词典[M].乌鲁木齐:新疆人民出版社,1994.

黄爱平,黄兴涛,主编.西学与清代文化[M].北京:中华书局,2008.

黄润华,屈六生,主编.全国满文图书资料联合目录[M].北京:书目文献出版社,1991.

黄时鉴,龚缨晏.利玛窦世界地图研究[M].上海:上海古籍出版社,2004.

黄一农.康熙朝涉及"历狱"的天主教中文著述考[J].书目季刊,1991,25(1).

黄一农.清初钦天监中各民族天文家的权力起伏[J].新史学,1991,2(2).

黄一农.社会天文学史十讲[M].上海:复旦大学出版社,2004.

黄一农.两头蛇:明末清初的第一代天主教徒[M].上海:上海古籍出版社,2006.

黄正谦.西学东渐之序章——明末清初耶稣会史新论[M].香港:中华书局,2010.

黄正谦.耶稣会士范安(1539—1606)及其适应政策新考[J]. *Journal of Oriental Studies*,2011,44(1-2).

黄正谦.东海西海"心""理"相通——中西文化比较通释[M].香港:中华书局,2012.

江藩.国朝汉学师承记[M].1818.

　　江藩.国朝汉学师承记(上中下)[M].近藤光男,译注.东京:明治书院,2001.

江文汉.明清间在华的天主教耶稣会士[M].上海:知识出版社,1987.

江晓原.天学外史[M].上海:上海人民出版社,1999.

江晓原,钮卫星.天文西学东渐集[M].上海:上海书店出版社,2001.

江晓原,钮卫星.中国天学史[M].上海:上海人民出版社,2005.

靖玉树,编勘.中国历代算学集成(上中下)[M].济南:山东人民出版社,1994.

李迪,编著.中国数学史简编[M].沈阳:辽宁人民出版社,1984.

李兰琴.汤若望传[M].北京:东方出版社,1995.

李奭学.中国晚明与欧洲文学——明末耶稣会古典型证道故事考诠[M].北京:生活·读书·新知三联书店,2010.

李奭学.译述——明末耶稣会翻译文学论[M].香港:香港中文大学出版社,2012.

李天纲.跨文化的诠释:经学与神学的相遇[M].北京:新星出版社,2007.

李天纲,编注.明末天主教三柱石文笺注:徐光启、李之藻、杨廷筠论教文集[M].香港:道风书社,2007.

李亚宁.明清之际的科学、文化与社会——十七、十八世纪中西文化关系引论[M].成都:四川大学出版社,1992.

李志军.西学东渐与明清实学[M].成都:巴蜀书社,2004.

利玛窦.天主实义[M].1604.

利玛窦.天主实义[M].后藤基巳,译.东京:明德出版社,1971.

利玛窦.天主实义[M].柴田笃,译注.东京:平凡社,2004.

梁家勉,编著.徐光启年谱[M].上海:上海古籍出版社,1981.

梁启超.清代学术概论[M].上海:商务印书馆,1921.

梁启超.清代学术概论[M].小野和子,译注.东京:平凡社,1974.

梁启超.中国近三百年学术史[M].上海:上海民志书店,1926.

梁启超.饮冰室合集(全12册)[M].北京:中华书局,1989.

廖肇亨.中边、诗禅、梦戏:明清禅林文化论述的呈现与开展[M].台北:允晨出版社,2008.

廖肇亨.忠义菩提:晚明清初空门遗民及其节义论述探析[M].台北:台湾"中央研究院"中国文哲研究所,2013.

林广志,夏泉,林发钦,主编.西学与汉学——中外交流史及澳门史论集[M].上海:上海古籍出版社,2009.

林金水.利玛窦与中国[M].北京:中国社会科学出版社,1996.

林中泽.晚明中西性伦理的相遇:以利玛窦《天主实义》和庞迪我《七克》为中心[M].广州:广东教育出版社,2003.

刘钝.郭守敬的《授时历草》和天球投影二视图[J].自然科学史研究,1982,1(4).

刘钝.李锐与笛卡儿符号法则[J].自然科学史研究,1989,8(2).

刘钝.梅文鼎在几何学领域中的若干贡献[M]//梅荣照,主编.明清数学史论文集.南京:江苏教育出版社,1990.

刘钝.访台所见数学珍籍[J].中国科技史料,1995,16(4).

刘钝.《数理精蕴》中《几何原本》的底本问题[M]//莫德,朱恩宽,主编.欧几里得几何原本研究论文集.海拉尔:内蒙古文化出版社,1995.

刘潞,主编.清宫西洋仪器[M].香港:商务印书馆(香港分馆),1998.

龙云.论传教士钱德明对中国音乐的接受[M]//赵进军,主编.外交学院2008年科学周论文集.北京:世界知识出版社,2009.

龙云.从钱德明与中国音乐的关系看其文化身份的变化[M]//刘树森,编.基督教在中国——比较研究视角下的近现代中西文化交流.上海:上海人民出版社,2010.

罗光.徐光启传[M].台北:传记文学出版社,1982.

罗光.利玛窦传[M].台北:学生书局,1983.

马来平,主编.中西文化会通的先驱:"全国首届薛凤祚学术思想研讨会"论文集[M].济南:齐鲁书社,2011.

梅荣照,主编.明清数学史论文集[M].南京:江苏教育出版社,1990.

孟华.伏尔泰与孔子[M].北京:新华出版社,1993.

明晓艳,魏扬波,主编.历史遗踪——正福寺天主教墓地[M].北京:文物出版社,2007.

潘凤娟.西来孔子艾儒略——更新变化的宗教会遇[M].台北:橄榄基金会,2002.

潘凤娟.皇帝的孝道——法籍耶稣会士韩国英译介《御制定孝经衍义》初探[J].汉语基督教学术论评,2009,8.

潘凤娟.孝道、帝国文献与翻译——法籍耶稣会士韩国英与《孝经》[J].编译论丛,2012,5(1).

潘鼐,主编.彩图本中国古天文仪器史[M].太原:山西教育出版社,2005.

戚印平.澳门圣保禄学院研究——兼谈耶稣会在东方的教育机构[M].北京:社会科学文献出版社,2013.

钱宝琮,主编.中国数学史[M].北京:科学出版社,1981.

钱宝琮,主编.中国数学史[M].川原秀城,译.东京:みすず书房,1990.

钱宝琮.盖天说源流考[M]//李俨钱宝琮科学史全集(9).沈阳:辽宁教育出版社,1998.

任继愈,主编.中国科学技术典籍通汇·数学卷1—5[M].开封:河南教育出版社,1993.

上海市文物保管委员会,主编.徐光启著译集[M].上海:上海古籍出版社,1983.

尚智丛.传教士与西学东渐[M].太原:山西教育出版社,2000.

尚智丛.明末清初(1582—1687)的格物穷理之学——中国科学发展的前近代形态[M].成都:四川教育出版社,2003.

沈定平.明清之际中西文化交流史——明代:调适与会通[M].北京:商务印书馆,2001.

沈福伟.中西文化交流史[M].上海:上海人民出版社,1985.

石云里.《寰有诠》及其影响[M]//《中国天文学史文集》编辑组.中国天文学史文集(第六集).北京:科学出版社,1994.

孙琥瑭."天学"与"儒学"——从《七克》看中西宗教文化的求同存异[M]//赵建敏,主编.天主教研究论辑(第9辑2012).北京:宗教文化出版社,2012.

孙尚扬.利玛窦与徐光启[M].汤一介,审定.北京:新华出版社,1993.

孙尚扬.基督教与明末儒学[M].北京:东方出版社,1994.

孙尚扬,刘宗坤.基督教哲学在中国[M].北京:首都师范大学出版社,2002.

孙尚扬.明末天主教与儒学的互动——一种思想史的视角[M].北京:宗教文化出版社,2013.

"台北故宫博物院",编.宫中档康熙朝奏折(第8—9辑)[M].台北:"台北故宫博物院",1977.

汤开建.明清之际西洋音乐在中国内地传播考略[J].故宫博物院院刊,2003,2.

汤开建.明清天主教史论稿初编——从澳门出发[M].澳门:澳门大学,2012.

陶亚兵.中西音乐交流史稿[M].北京:中国大百科全书出版社,1994.

陶亚兵.明清间的中西音乐交流[M].北京:东方出版社,2001.

田淼.中国数学的西化历程[M].济南:山东教育出版社,2005.

王冰.《律吕纂要》之研究[J].故宫博物院院刊,2002,102.

王宁,钱林森,马树德.中国文化对欧洲的影响[M].石家庄:河北人民出版社,1999.

王萍.西方历算学之输入[M].台北:台湾"中央研究院"近代史研究所,1966.

王硕丰,张西平.浅谈《圣经直解》在译介中的儒家色彩[M]//赵建敏,主编.天主教研究论辑(第8辑 2011).北京:宗教文化出版社,2011.

吴伯娅.康雍乾三帝与西学东渐[M].北京:宗教文化出版社,2002.

吴伯娅.从新出版的清代档案看天主教传华史[J].清史论丛,2005.

吴莉苇.当诺亚方舟遭遇伏羲神农——启蒙时代欧洲的中国上古史论争[M].北京:中国人民大学出版社,2005.

吴文俊,主编.中国数学史大系(第7卷):明末到清中期[M].北京:北京师范大学出版社,2000.

吴相湘,主编.天学初函[M].台北:学生书局,1965.

吴相湘,主编.天主教东传文献[M].台北:学生书局,1965.

吴相湘,主编.天主教东传文献续编(全3册)[M].台北:学生书局,1966.

吴相湘,主编.天主教东传文献三编(全6册)[M].台北:学生书局,1972.

伍昆明.早期传教士进藏活动史[M].北京:中国藏学出版社,1992.

席泽宗,吴德铎,主编.徐光启研究论文集[M].上海:学林出版社,1986.

熊月之.西学东渐与晚清社会(修订版)[M].北京:中国人民大学出版社,2011.

徐光启,编纂.崇祯历书——附西洋新法历书增刊十种[M].潘鼐,汇编.上海:上海古籍出版社,2009.

徐光台.利玛窦《天主实义》中的格物穷理[J].清华学报,1998,28(1).

徐光台.明末中西士人在"理"问题上的遭遇——以利玛窦为先驱[J].九州学林,2004,4.

徐海松.清初士人与西学[M].北京:东方出版社,2000.

徐汇区文化局,编.徐光启与《几何原本》[M].上海:上海交通大学出版社,2011.

徐志虎.17—18世纪朝鲜儒学家对利玛窦《天主实义》的理解和批评[M]//赵建敏,主编.天主教研究论辑(第7辑 2010).北京:宗教文化出版社,2010.

徐宗泽,编著.明清间耶稣会士译著提要[M].北京:中华书局,1949.

杨靖筠.北京天主教史[M].北京:宗教文化出版社,2009.

于永敏.中国满文医学译著考述[J].满族研究,1993,2.

余三乐.早期西方传教士与北京[M].北京:北京出版社,2001.

詹嘉玲.是"在中国的欧洲科学"还是"西学"?:17世纪至18世纪末跨文化的交流之表述[M]//《法国汉学》丛书编辑委员会,编.法国汉学(第六辑).北京:中华书局,2002.

詹嘉玲.清代初期与中期的数学教育[M]//《法国汉学》丛书编辑委员会,编.法国汉学(第八辑).北京:中华书局,2003.

张柏春.明清测天仪器之欧化:十七、十八世纪传入中国的欧洲天文仪器技术及其历史地位[M].沈阳:辽宁教育出版社,2000.

张承友,等.明末清初中外科技交流研究[M].北京:学苑出版社,1999.

张国刚,吴莉苇.启蒙时代欧洲的中国观——一个历史的巡礼与反思[M].上海:上海古籍出版社,2006.

张铠.庞迪我与中国——耶稣会"适应"策略研究[M].北京:北京图书馆出版社,1997.

张维华.明清之际中西关系简史[M].济南:齐鲁书社,1987.

张西平.传教士汉学研究[M].郑州:大象出版社,2005.

张西平.欧洲早期汉学史——中西文化交流与西方汉学的兴起[M].北京:中华书局,2009.

张先清,编.史料与视界:中文文献与中国基督教史研究[M].上海:上海人民出版社,2007.

张永堂.明末清初理学与科学关系再论[M].台北:学生书局,1994.

赵晖.西学东渐与清代前期数学[M].杭州:浙江大学出版社,2010.

赵晓阳.明末清初天主教早期圣经翻译[M]//赵建敏,主编.天主教研究论辑(第7辑 2010).北京:宗教文化出版社,2010.

中国第一历史档案馆,编.清中前期西洋天主教在华活动档案史料(全4册)[M].北京:中华书局,2003.

中国科学院中国自然科学史研究室,编.徐光启纪念论文集[M].北京:中华书局,1963.

中国科学院自然科学史研究所,编.钱宝琮科学史论文选集[M].北京:科学出版社,1983.

中国社会科学院考古研究所,编.中国古代天文文物论集[M].北京:文物出版社,1989.

中国天文学史整理研究小组,编著.中国天文学史[M].北京:科学出版社,1981.

钟鸣旦,杜鼎克,编.耶稣会罗马档案馆明清天主教文献(全12册)[M].台北:台北利氏学社,2002.

钟鸣旦,杜鼎克,蒙曦,编.法国国家图书馆明清天主教文献(全26册)[M].台北:台北利氏学社,2009.

钟鸣旦,杜鼎克,王仁芳,编.徐家汇藏书楼明清天主教文献续编[M].台北:台北利氏学社,2013.

周骈方,编校.明末清初天主教史文献丛编(全5册)[M].北京:北京图书馆出版社,2001.

周燮藩.中国的基督教[M].北京:商务印书馆,1997.

周燮藩,主编.东传福音(全25册)[M].合肥:黄山书社,2005.

周岩,编校.明末清初天主教史文献新编(全 3 册)[M].北京:国家图书馆出版社,2013.

朱谦之.中国哲学对欧洲的影响[M].福州:福建人民出版社,1985.

朱维铮,主编.利玛窦中文著译集[M].上海:复旦大学出版社,2001.

朱维铮,主编.利玛窦中文著译集[M].香港:香港城市大学出版社,2001.

祝平一.跨文化知识传播的个案研究——明末清初关于地圆说的争议,1600—1800 [J].历史语言研究所集刊,1998, 69(3).

祝平一.说地——中国人认识大地形状的故事[M].台北:三民书局,2003.

祝平一,吕妙芬,潘凤娟.以中文材料研究清代天主教史的利基何在[J].新史学,2012, 23:1.

卓新平,主编.相遇与对话——明末清初中西文化交流国际学术研讨会文集[M].北京:宗教文化出版社,2003.

App, Urs, *The Birth of Orientalism*, Philadelphia: University of Pennsylvania Press, 2010.

Bangert, William V., *A History of the Society of Jesus*, St. Louis: The Institute of Jesuits Sources, 1986.
　　邦訳:バンガート，ウィリアム『イエズス会の歴史』，東京:原書房，2004.

Bernard-Maître, Henri, *Sagesse chinoise et philosophie chrétienne: essai sur leurs relation historique*, Tientsin: Hautes études, 1935.
　　邦訳:ベルナール，アンリ(松山厚三訳)『東西思想交流史』，東京:慶応書房，1943.

Bernard-Maître, Henri, "La musique européenne en Chine", *Bulletin catholique de Pékin*, 22, 1935.

Bernard-Maître, Henri, "L'encyclopédie astronomique du Père Schall", *Monumenta Serica*, 3, 1937-1938.

Bésineau, Jacques, *Matteo Ricci. Serviteur du maître du ciel*, Paris: Desclée de Brouwer, 2003.
　　邦訳:ベジノ，ジャック(田島葉子他訳)『利瑪竇——天主の僕として生きたマテオ・リッチ』，東京:サンパウロ，2004.

Bouvet, Joachim, *Histoire de l'empereur de la Chine*, La Haye: M. Uytwerf, 1940.
　　邦訳:ブーヴェ(後藤末雄訳・矢沢利彦校注)『康熙帝伝』，東京:平凡社，1970.

Brockey, Liam Matthew, *Journey to the East: The Jesuit Mission to China, 1579-1724*, Cambridge: Harvard University Press, 2007.

Brockey, Liam Matthew, *The Visitor: André Palmeiro and the Jesuits in Asia*, Cambridge: Belknap Press of Harvard University, 2014.

Casalin, Federica(ed.), *Linguistic Exchanges between Europe, China and Japan*, Roma: Tiellemedia Editore, 2008.

Chan, Alan K. L., Clancey, Gregory K & Loy, Hui-chieh(eds.), *Historical Perspectives on East Asian Science, Technology and Medicine*, Singapore: Singapore University Press, 2001.

Chu Ping-yi, "Scientific Dispute in the Imperial Court: the 1664 Calendar Case." *Chinese Science*, 14, 1997.

Clavius, Christoph, *Opera Mathematica*, 1611-1612.

De Backer, Augustin & Aloïs, *Bibliothèque des écrivains de la Compagnie de Jésus, ou notices bibliographiques*, 7 vols., Liége: Imprimerie de L. Grandmont-Donders, 1853-1861.

Dehergne, Joseph, *Les deux Chinois de Bertin: L'enquête industrielle de 1764 et les débuts de la collaboration technique franco-chinoise*, Paris: Université de Paris, 1965.

Dehergne, Joseph, "Une grande collection: Mémoires concernant les Chinois(1776-1814)", *Bulletin de l'École française d'Extrême-Orient*, 70, 1983.

Dehergne, Joseph, *Répertoire des jésuites de Chine de 1552 à 1800*, Rome: Institutum Historicum Societatis Iesu, 1973.
荣振华.16—20 世纪入华天主教传教士列传[M].耿昇，译.桂林:广西师范大学出版社,2010.

Demiéville, Paul, "Aperçu historique des études sinologiques en France", *Acta Asiatica*, 2, 1966.

De Saussure, Leopold, "La chronologie chinoise et l'avènement des Tcheou", *T'oung pao*, 23 & 29, 1924 & 1932.

Duminuco, Vincent J., S. J.(ed.), *The Jesuit Ratio Stuidiorum*, New York: Fordham University Press, 2000.

Elisseeff-Poisle, Danielle, *Nicolas Fréret(1688-1749), Réflexions d'un humaniste du XVIIIᵉ siècle sur la Chine*, Paris: Presses Universitaires de France, 1978.

Elisseeff-Poisle, Danielle, "Chinese Influence in France, Sixteenth to Eighteenth Centuries", Thomas H. C. Lee(ed.), *China and Europe: Images and Influences in Sixteenth to Eighteenth Centuries*, Hong Kong: Chinese University Press, 1991.

Elman, Benjamin, *From Philosophy to Philology*, Cambridge, Mass.: Harvard University Press, 1984.
邦訳：エルマン，ベンジャミン（馬淵昌也他訳）『哲学から文献学へ——後期帝政中国における社会と知の変動』，東京：知泉書館，2015.

Elman, Benjamin, *On Their own Terms: Science in China, 1550-1900*, Cambridge, Mass.: Harvard University Press, 2005.

Engelfriet, Peter M., *Euclid in China*, Leiden: Brill, 1998.
安国风.欧几里得在中国:汉译《几何原本》的源流与影响[M].纪志刚，郑诚，郑方磊，译.南京:江苏人民出版社,2008.

Feingold, Mordechai(ed.), *Jesuit Science and the Republic of Letters*, Cambridge: The MIT Press, 2003.

Fontana, Michela & Metcalfe, Paul, *Matteo Ricci: A Jesuit in the Ming Court*, Lanham: Rowman and Littlefield, 2011.

Fung Kam Wing, "Christopher Clavius and Li Zhizao" Mendoza, Lértora, Célina A., Efthymios, Nicolaïdis, & Vandermissen, Jan(eds.), *The Spread of the Scientific Revolution in the European Periphery, Latin America and East Asia*, Turnhout: Brepols, 2000.

Fung Kam Wing, "Mapping The Universe: Two Planispheric Astrolabes in the Early Qing Court", Alan K. L. Chan, Gregory K. Clancey & Hui-Chieh Loy(eds.), *Historical Perspectives on East Asian Science, Technology and Medicine*, Singapore: Singapore University Press, 2001.

Gernet, Jacques, *Chine et christianisme, action et réaction*, Paris: Gallimard, 1982. 邦訳：ジェルネ，ジャック(鎌田博夫訳)『中国とキリスト教——最初の対決』，東京：法政大学出版局，1996.

Golvers, Noël, *The Astronomia Europaea of Ferdinand Verbiest, S. J.(Dillingen, 1687): Text, Translation, Notes and Commentaries*, Monumenta Serica Monograph Series, 28. Nettetal: Steyler Verlag, 1993.

Golvers, Noël, *Ferdinand Verbiest, S. J.(1623-1688) and the Chinese Heaven: The Composition of the Astronomical Corpus, its Diffusion and Reception in the European Republic of Letters*, Leuven: Leuven University Press, 2003.

Golvers, Noël & Efthymios, Nicolaïdis, *Ferdinand Verbiest and Jesuit Science in 17th century China: An Annotated Edition and Translation of the Constantinople Manuscript(1676)*, Leuven: Ferdinand Verbiest Institute, 2009.

Golvers, Noël, "Building Humanistic Libraries in Late Imperial China: Circulation of Books, Prints and Letters between Europe and China(XVIIth-XVIIIth cent.)", *The Framework of the Jesuit Mission*, Roma-Leuven: Nuova Cultura, 2011.

Golvers, Noël, *Portuguese Books and their Readers in the Jesuit Mission of China(17th-18th Centuries)*, Lisboa: Centro Científico e Cultural de Macau, I. P., 2011.

Golvers, Noël, *Libraries of Western Learning for China. Circulation of Western Books between Europe and China in the Jesuit Mission(ca. 1650-ca. 1750)*, Leuven: Ferdinand Verbiest Institute, 2012.

Gorelova, Liliya M., *Manchu Grammar*, Leiden: Brill, 2002.

Grant, Edward, *The Foundations of Modern Science in the Middle Ages: Their Religious, Institutional, and Intellectual Contexts*, Cambridge: Cambridge University Press, 1996. 邦訳：グラント，エドワード(小林剛訳)『中世における科学の基礎づけ——その宗教的・制度的・知的背景』，東京：知泉書館，2007.

Greslon, Adrien, *Histoire de la chine sous la domination des Tartares. Ou l'on verra les choses les plus remarquables qui sont arrivées dans ce grand Empire, depuis l'année 1651 qu'ils ont achevé de le conqueror jusqu'en 1669*, Paris, 1671.
邦訳：グレロン，アドリアン（矢沢利彦訳）『東西暦法の対立——清朝初期中国史』，東京：平河出版社，1986.

Guy, Basil, *The French Image of China before and after Voltaire*, Genève: Institut et musée Voltaire, 1963.

Han Qi, "From Adam Schall von Bell to Jan Mikołaj Smogulecki: The Introduction of European Astrology in Late Ming and Early Qing China", *Monumenta Serica*, 59, Los Angeles CA: Monumenta Serica Institute, 2011.

Hashimoto Keizo, *Hsü Kuang-ch'i and Astronomical Reform—the Process of the Chinese Acceptance of Western Astronomy 1629–1635*, Osaka: Kansai University Press, 1988.

Hart Roger Preston, *The Chinese Roots of Linear Algebra*, Baltimore(Md.): The John Hopkins University Press, 2011.

Hsia, Adrian, "The Far East as the Philosopher's «Other»: Immanuel Kant and Johann Gottfried Herder", *Revue de littérature compare*, 297, 2001.

Hsia, Ronnie Po-chia, *A Jesuit in the Forbidden City: Matteo Ricci, 1552–1610*, New York: Oxford University Press, 2010.

Jami, Catherine, *Les méthodes rapides pour la trigonométrie et le rapport précis du cercle(1774): Tradition chinoise et apport occidental en mathématiques*, Paris Collège de France, 1990.

Jami, Catherine, Engelfriet, P., Blue, G.(eds.), *Statecraft & Intellectual Renewal in Late Ming China—The Cross-Cultural Synthesis of Xu Guangqi (1562-1633)*, Leiden: Brill, 2001.

Jami, Catherine, "Imeperial Science Written in Manchu in Early Qing China: Does It Matter ?", F. Bretelle-Establet(ed.), *Looking at It from Asia*, New York: Springer, 2010.

Jami, Catherine, *The Emperor's New Mathematics: Western Learning and Imperial Authority during the Kangxi Reign(1662-1722)*, Oxford: Oxford University Press, 2012.

Kawamura Shinzo & Veliath, Cyril, *Integration and Division between Universalism and Localism in Jesuit Mission Reports and Histories*, Tokyo: Sophia University Research Group for Jesuit Mission Reports and Histories, 2006.

Kawamura Shinzo & Veliath, Cyril, *Beyond Borders: A Global Perspective of Jesuit Mission History*, Tokyo: Sophia University, 2009.

Kessler, Lawrence, *K'ang-hsi and the Consolidation of Ch'ing Rule, 1661-1684*, Chicago: University of Chicago Press, 1976.

King, Gail, "The Xujiahui(Zikawei) Library of Shanghai", *Libraries and Culture*, 32(4), 1997.

Kurtz, Joachim, *The Discovery of Chinese Logic*, Leiden: Brill, 2011.

Lackner, Michael, "Jesuit Figurism", Thomas H. C. Lee(ed.), *China and Europe: Images and Influences in Sixteenth to Eighteenth Centuries*, Hong Kong: Chinese University Press, 1991.

Lam Ching Wah, "Chinese Music in the Eyes of European Travellers and Scholars in the Late Ming", *Chinese Culture*, 38(1), 1997.

Lam Ching Wah, "Musical Contact between China and Europe in the Sixteenth Century", *Chinese Culture*, 39(3), 1998.

Lattis, James, *Between Copernicus and Galileo: Christoph Clavius and the Collapse of Ptolemaic Cosmology*, Chicago: The University of Chicago Press, 1994.

Landry-Deron, Isabelle, *La preuve par la Chine: La 'Description' de J.-B. Du Halde, Jésuite, 1735*, Paris: Editions de l'Ecole des hautes études en sciences sociales, 2002.

Landry-Deron, Isabelle, "Le parfait bonheur des peuples: Traduction d'extraits d'un manuel chinois pour fonctionnaires de la fin du XVIIᵉ siècle", Jean-Louis Bacqué-Grammont, Angel Pino, & Samaha Khoury(eds.), *D'un Orient l'autre: Actes des troisièmes journées de l'Orient*, Paris: Louvain: Peeters, 2005.

Le Gobien, Charles & De Querbeuf, Yves-Mathurin(eds.), *Lettres édifiantes et curieuses, écrites des missions étrangères*, 26 vols., Paris: Chez J. G. Merigot, 1780-1783.
　邦訳：矢沢利彦編訳『イエズス会士書簡集』1-6, 東京：平凡社, 1970-1974.
　　　矢沢利彦編訳『中国の医学と技術　イエズス会士著作集』, 東京：平凡社, 1974.
　　　矢沢利彦編訳『中国の布教と迫害　イエズス会士著作集』, 東京：平凡社, 1980.

Lee, Thomas H. C.(ed.), *China and Europe: Images and Influences in Sixteenth to Eighteenth Centuries*, Hong Kong: Chinese University Press, 1991.

Lértora, Mendoza, Célina A., Efthymios, Nicolaïdis, & Vandermissen, Jan(eds.), *The Spread of the Scientific Revolution in the European Periphery, Latin America and East Asia*, Turnhout: Brepols, 2000.

Leung, Cécile, *Etienne Fourmont(1683-1745): Oriental and Chinese Languages in Eighteenth-Century France*, Leuven: Leuven University Press, 2002.

Levy, Jim, "Joseph Amiot and the Enlightenment Speculation of the Origin of Pythagorean Tuning in China", *Theoria*, 4, 1989.

Lindorff, Joyce Z., "Missionaries, Keyboards and Musical Exchange in the Ming and Qing Courts", *Early Music*, 32(3), 2004.

Lippello, Tiziana et al.(eds.), *Scholar from the West: Giulio Aleni S. J.(1582-1649) and the Dialogue between Christianity and China*, Nettetal: Steyler Verlag, 1987.

Liu Dun, "Western Knowledge of Geography as reflected in Juan Cobos 實錄 (1953)", *Scientific Practices and the Portuguese Expansion in Asia (1498-1759)*, Singapore: World Scientific, 2004.

Lundbæk, Knud, *The Traditional History of the Chinese Script*, Aarhus: Aarhus University Press, 1988.

Lundbæk, Knud, *Joseph de Premare (1666-1736), S. J.: Chinese Philology and Figurism*, Aarhus: Aarhus University Press, 1999.

Malek, Roman (ed.), *Western Learning and Christianity in China: the Contribution and Impact of Johann Adam Schall von Bell, S. J.(1592-1666)*, 2 vols., Nettetal: Steyler Verlag, 1998,

Menegon, Eugenio, *Ancestors, Virgins, and Friars: Christianity as a Local Religion in Late Imperial China*, Cambridge (Mass.): Harvard University Press, 2009.

Meynard, Thierry, *Following the Footsteps of the Jesuits in Beijing: A Guide to Sites of Jesuit Work and Influence in Beijing*, St. Louis (Mo.): Institute of Jesuit Sources, 2006.

Meynard, Thierry, *Confucius Sinarum Philosophus [1687] The First Translation of the Confucian Classics*, Rome: Institutum Historicum Societatis Iesu, 2011.

Milsy, Marie-Françoise, "Les souscripteurs de 'L'histoire générale de la China' du P. de Mailla", *Actes du IIe colloque international de sinologie*, Paris: Les Belles Lettres, 1980.

Mungello, David E., *Curious Land: Jesuit Accomodation and the Origins of Sinology*, Honolulu: University of Hawaii Press, 1985.

Mungello, David E. (ed.), *The Chinese Rite Controversy: its History and Meaning*, Nettetal: Steyler Verlag, 1994.

Mungello, David E., "European Philosophical Responses to Non-European Culture: China", Daniel Garber & Michael Ayers (eds.), *The Cambridge History of Seventeenth-Century Philosophy*, Cambridge: Cambridge University Press, 2003.

Needham, Joseph, *Science and Civilisation in China 1-5*, New York: Cambridge University Press, 1954.
　　邦訳：ニーダム，ジョゼフ (東畑精一・藪内清監修)『中国の科学と文明』，東京：思索社，1976-1981.

Neugebauer, Otto, "The Early History of the Astrolabe," *Isis*, 40, 1949.

Nii Yoko, "The Jesuit Jean-Joseph-Marie Amiot and Chinese Music in the Eighteenth Century", *Europe and China: Science and the Arts in the 17th and 18th Centuries*, Singapore: World Scientific, 2012.

O'Malley, John W., *The First Jesuits*, Cambridge, Mass.: Harvard University Press, 1993.

O'Malley, John W. et al. (eds.), *The Jesuits II: Cultures, Sciences, and the Arts, 1540-*

1773. Toronto: Universitv of Toronto Press. 2006.

Pan Feng Chuan, *The Burgeoning of a Third Option: Re-Reading the Jesuit Mission in China from a Glocal Perspective*, Leuven: Ferdinand Verbiest Institute K. U. Leuven, 2013.

Pang, Tatjana A. & Stary, Giovanni, "On the Discovery of a printed Manchu Text based on Euclid's Elements", *Manuscript Orientalia*, 6(4), 2000.

Pfister, Louis, *Noticée biographiques et bibliographiques sur les Jesuites de l'ancienne mission de Chine, 1552-1773*, Chang-hai: Imprimerie de la Mission Catholique, 1932-1934.

Picard, François, "La connaissance et l'étude de la musique chinoise: Une histoire brève", *Revue bibliographique de sinologie*, 14, 1996.

Picard, François, "Joseph-Marie Amiot, jésuite français à Pékin, et le cabinet de curiosités de Bertin", *Musique, Images, Instruments*, 8, 2006.

Pinot, Virgile, *Documents inédits relatifs à la connaissance de la Chine en France de 1685 à 1740*, Paris: Libraire Orientaliste Paul Geuthner, 1932.

Pinot, Virgile, *La Chine et la formation de l' esprit philosophique en France(1640-1740)*, Paris: Libraire Orientaliste Paul Geuthner, 1932.

Poppe, Nicolas, Hurvitz, Leon & Okada Hidehiro, *Catalogue of the Manchu-Mongol Section of the Toyo Bunko*, Seattle: The University of Washington Press, 1964.

Puyraimond, Jeanne-Marie., Simon, Walter & Séguy, Marie-Rose, *Catalogue du Fonds Mandchou*, Paris: Bibliothèque Nationale, 1979.

Qian Zhongshu, "China in the English Literature of the Eighteenth Century", Adrian Hsia(ed.), *The Vision of China in the English Literature of the Seventeenth and Eighteenth Century*, Hong Kong: Chinese University Press, 1998.

Ricci, Matteo, *Della entrata della compagnia di Gesù e christianità nella Cina*, D'Elia, P.(ed.), *Fonti Ricciane*, Roma: Libreria dello Stato, 1942.
邦訳：リッチ，マッテーオ(川名公平訳，矢沢利彦注)『中国キリスト教布教史』一(大航海時代叢書第2期8)，東京：岩波書店，1982.

Saraiva, Luís(ed.), *Europe and China: Science and the Arts in the 17th and 18th Centuries*, Singapore: World Scientific, 2013.

Saunders, John B. & Lee, Francis. R., *The Manchu Anatomy and its Historical Origin*, Taipei: Li Ming Cultural Enterprise, 1981.

Scaglione, Aldo, *The Liberal Arts and the Jesuit College System*, Amsterdam: J. Benjamins Pub. Co., 1986.

Simon, Renée(ed.), Antoine Gaubil S. J., *Correspondance de Pékin, 1722-1759*, Geneva: Librairie Droz, I970.

Sivin, Nathan, "Copernicus in China", *Studia Copernicana, 6*, 1973.
邦訳：セビン(中山茂・牛山輝代訳)『中国のコペルニクス』，東京：思索社，1984.

Sommervogel, Carlos, *Bibliothèque de la Compagnie de Jésus: nouvelle édition*, 12 vols., Bruxelles: Oscar Schepens; Paris: Alphonse Picard, 1890-1932.

Song, Shun Ching, *Voltaire et la Chine*, Aix-en-Provence: Université de Provence, 1989.

Spence, Jonathan D., *The Memory Palace of Matteo Ricci*, New York: Viking Penguin, 1984.

　　邦訳：スペンス，ジョナサン（古田島洋介訳）『マッテオ・リッチ記憶の宮殿』東京：平凡社，1995.

Standaert, Nicolas, *Yang Tingyun, Confucian and Christian in Late Ming China: His Life and Thought*, Leiden: New York: E. J. Brill, 1988.

Standaert, Nicolas, *The Fascinating God: A Challenge to Modern Chinese Theology Presented by a Text on the Name of God Written by a 17th Century Chinese Student of Theology*, Roma: Pontificia Universita Gregoriana, 1995.

　　钟鸣旦.可亲的天主——清楚基督教徒论"帝""谈""天"[M].何丽霞,译.台北:光启出版社,1998.

Standaert, Nicolas (ed.), *Handbook of Christianity in China*. Leiden; Boston: Brill, 2001.

Standaert, Nicolas, et Lenoir, Yves, *Les danses rituelles chinoises d'après Joseph-Marie Amiot: Aux sources de l'ethnochoréographie*, Namur: Presses universitaires de Namur; Bruxelles: Éditions Lessius, 2005.

Standaert, Nicolas, "Jesuit Accounts of Chinese History and Chronology and their Chinese Sources", *East Asian Science, Technology, and Medicine*, 35, 2012.

Standaert, Nicolas, *Chinese Voices in the Rites Controversy: Travelling Books, Community Networks, Intercultural Arguments*, Rome: Institutum Historicum Societatis Iesu, 2012.

Stary, Giovanni, *Manchu Studies: an International Bibliography 1-4*, Wiesbaden: Harrassowitz Verlag, 1990-2003.

Stary, Giovanni, "The Kangxi Emperor's Linguistic Corrections Dominique Parrenin's Translation of the Manchu Anatomy", *Altai Hakupo (Journal of Altaic Society of Korea)*, 13, 2003.

Tchen Ysia, *La musique chinoise en France au XVIIIe siècle*, Paris: Publications orientalistes de France, 1974.

　　陈艳霞.华乐西传法兰西[M].耿昇,译.北京:商务印书馆,1998.

Thorndike, Lynn, *The Sphere of Sacrobosco and Its Commentators*, Chicago: Chicago University Press, 1949.

Valignano, Alessandro, *Advertimentos e avisos acerca dos costumes e catangues de Jappao*.

　　邦訳：ヴァリニャーノ，アレッサンドロ（矢沢利彦・筒井砂共訳）『日本イエズス会士礼法指針』，東京：キリシタン文化研究会，1980.

Van Kley, Edwin, "Europe's 'Discovery' of China and the Writing of World History",

The American Historical Review, 76(2), 1971.

Van Kley, Edwin, "Chinese History in Seventeenth-Century European Reports", *Actes du IIIe colloque international de sinologie*, Paris: Les Belles Lettres, 1983.

Volkova, M. P., *Opisanie man'čžurkich rukopisej Instita narodov Azii AN SSSR*, Moskva: Nauka, 1965.

Von Collani, Claudia, "Chinese Emperors in Martino Martini *Sinicae historicae decas prima*(1658)", Adrian Hsia & Ruprecht Wimmer(Hrsg.), *Mission und Theater*, Regensburg: Schnell und Steiner, 2005.

Yachontov, K. S., *Katalog mandjurischer Handschriften und Blockdrucke in den Sammlungen der Bibliothek der Orientalischen Fakultät der Sankt-Petersburger Universität*, Wiesbaden: Harrassowitz Verlag, 2001.

Waley-Cohen, Joanna, "China and Western Technology in the Late Imperial Eighteenth Century", *The American Historical Review*, 98, 1993.

Walravens, Hermut, "Zu zwei katholischen Katechismen in Mandjurischer Sprache", *Monumenta Serica*, 31, 1974–1975.

Walravens, Hermut, "Medical Knowledge of the Manchus and the Manchu Anatomy", *Études mongoles et sibériennes*, 27, 1996.

Wardy, Robert, *Aristotle in China: Language, Categories and Translation*, Cambridge: Cambridge University Press, 2000.

Watanabe Junsei, "A Manchu Manuscript on Arithmetic owned by Tôyô Bunko, 'suwan fa yuwan ben bithe'", *SCIAMVS*, 6, 2005.

Webster, Roderick, *The Astrolabe: Some Notes on its History, Construction and Use*, Paul MacAlister & Associates, 1984.

Witek, John W., *Chinese Chronology: A Source of Sino-European Widening Horizons in the Eighteenth Century*, Paris: Les Belles Lettres, 1983.

Zhang Baichun & Renn, Jürgen(eds.), *Transformation and Transmission: Chinese Mechanical Knowledge and the Jesuit Intervention*, Berlin: Max-Planck-Institut für Wissenschaftsgeschichte, 2006.

Zurndorfer, Harriet T. "One Adam having driven us out of Paradise, another has driven us out of China: Yang Kuang-hsien's Challenge of Adam Schall von Bell", Leonard Blussé & Harriet T. Zurndorfer(eds.), *Conflict and Accommodation in Early Modern China: Essays in Honour of Erik Zürcher*, Leiden: Brill, 1993.

后　记[*]

　　本书的主题是 17—18 世纪东西两种文明在中国展开的文化交流，以及这种文化交流带给中国、朝鲜、日本的影响。本书论述的特征在于以东亚视角论述"对话型的哲学范式"，分析"西学东渐"即"西欧哲学"（philosophia）从西欧到中国、朝鲜、日本的传播。本书论述的结论是：历经苦难将"西学"传入中国的西欧耶稣会士以及在本国学术传统下勇敢地接纳新的知识体系的东亚知识分子是这一传播的主角，通过尊重对方的"对话"而进行的东西文明的文化交流给双方（尤其是东亚）带来了丰富的果实。"普遍对普遍"的对话的结果，创造了具有划时代意义的新的学术世界——中国清学、朝鲜实学和日本兰学的诞生，正是本书所提到的"东西会通"，实质上是"中西会通"的丰厚果实。

　　如本书详细叙述的，西学东渐给整个东亚带来了令人难以想象的丰硕成果。如果没有西欧哲学的东传，17—18 世纪的新的学术世界便不可能在东亚出现。虽然这么说，我们并不是在主张把近代东亚新学术世界形成的原因完全归结于西学东渐，或者认为西欧哲学的传入决定了新学术世界的一切。笔者基本的研究立场，是认为应该把清学、实学、兰学的形成理解为东西会通（中西会通），也就是作为东亚"内在"和"外在"发展的综合结果，即本书所说的对话型哲学范式。这是因为，即便具体细小的文化现象也往往是庞大的文化要素复杂结合的结果，更何况巨大的新学术体系的创立，更不可能简单地以"内在发展"或"外在发展"的结果一概论之。换言之，本书并非企图以鸟瞰的视角从整体上阐明新的东亚学术的形成这一主题，而只是在一定范围内对当时西学东渐的具体内容及其对清朝经学、朝鲜实学、江户兰学

---

　　[*] 后记由本书第 9 章作者陈捷翻译。

的形成产生决定性影响这一历史事实进行分析。本书的基本观点或许可以归结为西学东渐是创造新学术的充分条件。

本书分析与论述的明显特征是阐明了：(1)由于17—18世纪西学东渐这一主要原因，东亚学术发生了"范式转换"(paradigm shift)；(2)西学不仅是这个范式变革的媒介，变化后的新学术世界也极具东西会通(中西会通)的特征。然而这一东西会通的命题，其含意比想象中的还要广泛。一旦承认这一命题，以往对清学、实学、兰学的评价以及对其性质的认识也必然随之改变。比如，如果将清学的核心定义为中西会通之学，那么在分析清学形成原因时，就必须承认除了宋明理学的内在变化因素以外，还需要考虑到西欧哲学这一外在变化因素。与神学(theologia)一体化的当时的哲学包含了科学(mathematica)，又与文献学(rhetorica)密切相关，而包括汉族、满族人在内的中国人积极吸收的正是作为哲学分科的科学知识。从"清学＝考证学(文献学)＋科学"这一特征来看，只能将清学总体解释为哲学。用命题化的说法即是，只要承认西学东渐这一史实，那么"明清变革"即明清之际的范式转换就不能理解为从哲学向文献学的变化，而必须理解为从旧哲学向新哲学的变化(参照第7章)。

本书是由绪章的总论与第1章及之后的专论构成的。在编辑过程中将专论分为3部：以明末时期为主题的第1部、以清初时期为主题的第2部和以从他者视角论述或是聚焦于其他方面的第3部。关于第1部与第2部，笔者在此需要稍加说明。

按照编者原来计划，本书第1部除了关于确定西学东渐框架的"宗教"与"科学"——对天主教传教与中西对话(本书第1章)和以中西两种科学为对象的考察(本书第2章)以外，还准备收入不可或缺的对东亚知识分子接受西学(西教)的实际情况及其心态进行深入考察的内容。台湾"中央研究院"中国文哲研究所的廖肇亨先生在2013年第58届国际东方学者会议上的报告《近世中国知识分子知识体系中的世界图像——以方以智〈通雅〉和〈物理小识〉为中心》正好体现了西学研究者从这一角度进行的研究。报告的主要内容是通过对中国科学思想的代表作《物理小识》等著作的分析,在把握以方以智为首的近世中国知识分子知识体系中的"世界图像"的同时,重新质疑时代转换期中知识分子新的"世界观"与知识体系之间的关系,其研究重点更侧重于明末知识分子多方面接受西学的具体情况,也就是"实证精神"与"好奇心"的二重性。相对于宗教史与科学史的研究,廖先生的报告或许应该归类为文化史范畴。非常可惜的是,本书进入编辑阶段的2014年8月,廖先生从台湾来信说由于研究所事务较多,来不及在期限内交稿,因此编者只好放弃收入廖先生论文的想法,本书原计划的第3章也成为幻影。未能收录廖先生的论文,编者至今深感遗憾。

　　关于第2部的内容需要说明的是,这部分的主题从结构上说应该从整体上对清学与西学的紧密关系加以论述,但实际上只论及了构成清学一部分的满学、音乐理论、历算学及其各自与西学的关系。这样构成是有一定理由的。最重要的理由是与本书的基本命题之一——"清学的核心在于中西会通"有关。这一命题虽然从梁启超以来一直存在,但除了少数研究者之外,尚未将其作为真命题而接受。学界在这一问题上的现状是,尽管西学对清朝学术的深刻影响作为一般命题得到承认,但学者们没有兴趣在定性之外做进一步分析,也未理解其真正的重要性,在实质上处于一种半信半疑的状态。在证明基本命题"清学=中西会通之学"之前,必须先告别在理论上支撑定性分析的本质主义(essentialism),从多方面阐明构成清朝经学重要学科之一的是与西欧哲学关系密切的科学。第2部之所以将分析学界不太熟悉的清朝汉人和满人的科学知识作为重点,其原因就在于此。从研究史看,以前也并非没有着眼于17—18世纪科学知识推动时代发展这一观点的研究,但在编者看来,先行研究对科学思想的分析总的来说尚不够充分。因此这部分的内容也可以说是一种不得已的选择。

　　构成本书第2部内容特点的另一个原因是中国思想研究领域已经有很多详述清学(尤其是考证学)具体内容的专业书籍。阅读梁启超《清代学术概论》《中国近三百年学术史》、江藩《国朝汉学师承记》以及相关专业优秀的专著,即能很方便地了解清代思想的概要与发展,因此本书没有必要加以论述。根据基本构想对先行研究的不足加以补充,这应该是对第 2 部内容的较为合适的说明。

由于西学东渐问题的相关内容非常广泛,本书各章作者与西学研究的关联以及研究角度也各有不同。编者在今年 3 月退休之前能够将自己思考了 30 年以上的西学东渐问题进行总结,感触至深。从当下回顾过去,的确是在京都大学读研究生期间就多次参加已故恩师汤浅幸孙先生的清学讲读课,也"旁观"了已故益友木下铁矢氏的戴震思想研究,在他们的激励下阅读有关清学的基本文献,对清代学者真挚的学术态度感到敬佩并对他们的研究内容产生共鸣。不过编者真正开始研究清学和西学东渐是在留学中国期间(1984—1985),这与对我这个还不怎么会说汉语的留学生给予多方照顾的中国科学院自然科学史研究所的刘钝兄当时正在研究以梅文鼎为主题的清初科学史有很大关系。我一直觉得,恩师常说的"要推进清学研究"和平时的教育,加上阅读老刘的梅文鼎论时的惊愕与感动,决定了编者 30 多年来的研究方向。除了内在原因之外,在中国留学时的文化体验也对编者一生的研究课题产生了很大影响。对编者自身而言,这是为数不多的且实际感受到异文化间文化交流以及与外国人对话意义的直接体验。编者这些不多的体验或许也与本书的主题有着共通之处。

最后简单地报告一下本书的编辑工作。截至 2014 年 7 月末,我们收集到各章的原稿,用了 8 月一整月的时间把各原稿整理为以章为单位的结构,统一了西欧人名的表记和技术用语的表现等。具体方法是:(1)川原与新居等通读各原稿,提出疑问点;(2)将原稿寄给作者各自检查。仅此而已。数次往返之后,于 9 月 12 日向岩波书店提交了最终原稿。

本书的最后一步是期待已久的成书,但是这一过程并非一帆风顺。在此期间,承蒙岩波书店给予了很多帮助。书稿提交后,通过责任编辑,我们在初校、再校和三校的各个阶段得到了很多意见建议和关于文字讹误、不统一等问题的教示。其认真态度和审稿之细致入微令人感叹。如果不是编辑们如此尽心尽力,一些鲁鱼之误或形式不统一之处或许就会被编者放过。此外,插图和数式的排版也设计得合理而且美观。对出版社出色的编辑工作,本人代表本书全体作者表示衷心感谢。tibi gratias ago(拉丁语非常感谢)! 非常感谢! dembei baniha(满语非常感谢)!

斑竹老人川原秀城　谨识

2015 年 2 月 1 日

图书在版编目(CIP)数据

西学东渐与东亚 /(日)川原秀城编 ；毛乙馨译
. — 上海 ：上海社会科学院出版社，2022
ISBN 978 - 7 - 5520 - 3116 - 4

Ⅰ. ①西… Ⅱ. ①川… ②毛… Ⅲ. ①西方国家—学
术思想—传播—中国—近代 Ⅳ. ①B2 ②B5

中国版本图书馆 CIP 数据核字(2020)第 054593 号

SEIGAKU TOZEN TO HIGASHI AJIA
edited by Hideki Kawahara
© 2015 by Hideki Kawahara
Originally published 2015 by Iwanami Shoten，Publishers，Tokyo.
This simplified Chinese edition published 2022
by Shanghai Academy of Social Sciences Press，Shanghai
by arrangement with Iwanami Shoten，Publishers，Tokyo

上海市版权局著作权合同登记号 图字：09 - 2017 - 530
审图号：GS(2022)2019 号

西学东渐与东亚

编　　者：[日]川原秀城
译　　者：毛乙馨
审　　校：包纯睿
责任编辑：包纯睿　陈如江
特约编辑：唐剑明
封面设计：周清华
出版发行：上海社会科学院出版社
　　　　　上海顺昌路 622 号　邮编 200025
　　　　　电话总机 021 - 63315947　销售热线 021 - 53063735
　　　　　http：//www.sassp.cn　E-mail：sassp@sassp.cn
照　　排：南京理工出版信息技术有限公司
印　　刷：上海盛通时代印刷有限公司
开　　本：890 毫米×1240 毫米　1/32
印　　张：10.625
插　　页：2
字　　数：303 千字
版　　次：2022 年 7 月第 1 版　2022 年 7 月第 1 次印刷

ISBN 978 - 7 - 5520 - 3116 - 4/B · 278　　　　　　定价：78.00 元